AF267519

Ch. TENROC

Féminités

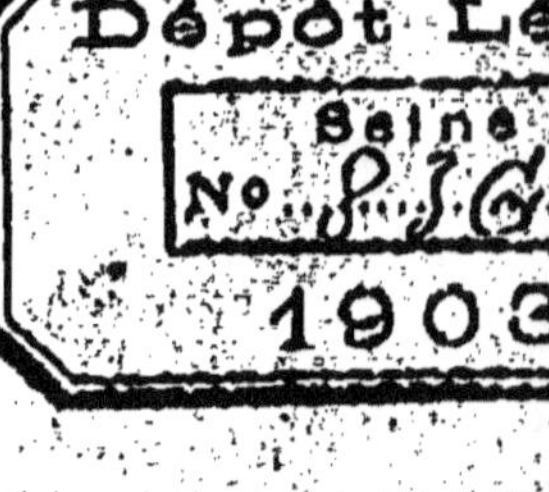

PARIS
IMPRIMERIES TECHNIQUES, F. LAUR, 8, RUE DU DÉBARCADÈRE
1903

FÉMINITÉS

I

FÉMINISME

« La fin du XIX⁰ siècle, écrivit une dame qu'on nomme Maria Pognon, aura marqué l'ère de la Renaissance Féminine. »

La vieillesse du siècle passé a rajeuni deux produits tardifs, mais cocasses : le féminisme et le cyclisme — qui, eux-mêmes, ont lancé aux quatre vents de notre nouveau monde des sous-produits non moins cocasses, baptisés drôlement des noms d'amateurisme, snobisme, automobilisme, maboulisme, puffisme, nationalisme, décadentisme, arrivisme...

Le féminisme, puisqu'il touche essentiellement au sexe auquel n'appartiennent ni M. Béranger, ni Schopenhauer, est de beaucoup le plus amusant; cette résurrection annoncée des femmes asservies, durant de longs siècles, sous la férule des Mahomets terribles, pitoyables réfugiées dans l'antique Bizance du pot-au-feu, cette révolution des opprimées, sont vraiment une trouvaille digne d'immortaliser la fin du XIXᵉ siècle, de le sauver d'un trépas banal. Nous avons donc le féminisme et son infiltration dans les mœurs, à l'état chronique, endémique, ainsi que l'influenza, le féminisme qui parle, écrit, déraisonne, qui fait des prosélytes et des conférences, politiquaille ou flirte, critique les institutions entre deux stations chez Paquin et la modiste, blague le Code et l'Etat-Major, s'égosille à l'assaut d'une émancipation qu'il n'entend d'ailleurs pas très distinctement, congresse, multiplie; un féminisme bien vivant, qui tient de la place, et croisade contre « *l'hôminisme* ». Quelques enragées mènent la danse et se posent en conductrices vers la « Liberté », le Désarmement et le Baiser International, les Croisades anti-alcooliques, l'Intégrale Egalité dans la vision très nette d'un Paradis Terrestre nouveau modèle.

Certaines assurent que cela est sérieux. Le plus drôle est que des hommes se sont laissés charmer et convaincre de l'importance du féminisme. Et en avant pour la liberté des femmes !

J'imagine qu'on ne fait point tant d'affaires pour conquérir au beau sexe la liberté de parler. S'il est une société dans laquelle on abuse de celle-ci, c'est bien la nôtre. Et c'est une joie de cette veulerie du siècle de voir les femmes se mêler en toutes choses à la cohue des discussions les plus abstraites, les plus futiles et les plus insupportables. La discussion vaine est le propre de ce temps; on discute aujourd'hui sur tout et n'importe quoi; chacun déve-

loppe ses opinions sottement, d'autant plus longue-
ment qu'il en a moins; toutes les thèses se soutiennent en leur absurdité; l'on sort ses idées avec un
toupet et un dévergondage incroyables. Au surplus,
ces idées sur toutes choses, et à toute heure, que
l'on exprime en omnibus, au café, au musée, à table
d'hôte, à la tribune, sur la plage, au club, en général partout où l'on parle et même chez les sourds-
muets, ces idées ne sont le fruit ni de l'instruction,
ni de la méditation; elles nous arrivent au hasard,
selon la tête du protagoniste, soit pour répéter les
aperçus d'un Sarcey quelconque, soit pour affirmer
le contraire de ce que nous pensons. Il existe même
des endroits et certains salons n'ayant d'autre utilité que d'abriter des gens que taquine le besoin de
se payer une discussion.

Aussi bien les femmes ont-elles leur part de cette
liberté; il semble même qu'elles en profitent, et
d'aucunes se flattent d'être les tenancières de salons
où l'on cause — depuis l'hôtel de Rambouillet.
Cette liberté est une des causes de ces crises périodiques que traversent nos successifs gouvernements.

Liberté de penser?

Pour quoi faire, bon Dieu !

« Les femmes, disait Alphonse Karr, ne se
trompent jamais que quand elles réfléchissent. »

Alors, ce n'est vraiment la peine qu'elles s'éver-
tuent à penser. D'ailleurs, sous la plus douce des
Républiques, chacun a le droit, même la femme, de
dire des bêtises — voire d'en faire.

Liberté d'être coquettes, menteuses, capricieuses, vicieuses, jalouses?

Nos législateurs, qui, jusqu'à présent, ne sont que des hommes, vierges ni de corps ni d'âme, feraient des lois tout exprès pour convier les femmes de France à être tout cela, si elles ne l'étaient de naissance.

Liberté d'écrire?

A nous, les Sévigné! les lettres et le théâtre, le roman et l'histoire, attendent patiemment celle qui voudra bien les enrichir d'un petit chef-d'œuvre; jusqu'ici, le livre de la cuisinière et le carnet de blanchissage n'ont pas eu de meilleurs auteurs que les femmes.

Liberté de se réunir?

L'esprit humain s'ingénie à leur en fournir et faciliter les occasions : jours de réception, concours hippiques avec catégories, ventes et sermons charitables, cénacles, bals blancs, ligues cloîtrées ou politiques, syndicats féminins, conférences sur le Baiser, écoles de voluptés, couvents, palais de glace, cercles d'étudiantes, que sais-je? Plus elles se réunissent, plus l'homme est tranquille et plus elles éprouvent le besoin de se désunir.

Liberté de travailler?

C'est la grande marotte des oratrices et des chroniqueuses; celles qui la réclament le plus sont généralement celles qui en ont le moins besoin. Celles qui n'ont pas d'homme pour travailler à leur place changeraient volontiers leur labeur, aussi libre qu'on voudra, contre le despotisme du *farniente* au logis.

Au surplus, personne ne les empêche de travailler plus que les hommes.

Liberté d'indépendance personnelle?

Alexandre Dumas leur répondait, il y a vingt ans, ceci :

« La femme n'est esclave de l'homme que quand elle le veut bien, quand elle l'épouse, et rien, légalement, ne la force de l'épouser... Elle est plus libre que l'homme à partir de vingt-et-un ans, et pas un pouvoir au monde ne saurait lui prendre la moindre parcelle de cette liberté légale, si elle veut la garder. »

C'est la grande liberté du pucelage, qui compte ses héroïnes et ses martyres.

Mais le féminisme veille et trouve, au jour le jour, des libertés qui manquent à son bonheur — le typhus des libertés !

Roulant de fortes pensées sous leurs chignons, les voyantes ont découvert les lacunes dont souffrent leurs sœurs aveugles; elles ont aperçu des trous dans l'organisme féminin, trous par lesquels les hommes avaient pris l'habitude brutale de faire passer les chaînes de leur domination, trous qu'elles ont décidé de combler. Elles se sont analysées; l'une d'elles entreprit un matin de traduire Darwin et se persuada que si l'homme descendait du singe, il n'y avait pas de raison valable pour que la femme n'en descendît pas aussi.

De là à devenir député, il n'y avait plus qu'un pas à faire.

Donc, elles étudièrent davantage, s'enfoncèrent dans les abîmes du transformisme, découvrirent triomphalement chez la femme une ressemblance plus frappante avec le gorille, grâce à leur conformation plus adéquate des bras et à la perforation olécranienne.

La lumière se fit éclatante: elle allait être l'égale; ce fut une révélation et, du coup, naquit chez la femme un des plus beaux fleurons de la bêtise : l'intellectualisme femelle !

Et nous avons aujourd'hui cette gloire de posséder un monde complet d'intellectuels, mâles et femelles. Madame Maud Woodhill va même jusqu'à souhaiter à ses compagnes un monopole exclusif : « La grandeur d'une nation, dit-elle, dépend de l'*intellectualité* de ses femmes. »

Les intellectuels sont des gens chez qui ce besoin de discuter dont nous parlions tout à l'heure est devenu aigu, avec cette circonstance aggravante qu'ils planent au-dessus du bon sens, sereinement, dans des sphères théoriques transcendantes. Faisant abstraction de cette terre où ils vivent, mangent et fonctionnent, des nécessités d'une existence qui ne s'étend point au delà de leur cabinet de travail, ils se passionnent pour les détails, la forme, les causes des questions qu'ils ont l'indiscrétion de traiter, sans tenir le moindre compte des conséquences, du but, des solutions. Ils vivent pour eux, sans se douter qu'ils vivent en commun. C'est le pire esprit qui se noie et embrouille, dénature et complique dans un entêtement de vanité pédante ou d'érudition relative.

L'intellectuel existe dans toutes les classes de la société; les plus dangereux sont les plus sincères, et la tristesse qu'ils inspirent est en raison directe de leur science professionnelle.

Cette maladie chez la femme produit des effets particulièrement navrants. Si l'on considère que sur dix femmes, il y en a neuf chez lesquelles les nerfs atrophient le sens commun, qui n'entrevoient le but à atteindre qu'à travers les circonvolutions les plus cocasses, sans esprit de suite, impratiques, qui sacrifient aux envies impérieuses du moment la plus clairvoyante logique, anémiques ou dyspepsiques, on peut s'effrayer de ce que peut dire et faire de sottises celle qui cultive exclusivement les dispositions natives de sa cervelle. En général mal habillée ou bizarre dans la recherche, l'intellectuelle est forcément poseuse et raisonneuse; laide, son corps est un mystère dont il n'est permis d'explorer que des contours vagues, amorphes; jolie, il constitue l'autorité qui en impose aux imbéciles. Sa fonction sur terre est l'idéal *psychique*, le concept analytique; révoltée contre l'homme, elle refuse par orgueil de reconnaître sa supériorité; combative, elle craint l'action pour son compte et ce qui la touche.

L'intellectuel, mâle ou femelle, a découvert le féminisme, ou la théorie du bonheur des dames par l'émancipation.

Qu'est-ce donc au fond que le féminisme? Que veut-il? Quelle est sa conclusion?

Certes, il faut reconnaître que le mouvement qui, depuis plusieurs années, s'est créé de lui-même, sous l'influence du progrès, des mœurs, des conditions vitales modernes, mouvement qui tend à élargir le cercle, jadis étroit, des occupations féminines, est éminemment juste — à la condition que le cercle reste limité aux occupations dans lesquelles les femmes, et non pas seulement certaines supériorités, peuvent réussir. C'est une concurrence licite, équitable et sociale, que la femme peut faire à l'homme : il faut qu'elle vive et qu'en certains cas elle puisse de son travail, subvenir aux besoins de l'existence. Il faut donc qu'elle sache et qu'elle puisse travailler. Il lui appartient d'entrer dans la lutte industrielle, commerciale, et, pour une exception seulement, dans la lutte artistique et dans les carrières dites libérales. Dès lors elle se défendra, travailleuse pour la vie, au même titre que l'homme, au risque de laisser diminuer les salaires par l'augmentation proportionnelle de l'offre. Mais cela est le droit au travail, droit sacré qui ne connaît point les sexes.

Ces questions, du domaine socialiste, se résolvent d'elles-mêmes par la raison humanitaire, la pitié du cœur, l'équité élémentaire. C'est, d'ailleurs, le rôle et l'œuvre grandiose du socialisme fécond.

Là n'est point le féminisme, tel que la secte féministe l'entend.

Que veut donc le féminisme? A quoi rime ce mouvement? Basé sur la théorie philosophique du bonheur ici-bas, il enseigne que le bonheur de la femme sur terre réside dans l'émancipation individuelle et sociale; il procède des théories humanitaires dont Fourier fut un des pontifes. C'est une verrue parasite d'un genre de socialisme étroit.

Il a pour base la révolte des femmes contre une organisation sociale fondée sur l'expérience et les mœurs.

Comme toute théorie philosophique, son point de départ est l'axiome sur lequel s'étaient des raisonnements successifs. Tant mieux s'il est juste, car tout peut se tenir debout, et la répercussion dans les mœurs, puis dans les lois, s'opère plus ou moins naturellement.

S'il est faux, tout le bagage s'écroule lamentablement, malgré la logique des déductions.

Or, l'axiome est celui-ci :

« La femme est l'égale de l'homme. »

Dès lors, parité de droits, de devoirs, similitude d'existence sociale, hors quoi il ne peut exister qu'oppression et lâche suprématie d'oppresseurs.

Baissac le posait ainsi :

« Pour comprendre comment la femme est réellement notre égale, il faut faire abstraction de ses différences physiques et la considérer dans l'ordre moral. Là, rien ne la distingue de l'homme : elle a tout ce que nous avons, rien de plus, rien de moins. Les âmes, ou si l'on aime mieux, les pensées, n'ont pas de sexe. Il suffit que, dans l'ordre moral, la femme soit semblable à l'homme, pour qu'elle doive lui être égale en droit. »

Quel sophisme parfait et quelle erreur !

Toutes les revendications féministes, politiques et sociales, artistiques et industrielles, s'échafaudent sur une telle fondation ! Elles ont pour but l'égalité civile et politique. De ces abstractions intellectuelles basées sur un syllogisme naissent des programmes plus ou moins révolutionnaires, dont le but et les conséquences ne sont autres que de remplacer les hommes par des crétins.

N'en déplaise au féminisme, et quoi qu'il fasse, son axiome est une erreur grossière. La science physiosiologique la démontre, après la science biologique et l'expérience des siècles.

Qu'y peuvent les déductions de Darwin et de Madame Clémence Royer ?

La constitution anatomique de la femme est une barrière infranchissable contre laquelle ne peuvent que se briser toutes les argumentations philosophiques. Plus mal organisée que l'homme, ses fonctions, ses tissus, ses appareils traduisent l'infériorité anatomique ; le poids du cerveau est moindre, ses circonvolutions sont insignifiantes, moins denses et sans relief.

Chez l'homme, les lobes frontaux, siège des organes intellectuels et des fonctions psychiques supérieures, sont plus volumineux. Chez la femme, disent les spécialistes, ce sont les lobes occipitaux qui se développent, ceux où se localisent les centrès émotifs et sensitifs; chez elle domine la « vie viscérale » et le système nerveux, — sans parler du bras, du pied, des os, de l'appareil respiratoire, du système musculaire, de l'odorat, du goût, de l'influence des menstruations et des perversions momentanées qui en résultent — infériorités physiques qui faisaient dire jadis : *Tota mulier in utero* (la femme est toute entière dans le ventre).

Voilà pour le physique.

Avec une constitution si dissemblable à celle de l'homme, peut-on soutenir, même en simple logicien, abstraction faite de toute observation, que rien ne la distingue dans l'ordre moral, qu'elle n'a rien de plus ni de moins, qu'elle est semblable à l'homme?

Alexandre Dumas définissait la femme : un sexe. La femme n'est autre, dans tous les ordres possibles: Or, elle est un sexe différent, opposé même; le sexe moral doit être différent, opposé.

« Quinze ou vingt jours sur vingt-huit, disait Michelet, la femme n'est pas seulement une malade, mais une *blessée*. »

Et sa pensée se ressent de l'éternelle blessure; elle pense autrement et sur d'autres objets que l'homme. Autrement, car elle ne raisonne pas; elle subit un instinct, une reminiscence, une influence.

Sur d'autres objets, car elle n'observe point et son attention ne se fixe pas; elle devine, elle effleure, s'entête et se trompe neuf fois sur dix quand son cerveau s'égare hors des sphères du sentiment et de la « vie viscérale ».

« La suite et la profondeur nous manquent, écrivait Madame de Rémusat, quand nous voulons nous appliquer à des questions générales. Nous entendons tout de suite, devinons mieux; mais l'attention prolongée nous fatigue. » Mirabeau était du même avis.

Il suffit d'ailleurs d'entrer dans un salon de dames, le jour de réception, pour savoir comment et sur quoi elles pensent ! Choses apprises, colportées, sur la toilette, les domestiques, les enfants, le théâtre et les maisons de campagne, depuis le 1er décembre jusqu'à fin novembre !

« Les femmes ne se rendent jamais au raisonnement, pas même à la preuve; elles ne se rendent qu'au sentiment et à la force. Amoureuses ou battues; le reste leur est parfaitement indifférent... La femme est toujours superstitieuse, c'est-à-dire qu'elle a toujours besoin de quelque chose au dessus d'elle, quelque chose qui n'ait pas de forme, puisqu'elle est, elle, le dernier mot de la forme... Vouloir réunir les deux natures en une seule, ce serait l'hermaphrodisme, qui est l'impuissance mâle et femelle. » (Alexandre Dumas.)

Madame Daniel Lesueur avoue elle-même que « il ne faut pas leur confier des postes où elles devraient exercer l'esprit d'initiative, la direction des autres, ou supporter des responsabilités. » Que reste-t-il alors ?

Que voulez-vous lutter contre un état physiologique et pathologique ?

Le moral est fait du physique; il est son complément nécessaire et adéquat.

La science est brutale et tous les congrès du monde n'y peuvent rien; c'est le destin, le magnétisme impérieux de la création que tout être doit subir.

Nous passerons en une revue rapide tous les champs d'action humaine, tous les domaines où s'exercent l'activité et l'initiative de notre race; nous verrons ce qu'a produit la femme, si elle peut produire plus et mieux sous l'influence de je ne sais quelle vanité révolutionnante.

La femme est un corps et un cœur : double élément fécond par lequel elle conçoit. L'esprit est stérile.

Certes, les lois économiques, les mœurs et les conditions de la vie s'étant modifiées, il est équitable que certains détails, certaines applications démodées de la la loi tangible, certaines lacunes soient remaniées dans l'intérêt de la femme; c'est le progrès social qui veut ainsi, au cours des années, des refontes incessantes. Que des femmes soient témoins suffisants pour un mariage ou un décès, qu'elles votent pour choisir un magistrat dans le commerce, qu'elles fassent partie du Conseil supérieur de l'instruction publique ou de la Société des Gens de lettres, qu'elles soient éligibles dans certains conseils de prud'hommes, qu'elles défendent leurs salaires ainsi que l'ouvrier, s'organisent en Associations ouvrières libres comme l'ouvrier, ce sont là des innovations législatives obtenues ou en voie d'être obtenues, auxquelles on ne saurait qu'applaudir — elles ne touchent pas à l'essence de la condition féminine. La marche incessante du progrès développe ses effets, naturellement, pour le plus grand bien-être des deux sexes. Peu à peu l'égalité se produit quand elle n'est point impossible à réaliser. Bien que cela soit gênant pour les gens pressés, l'administration des Omnibus leur construit des véhicules où les impériales sont accessibles à leurs jupes — quelques points de vue compensent la lenteur des parcours; la réforme des corsets égalisant les poitrines fait des éphèbes intégraux; déjà les directeurs de théâtre égalisent le niveau des occiputs en interdisant les chapeaux à plumes; les bains de mer mixtes n'existent plus et l'égalité devant l'absinthe amène une recrudescence dans la fabrication.

Tout cela est parfait et égalitaire.

Mais les exigences du groupe féminisateur sont d'autre envergure; l'erreur initiale et aussi l'incohérence du but devaient séduire son outrecuidance.

C'est aux époques de décadence ou de troubles que les poussées du féminisme se manifestent surtout, « époques de raffinement et de mollesse où les femmes usurpent un pouvoir offert par la paresse et la mode ».

Sans parler des émancipées de l'antiquité — rares exceptions — et des quelques écervelées antérieures au XVIIIe siècle, dont Erasme se moquait déjà, le flux pour l'émancipation date de la Révolution française. C'est l'époque où les clubs s'ouvrent à leurs bavardages; elles discutent, fondent des journaux, présentent à l'Assemblée nationale des requêtes où elles demandent « que le genre masculin ne soit plus regardé dans la grammaire comme le plus noble genre », renouvelé par Caran d'Ache et Alphonse Allais.

Une certaine Olympe de Gouges, femme galante et de plume, prétendit que « la femme avait le droit de monter à la tribune, puisqu'elle avait celui de monter à l'échafaud ». Des phrases dont nos pères ne prirent garde.

Mais ils s'émurent le jour où ces dames émirent la prétention de porter des culottes et de jeter aux moulins les emblèmes de leur sexe. Ce jour-là, ils les trouvèrent par trop encombrantes; la Convention supprima leurs clubs.

Et voici, d'ailleurs, ce que pensait d'elles un révolutionnaire, Chaumette, en un discours fameux inspiré de Catilina :

« Depuis quand est-il permis d'abjurer son sexe ? Depuis quand est-il décent de voir des femmes abandonner les soins pieux de leur ménage, le berceau de leurs enfants, pour venir sur les places publiques, dans les tribunes aux harangues, à la barre du Sénat ? Est-ce aux hommes que la nature a confié les soins domestiques ? Nous a-t-elle donné des mamelles pour allaiter nos enfants ? Elle a dit à l'homme : « *Sois homme : la chasse, le labourage, les soins politiques de toute espèce, voilà ton apanage!* » Elle a dit à la femme : « *Sois femme : les tendres soins dus à l'enfance, les détails du ménage, les douces inquiétudes de la maternité, voilà tes travaux; mais tes occupations assidues méritent une récompense, eh bien! tu l'auras, et tu seras la divinité du sanctuaire domestique, tu règneras sur tout ce qui t'entoure par le charme invincible des grâces et de la vertu. »*

« Femmes imprudentes qui voulez devenir hommes, n'êtes-vous pas assez bien partagées? Votre despotisme est le seul que nos forces ne peuvent abattre, parce qu'il est celui de l'amour, et par conséquent, l'ouvrage de la nature. »

Elles devinrent si ridicules qu'elles inspirèrent aux législateurs du Tribunat une proposition des plus grotesques — quelque chose comme un défi de moutons enragés :

« Considérant que l'amour honnête, le chaste hymen, la tendresse maternelle, la piété filiale, la reconnaissance des bienfaits, etc., antérieurs à l'invention de l'alphabet, de l'écriture et à l'étude des langues, ont subsisté et peuvent encore subsister sans elle; que l'intention de la bonne et sage nature a été que les femmes, exclusivement occupées des soins domestiques, s'honoraient de tenir dans leurs mains, non pas un livre ou une plume, mais bien une quenouille ou un fuseau;

« Combien une femme qui ne sait pas lire est réservée dans ses propos, pudibonde dans ses manières, parcimonieuse en paroles, timide et modeste, égale et indulgente; combien, au contraire, celle qui sait lire a des penchants à la médisance, à l'amour-propre, au dédain de ceux qui en savent un peu moins (?);

« Que la nature elle-même, en pourvoyant les femmes d'une prodigieuse aptitude à parler, semble avoir voulu leur épargner le soin d'apprendre à lire et à écrire... que les femmes qui se targuent de savoir lire et bien écrire ne sont pas celles qui savent aimer le mieux; que si Catherine de Médicis n'avait pas su lire, il n'y aurait point eu en France de Saint-Barthélemy...

« Que pour l'ordinaire, une femme perd de ses grâces et même de ses mœurs à mesure qu'elle gagne en savoir et en talent...

« Qu'il y a discorde dans un ménage quand une femme en sait autant ou plus que son mari;

« Que depuis qu'on rencontre dans toutes les professions des femmes qui savent lire, la nourrice fait jeûner le nourrisson (les *Remplaçantes*, de Brieux), la marchande néglige son comptoir et la cuisinière son service, l'ouvrière commence plus tard, la coiffeuse distraite brûle la chevelure de sa dame, la garde malade et l'épicière droguiste tuent leurs malades par des quiproquos, et la jeune fille, devenue raisonneuse, dit que sa maman radote et traite son papa de bonhomme;

« D'ailleurs, qu'empêcher les femmes d'apprendre à lire, c'est un grand pas de fait pour arrêter la multiplication des livres et pour opérer une sanitaire réforme dans la littérature tombée en quenouille.

« En conséquence :

« 1° La raison veut que les femmes, filles, mariées ou veuves, ne mettent jamais la main à la plume;

« 2° La raison veut qu'on laisse :

« A l'homme, l'épée et la plume;

« A la femme, l'aiguille et le fuseau;

« A l'homme, la massue d'Hercule (?);

« A la femme, la quenouille d'Omphale;

« A l'homme, les productions du génie;

« A la femme, les sentments du cœur;

« 3° La raison veut que chaque sexe soit à sa place et s'y tienne. »

Les promoteurs d'une réaction un peu bien raide n'eurent pas de succès et durent être gratifiés de cocuages variés.

Un peu éteintes et dégonflées toutefois sous le Consulat et l'Empire, elles reparurent naturellement comme champignons aux températures échauffées de 1830 et de 1848.

Saint-Simon, Fourier, le socialisme au berceau, Enfantin lui-même les excitèrent, ravivèrent des cendres mal refroidies. On distingua la Niboyet (Eugénie), que le *Charivari* du temps dénomma la Christophe-Colomb des clubs, et qui n'eut dans sa vie qu'une inspiration heureuse, celle d'avoir bu à la santé de M. Legouvé, le témoin de M. Deschanel — c'est ce qu'on peut appeler le flair féminin; Suzanne Voilquin, Madame Bazard et Aglaé Saint-Hilaire, le conseil spirituel du Père Enfantin.

Les crinolines intellectuelles s'agitèrent — mouvement qui gagna l'Angleterre, bon bouillon pour la culture du microbe, où les femmes se laissèrent convaincre qu'elles vivaient dans une société de brigands oppresseurs.

De là, il passa aux Etats-Unis et en Suède.

A ces époques, le féminisme n'était encore que le patrimoine de quelques égarées. Aujourd'hui, grâce à l'éducation intégrale des filles, nous le verrons s'attaquer à toutes celles qui ne trouvent pas un dérivatif dans le mariage, le négoce ou la prostitution.

Et la « Fédération féministe des Deux Mondes » s'est organisée, sous les auspices de miss Wilson, pour l'entente internationale du sexe. Des conseils nationaux se sont formés, puis des congrès internationaux à Chicago, à Anvers, à Buda-Pesth, à Berlin, à Washington, à Paris et ailleurs. Dans ces parlottes brillèrent des leaders, mesdames Schmal, Vincent, Potonié et autres, dont nous retrouverons çà et là les noms.

Ce sont des ligues, des fédérations à tous poils; *l'Union pour la réalisation des droits égaux*, due à madame Alice Major, *the Women's international Progressive Union*, le *Pioneer Club*, *l'Egalité*, les *Droits de la Femme*, *l'Humanité intégrale*, la *Solidarité*, *l'amélioration du sort de la Femme* avec madame Deraisme, la ligue française pour le *Droit des Femmes*, *l'Union universelle des Femmes* avec madame Chéliga-Lœwy, la *Revendication*; des clubs innombrables : *the national Suffrage association*, la *Fédération générale des Clubs* en Amérique; *l'Association générale* des Allemandes, des

Autrichiennes, des Danoises, des Finlandaises, des Irlandaises et Ecossaises ; la ligue de la *Primevère*, à Londres ; la société *Lette*, en Allemagne ; la *Frederick Bremer Union*, en Suède ; la ligue des *Trades-Unions* féminines, la grande *Fédération de Paris*, centre des syndicats variés, etc.

Toute une organisation de revendicatrices époumonées qui pérorent, écrivent, lancent des manifestes, des bataillons où s'enrôlent sous la même bannière Louise Michel et Madame la Duchesse d'Uzès, Hubertine Auclert et Madame Sarah Monod, avant-courrières d'un monde nouveau.

Où en sont-elles ? Où vont-elles ?

Pas bien loin. Elles sont une poignée qui font un bruit énorme, ainsi qu'aux parades de la foire du Trône, attirent la foule qui regarde, s'amuse et pénètre parfois dans la boutique pour s'éloigner, tôt ahurie, vers des occupations ou distractions moins bruyantes.

Elles sont soutenues par quelques politiciens qui se font une arme momentanée de tout ce qui ressemble à une revendication, alors que le socialisme ardent et pur a d'autres chiens à fouetter, par quelques moralistes qui s'amusent à manier le sophisme avec virtuosité ou exercent leur talent d'écrivains ; ces esprits cultivés et hardis confondent le progrès avec le nouveau et traitent gratuitement de réacteurs ceux qui ont du progrès une conception différente de la leur.

« Réacteurs ! » affirment-ils, ceux qui nient

l'avenir du féminisme comme ils ont nié Wagner, Hugo, l'électricité et la bicyclette!

Wagner, Hugo, la science, sont des forces qu'ont pu renier quelques aveugles ignorants ou quelques intéressés; la théorie de la femme régénératrice du monde n'est qu'une témérité drôle n'ayant avec le progrès aucun rapport pratique. Le monde est créé depuis quelque temps déjà, et s'il avait suffi à la femme de l'émancipation pour régulariser le cours de notre planète, il y a longtemps que nous serions régénérés; les mœurs et les lois n'enchaînent point durant de si longs siècles des puissances vivaces et fécondes.

La femme n'est pas cela; elle a donné sa mesure ou à peu près. Elles n'aperçoivent pas, d'envergures étroites, que l'humanité ne se découpe point en tranches, que l'homme et la femme sont faits pour s'atteler ensemble, que le bonheur ici se joue en parties liées et que sa théorie est humaine, indivisible.

Nous verrons la femme livrée à ses propres ressources, son œuvre, isolée, son avenir; on comparera simplement.

La simple comparaison sera la preuve efficace, expérimentale, d'une infécondité cérébrale native, d'un niveau que l'éducation ne peut élever; ce n'est pas le sommeil des facultés que le lycée ou le cénacle doit interrompre, la langueur qui doit s'évaporer au réveil du surmenage et de l'atavisme; c'est la loi naturelle des pesanteurs avec l'immuabilité de ses éléments, de la direction et de l'intensité; c'est l'attraction universelle qui la rive et imprime à son cerveau le mouvement, la tendance, la vitesse uniformes qu'elle donne à tous les corps suivant les densités de leur essence.

La femme est une parcelle de matière soumise aux lois des densités, comme les autres.

Sans partager les idées du proverbe russe, « la femme a le cheveu long et l'esprit court, et sept femmes n'ont ensemble qu'une âme », on peut soutenir que l'essence de la femme est différente de celle de l'homme, que sa matière est autrement agencée dans l'ensemble des molécules qui constituent le corps, l'esprit et le cœur; que, dès lors, son action est différente, ses moyens différents, ses résultats différents.

Et cependant, dans la diffusion de l'instruction, dans l'évolution des mœurs bourgeoises, dans la course à la jouissance par les richesses, dans la lutte des classes, dans le désordre des aspirations, l'instabilité politique, dans l'impasse des modifications sociales, des femmes se sont dressées, imbues de lectures incomprises, pétries de vanité, qui ont levé le drapeau de la révolte contre l'homme. Elles ont pensé que leur sexe était sacrifié, qu'il n'était point heureux, et ont proclamé que leurs sœurs devaient trouver un bonheur disparu dans la conquête d'une liberté mal comprise, d'un isolement qu'elles confondirent avec l'indépendance; elles ont cru que la dignité de la femme était incompatible avec le rôle que trente siècles leur avaient attribué, qu'elle était suffisamment armée pour marcher seule dans la vie, sans le secours dégradant du bras de l'homme. Et les mouvements féministes se sont créés, s'accélérant aux promesses vagues et théoriques, recueillis par les infatuées, les déclassées, les contemplatives, les névrosées de tous les pays en voie d'évolution sociale. Nous verrons leur erreur et si le bonheur qu'elles veulent décrocher, complet et renové, a changé de cause, de base et de but.

Le mouvement précipité par l'Amérique et l'Angleterre s'est étendu dans notre pays; il a gagné l'Italie, où les doctoresses Colombini, Félicia Morandi, les Schiff et les Amarodi ont mené la danse; il s'est propagé dans la blonde Allemagne avec Augusta Schmidt, mademoiselle Salomon, la doctoresse Hacker, madame Cauer, l'apôtre Clara Zetkin, purs chignons socialistico-féministes; en Danemark avec l'Union des Femmes danoises, fondée par mesdames Bejel et Tesdman, développée par le prosélytisme de Sophie Pétersen; l'Espagnole au sang latin a pris du goût pour les fariboles du nouveau monde.

Et les revendicatrices se sont serré les phalanges en des étreintes internationales à époques, ont organisé des congrès, rédigé des cahiers, proclamé le droit de la femme — intégrale et identique *for ever!*

Depuis la réunion de 1896, rue Serpente, oyez le grand Congrès de l'Exposition universelle de

1900 — un vrai clou, ceci. Le bureau, un bouquet assorti de fleurs vivaces et fanées, aux puissants parfums et aux nuances criardes : peu de violettes modestes, mais, en revanche, des sensitives, des roses avec beaucoup d'épines, des pivoines, quelques plantes grasses en bordures et sèches graminées, des légumes aussi, carottes écarlates, cornichons verdâtres.

Cela fut, aux bords de la Seine, en pleine foire de la rue de Paris, presque en face du tréteau du Rire et du Manoir à l'Envers, d'un goût exquis et d'une parade joyeuse. D'ailleurs, les finances parisiennes s'étaient mises de la partie; le Conseil municipal nous ayant inscrits comme commanditaires pour la bagatelle de 5.000 francs. Le tout fut terminé par un banquet.

Pour le prix, on dut faire un programme corsé :

I. — *Questions économiques et sociales :*

Journée de huit heures au maximum et un jour de repos obligatoire par semaine; expédition rapide de la loi des « sièges »; modification du costume féminin.

II. — *Morale :*

Une seule pour les deux sexes; suppression de la prostitution réglementée.

III. — *Éducation :*

Éducation intégrale; mise à jour de la barbarie historique; co-éducation ou écoles mixtes.

IV. — *Législation* :

Réforme du mariage; recherche de la paternité;
abolition de la puissance maritale et paternelle.

V. — *Droit public* :

Admission des femmes à toutes les fonctions publiques; droits politiques égaux,

Un petit morceau de musique et l'on commence :
Entrez, bonnes d'enfants et corsetières, veuves et
pucelles; le spectacle est à la portée de tout le
monde et vous n'avez pas le désagrément d'attendre; le rideau lève.

Et, de fait, d'innombrables discussions s'élevèrent; on parla jour et nuit, durant quatre-vingt-
seize heures, avec exaltation, emphase et acharne-
ment; ce fut le choc épique des idées d'où jaillit la
lumière, gorges tendues, mains délirantes, toute la
gamme des voix, une croisade de bas de toutes couleurs, des yeux injectés, la levée en masse des citoyennes en herbe et en graine. Et l'on aboutit,
après un travail surhumain, à l'adoption d'une
quantité de vœux bien tapés.

Quelques-uns sont remarquables par la netteté
et la précision.

Le Grrrand Congrès décida qu'à l'avenir « les
notaires, avoués, huissiers, officiers publics devaient
abandonner leurs formulaires antiques et rédiger
leurs actes en style clair, en langue moderne, et
d'une écriture lisible. »

Je ne vois guère qu'un moyen pratique pour arriver à ce résultat; d'abord, c'est de détruire toute notre législation qui descend de la législation romaine et d'en codifier une toute neuve en Auvergnat; puis c'est de nommer des femmes aux fonctions ci-dessus désignées, — comme on dit dans le style abominable. Chacun sait que l'écriture des femmes est adorablement déchiffrable, et, de la sorte, le problème sera résolu tout naïvement.

Le Grrrand Congrès a voté encore l'abolition d'un article du Code qui oblige le mari à protéger sa femme et celle-ci à obéir à son mari.

On ne voit pas bien lequel des deux gagnerait à la situation nouvelle, si l'on met en balance, d'une part la quantité de protection, d'autre part la quantité d'obéissance dont les mœurs ont organisé la juxtaposition.

De même « que le travail de la femme dans la famille soit évalué ».

Ceci est fameux. Toutefois, faute de temps peut-être, le Congrès n'a point établi les tarifs. C'est dommage, car nous aurions pu discuter les prix :

20 centimes pour recoudre deux boutons à la jaquette et 25 centimes pour le pantalon — ça doit être bien plus difficile! Pour faire le menu des deux repas quotidiens, il sera alloué à madame 75 centimes.

Pour laver les mioches et les conduire à la promenade — 30 sous.

Pour compter l'argenterie — 15 centimes.

La question devient beaucoup plus délicate pour

tarifer les faveurs que madame, en son travail de nuit, voudra bien accorder à monsieur — mettons que les prix seront à débattre et, une fois pour toutes, stipulés irrévocablement dans le contrat de mariage.

En tout cas, voici venir de beaux jours pour les officiers ministériels et les avocats lorsqu'il s'agira, lors de la liquidation matrimoniale, de nettoyer tout ça et de fixer l'apport social à réclamer et à payer. Mais, bah ! le principe de la collaboration est sauvé, moins le charme et la profondeur, comme disait Verlaine ; quant à la poésie, la grâce, le bonheur du foyer, on s'assied dessus.

Par voie de réciprocité, le mari aura-t-il droit à une récompense — comme disent les notaires en leur style antique — lorsqu'il s'occupera, par hasard, de ses enfants ou donnera quelques ordres à la cuisinière dans l'intérêt du ménage ?

On ne nous le dit pas. La voilà bien, l'égalité !

Voici encore :

« Il faut concourir par le lien intellectuel (?) à la cohésion morale des nouvelles générations.

« Préparer dans le monde de la pensée la victoire définitive du bon sens et de la science, ou en un seul mot, de la raison. »

Armes singulièrement fourbies pour la victoire du bon sens ! Il faudrait en avoir pour savoir ce que c'est.

A part quelques lueurs, il y en a comme ceci soixante :

« La paternité fera l'objet d'une recherche subtile! » — Nous n'avons qu'à nous bien tenir, car elles ne nous rateront pas.

Résultat : la prudence du serpent et l'abstinence du chameau !

« Aucune croyance ne sera imposée aux enfants» — sauf celle du bon sens, tel qu'elles l'envisagent.

« A toutes, les fonctions et charges publiques. »

« Travail des domestiques assimilé à celui des ouvriers. »

« Toutes les filles, riches ou pauvres, seront tenues d'apprendre un métier. »

« Tous les établissements d'enseignement secondaire des jeunes filles devront préparer au baccalauréat. » — Le voilà, le métier tout trouvé !

« Abolition de l'article du Code qui punit le meurtre commis par l'époux sur son épouse et son complice lorsqu'il les surprend en flagrant délit dans la maison conjugale » — remplacé par celui-ci : « Le mari devra faire des excuses et passer dans une pièce voisine jusqu'au bout des épanchements. »

« Droits d'électorat et d'éligibilité, etc., etc.... »

Tel est le vrai, le bon féminisme, gourmand ridicule du socialisme.

Ce qu'elles veulent ?

L'effémination de l'homme, l'égalité qui tue la domination, l'influence directe de la femme et son rôle actif dans ce qui ne la regarde point. Elles veulent, en un mot, changer de sexe, abdiquer un sexe dont elles n'aperçoivent pas, en leur vanité, les lacunes et les faiblesses, et cela, au détriment de la

nature du mâle, qu'elles voudraient éteindre, rapetisser à leur encolure, abrutir, reléguer aux grosses
besognes, crétiniser. Elles veulent toucher à tout :
abolition de la guerre, referendum ou consultation
des femmes dans les affaires communales, départ-
tementales et nationales, établissement de casernes
à leur convenance, emplacements des mairies, écoles,
abattoirs, subventions aux théâtres, admission des
forains, suppression des octrois, emprunts, rapports
avec les gendarmeries.

Et bien d'autres choses encore que la Nouvelle-
Zélande et le Canada sont en voie de leur accorder.
Elles ont, en ces pays, des assemblées dirigeantes
qui luttent avec succès contre les pouvoirs publics,
véritables Parlements en jupons qui font la loi aux
Parlements en vestons.

Ce qu'elles veulent, c'est jour le rôle de l'homme
dans la comédie politique et sociale, c'est prendre
la place prépondérante de l'homme dans la marche
de l'humanité, sans seulement se douter que, si les
choses se passaient ainsi, l'homme aveuli et passif
qui les soutient encore les lâcherait pour assister au
spectacle, en amateur, être qui se reposerait des
fatigues séculaires pour leur coller aux épaules une
charge dont il ne serait pas fâché de se délivrer.

Elles veulent, avec des droits, les responsabilités ?

Pensent-elles qu'avec notre instinctive paresse,
nous n'aimerions point nous décharger sur elles, les
faire trimer comme au pays des Caraïbes, leur
laisser, avec l'acquit, le poids du progrès à con-

tinuer, le souci des directions et l'honneur des solutions.

Mais la grenouille s'enfle, Icare s'envole, la montagne enfante, le jour est proche où la vessie écla-
tera, juteuse, où Icare s'écrasera, les ailes roussies
au soleil de la loi naturelle, où la montagne accou-
chera du hanneton qui bourdonne en cervelles fa-
méliques.

Telle est la pitoyable solution du problème féministe, à laquelle sont d'ailleurs arrivés, qu'ils le
veuillent ou non, les moralistes et les dramaturges
sincères. Dans la *Clairière*, Donnay et Descaves
se sont heurtés à l'élément féminin de discorde fatale. Le rêve de Marcel Prévost! dans les *Vierges
fortes* : « Il faut créer des femmes très supérieures
aux hommes existants; la femme régénérée doit
régénérer ses maîtres. Elle sera la prêtresse de
l'avenir; les vierges fortes referont le monde ».

Ce rêve s'est brisé au contact de la nature inéluc-
table, immanente; cet effort surféminin n'est qu'un
spasme cérébral; une convulsion nerveuse dont les
résultats ne peuvent être que mouvements incohérents.

II

POLITICIENNES

1er novembre 1894.

…Un Groupe s'est constitué dans les ateliers de la grande entreprise de fumisterie dont le siège est au coin du quai et dont la raison sociale, mais royaliste, de Palais-Bourbon a résisté aux assauts de la démocratie. Une quarantaine de députés, parmi lesquels MM. Henry Maret, Naquet, Goblet, Cluseret, Barodet, Grousset (faciles à mettre en vers), ont résolu d'être galants et de mettre au service des dames certains loisirs de leurs lourdes fonctions. Ils ont appelé ça le groupe du *Droit des Femmes.*

C'est le nouveau jeu, puisqu'il paraît que les Droits de l'Homme sont conquis et qu'il n'y a plus rien à faire de ce côté.

Mesdames Potonié-Pierre, Vincent, Martin, Pognon, sont reçues d'une façon charmante; après les compliments d'usage, on élabore le petit programme de revendications, on discute avec courtoisie sur l'éducation intégrale, l'électorat, l'émancipation,

voire même la prostitution, ses causes et ses remèdes.

Puis l'on se congratule et se jure fidélité dans
une effusion sincère — quelque chose comme le
serrement du jeu de paumes.

Le féminisme politique grandit; ses dents sont
faites.

8 mai 1898.

Quatre ans après...... le kaléidoscope électoral
bat son plein sur les murailles arlequinées; le féminisme va accoucher. Il a lancé son manifeste :

Electeurs,

Votre véritable intérêt exige que la femme s'élève,
par l'exercice de ses droits, à la conscience de sa
dignité. Il n'y a pas d'hommes véritablement libres
quand ils sont élevés par des femmes esclaves ou
simplement subordonnées.

Françaises,

L'Etat, quand il vous emploie, vous doit le
même salaire qu'aux hommes. Il ne doit pas, sous
prétexte de vous protéger, réglementer votre travail
de façon à l'empêcher de soutenir la concurrence
de celui de l'homme, resté libre,

Vous devez pouvoir être tutrices.

Vous devez, mariées, demeurer maîtresses de
votre fortune personnelle et du fruit de votre travail.

Vous devez avoir sur vos enfants une autorité égale à celle du père.

Vous devez arriver à donner votre avis dans toutes les affaires publiques, qui sont les vôtres.

C'est pourquoi nous vous prions instamment de favoriser de tout votre pouvoir, vous, femmes, par votre influence, vous, hommes, par votre influence et par vos votes, l'élection des candidats qui ont prouvé par leurs actes, ou du moins par leurs discours ou leur adhésion à la présente déclaration, qu'ils étaient prêts à soutenir l'égalité des sexes devant la loi.

Mmes FÉRESSE-DERAISMES, présidente de la *Société pour l'Amélioration du sort de la Femme et la Revendication de ses droits.*

Marguerite DURAND, directrice de la *Fronde.*

Maria MARTIN, directrice du *Journal des Femmes.*

Maria POGNON, présidente de la *Ligue française pour le Droit des Femmes.*

Eugénie POTONIÉ-PIERRE, secrétaire de la *Solidarité.*

V. VINCENT, présidente de l'*Egalité.*

Un certain nombre de candidats adhèrent; ce sont les candidats féministes, parmi lesquels s'imposent de hautes personnalités : MM. Bidermann, Chopoulie, Bagnole, Crampon, Cyvoct, Lataste, Lavy,

Sembat, Pierre Pons, Millevoye, Fabérot, Gaudinot, Ladignac, Lévêque, bachelier en théologie des Etats-Unis, Michelin, etc...

Ces hautes personnalités politiques n'en font pas moins remarquer l'absence de MM. Goblet, Mesureur, Clovis Hugues, Pierre Richard, Baulard, Maret.

Candidats, ont-ils eu honte d'afficher leurs galanteries le long des murailles, ou bien ont-ils déjà brûlé ce qu'ils adorèrent. Comme la plume au vent...

Enfin, 8 mai 1898. — Journée dites des Elections législatives.

Madame Jeanne Deflou, dame féministe, trouve que les femmes ne sauraient rester plus longtemps « *neutres* » et que les hommes ne seront pas libres tant que leurs mères et leurs femmes seront esclaves. Et, en veine de boniment, elle conclut qu'il faut voter pour ceux qui les affranchiront.

Allons-y; mais à qui se fier?

Il faut attendre jusqu'en 1900, au mois de mai, pour lire la proclamation bien nette d'un ingénieur maritime *(sic)*, candidat féministe dans le quartier de la Monnaie.

C'est peut-être l'étiquette du succès futur.

A noter encore le candidat amorphe, Bustaret-Granlot qui, dans ses revendications, demandait « que le port de la barbe fût permis aux femmes comme aux hommes. »

Colomba, plus pratique, sans conseiller les « pro-

cédés héroïques de cette bonne Lysistrata », abstinence pénible pour les deux sexes, rappelle aux
hommes que les femmes ont avec elles des « champs
de bataille où elles sont certaines d'obtenir la victoire, et qu'un petit mot dit en choisissant le moment est sans inconvénient et peut être utile. »

Ça, c'est lâche, et puis un mot à ce moment-là
peut tout faire rater.

Entre les deux manières, la seconde, quoique
perfide, me séduit davantage. Je consulte immédiatement mon épouse sur le choix du meilleur candidat, pensant m'attirer ses bonnes grâces, au bon
moment.

— Que diable veux-tu que ça me fasse ? Crois-tu
que je m'occupe de ces machines... dors donc.

— Mais, réponds-je, Colomba prétend que vous
autres, femmes, avez à deviner le meilleur des choses
et des candidats, un flair merveilleux, à la Mer-
cier... tu sais, l'artilleur...

— Je m'en fiche... en voilà une conversation...
Et puis, Colomba, c'est un homme. »

J'ai mon sac, et de vrai je pense, dans la ruelle,
que le flair est trop utile aux femmes dans les circonstances variées de l'existence pour qu'elles le
gaspillent aux bagarres politiques.

Donc, il existe des femmes qui voudraient voter
et qui voudraient être élues quelque chose. C'est un
phénomène qui, rare encore, tend à se vulgariser.

C'est en tous cas, pour le féminisme vibrant, le

grand cheval de bataille, le critérium de l'égalité des sexes, la candidature féminette.

« Vous pouvez faire état, écrit Bradamante, qu'aussi longtemps que la femme n'aura pas de droits politiques, elle peut renoncer à toute espérance de voir élever sa condition, d'être libérée de l'*esclavage* (c'est le boniment) que l'homme fait peser sur elle. »

Ce fut Saint-Simon qui fit éclore quelques-unes de ces phénomènes dont le marécage de ces élucubrations.

Dès 1830, nos pères se tordirent aux déclamations aigres de mademoiselle Adèle Esquiros, tremblèrent devant Eugénie Niboyet, qui barbouilla la *Voix des Femmes;* Madame de Beaufort, directrice de l'*Enfer et Paradis du Peuple;* Jeanne Deroin et sa *Politique des Femmes,* le bataillon clodoche des Icariennes et des Vésuviennes en éruption.

Ils eurent aussi ce spectacle touchant de voir quelques émancipées à la recherche d'un truchement et prêcher une croisade enjuponnée en faveur d'une candidature Georges Sand — tout un lot de devancières ayant le culte de Charlotte Corday et l'horreur de M. Prud'homme : Augustine Genoux, mesdames Legrand, Duparc, Gay, Henriette Sénéchal, Pauline Rolland et Claudine Monniot, qui grimpèrent en 48 sur les barricades. Ces femmes, et d'autres, luttèrent pour l'électorat et l'éligibilité de leur sexe, rageusement.

Les temps ont marché; de nos jours, quelques types de citoyennes continuent le combat.

Hubertine Auclert fonda la *Citoyenne*, pétitionna devant la Chambre et le Luxembourg pour obtenir l'égalité politique et des droits sociaux.

Louise Michel, qu'on dit vierge et martyre comme Jeanne d'Arc, et rouge comme la culotte d'un cuirassier, mérita le surnom de sœur de charité laïque en supprimant quelques gendarmes en 1871, et conduisit des monômes à la conquête de paisibles boulangeries parisiennes; à part cette petite manie, une politicienne douce qui parle, écrit afin de bien établir que, vierge et écarlate, elle est l'égale de l'homme et mûre pour voter au même titre qu'un sergent de ville.

Maria Deraismes, dont la statue surgit au square des Epinettes; oratrice sans voix, elle présida la société pour la *Revendication des Droits de la Femme;* elle fut riche et d'un fort joli visage sous l'Empire, et en profita pour ouvrir son salon à toutes les écervelées du féminisme. Elle pondit une foule de brochures, articles, conférences où tous les lieux communs sont développés. Plus franc-maçonne que le Grand-Architecte, elle transporta chez elle les coulisses du Grand-Orient et ne fut ni femme ni homme.

Elle laisse, outre ses parchemins, une sœur, madame Féresse-Deraismes, qui ne jubila jamais autant que le jour de l'inauguration des Epinettes, en écoutant le panégyrique de Maria prononcé par M. Hubbard.

Madame Sorgues est une révolutionnaire, ainsi

que miss Emma Goldmann, dont les conférences anarchistes armèrent le bras de l'assassin du président Mac-Kinley.

Madame Vincent, une militante qui dirige le groupe l'*Egalité* et fait partie de tous les congrès; ce qu'elle a rédigé de rapports est inouï! Sa marotte est le droit au vote des femmes, par l'unique raison que certaines furent convoquées pour la nomination des Etats Généraux, où elles purent voter par délégation : cela posé, conclut-elle, la femme doit avoir les mêmes droits que l'homme. C'est logique et rigoureusement déduit!

Madame Potonié combattit l'institution un peu démodée du mariage et repose au Colombarium du Père-Lachaise. A ce propos, on admira longtemps la formule de ses lettres de faire-part et surtout l'épigraphe suivante : « Il me semble que je vais, « que nous allons tous à quelque chose de très bien « et de *parfaitement gai.* »

Tous les goûts sont dans la nature.

C'est sur sa tombe que Séverine dit ces mots : « Elle a beaucoup travaillé, beaucoup réfléchi, âprement voulu le bien; elle a aimé les pauvres, les bêtes... »

On n'est jamais trahi que par ses amis.

Madame Pognon possède un idéal, à elle toute seule : elle tient à être conseillère municipale :

« Nous serons conseillères municipales, écrit-elle, ensuite conseillères d'arrondissement, conseillères générales, puis députées, sénatrices, etc... ».

Et enfin, le bouquet :

« Pourquoi les Français, qui applaudissent une Reine, trouveraient-ils extraordinairement ridicule d'avoir une Présidente de la République ? »

Toute la lyre !

Madame Marguerite Durand dirige gracieusement le journal *La Fronde*, organe « dirigé, administré, rédigé, composé par des femmes », écrit peu et boit du lait ; se flatte d'être l'égale d'Arthur Meyer, de Drumont et d'Yves Guyot.

Madame Maria Martin, directrice du *Journal des Femmes*, élabora un programme qu'elle adressa au Tout-Paris électoral, ainsi que l'appel bien senti dont nous parlons plus haut.

C'est encore madame Schmahl, une pétitionnaire endurcie qui pétitionne tout le temps, organise avec madame la duchesse d'Uzès le groupe de l'*Avant-Courrière* et se spécialise par son influence sur nombre d'hommes politiques ; M. Cazot, un sénateur, la redoutait comme la pluie.

C'est madame Clotilde Dissard qui fonde la *Revue féministe* ; madame Aline Valette, rédactrice des cahiers de doléances féminines, secrétaire de la Fédération française des Sociétés féministes.

Madame Marya Chéliga, énergumène de l'émancipation, polonaise.

Mademoiselle Barberousse est une agissante ; en 1889, elle demande son inscription sur la liste électorale et porte sa revendication malheureuse jusque devant la Cour de Cassation.

En 1898, mademoiselle Hélène Martin revient à la rescousse et adresse à M. Wiggishoff, ancien maire de Montmartre, une lettre dans laquelle elle réclame son inscription sur les listes électorales de Montmartre, patrie classique de la gaieté; la plaisanterie ne réussit pas mieux qu'à la Cour de Cassation, et la demoiselle reçoit les mille regrets de M. le maire.

Madame Marie Clémence n'en affiche pas moins sa candidature aux élections générales, se plaçant sous la protection d'un modeste citoyen; elle en appelle aux électeurs « amants d'équité » — lesquels, d'ailleurs, se hâtent vers d'autres amours.

Crânement, madame Paule Minck se présente aussi, toute seule, sans égide masculine.

A Bruxelles, faubourg de Paris, on cite dans un genre analogue mademoiselle Popelin; c'est encore madame Georges Martin, qui eut un mari sénateur; madame Vidal, personne très élégante, avec une délicieuse face-à-main. C'est madame Eugénie Collot, une conférencière, qui fonde l'*Idée Nouvelle* et qu'irrite l'antisémitisme; Julia Van Marcke et son cercle de l'*Union pour la Solidarité*.

Telles sont les plus illustres de ces politiciennes, organisatrices de petites croisades, de petites chapelles, certes très honorables, mais de petite envergure humaine et sociale; elles sont d'autres encore qui ne manquent ni de cachet ni d'originalité et qui s'occupèrent d'organiser le *grrrand Congrès* féministe de 1900, de correspondre avec des déléguées de tous pays.

On a entendu, rue de Paris, les ergotages infinis sur « la nécessité de l'indépendance économique de la femme, dans l'intérêt de son bonheur et de sa dignité (?)... sur la différence des salaires entre les deux sexes et sur les moyens propres à en obtenir l'égalité... sur l'éducation intégrale des sexes, la coéducation afin d'établir l'esprit d'égalité chez les enfants... sur le droit de l'enfant à son développement(?)... sur la suppression de la prostitution et la morale unique... sur le suffrage universel, etc. »

D'autres emboîtent le pas derrière la bannière de madame Juliette Adam, manifestent en faveur des Espagnols en guerre contre l'Amérique, cette terre chérie de l'émancipation qu'elles accusent d'être « vorace ». Sympathique souvenir aux jeunes filles de la haute société américaine qui, sous le nom de « Filles de la Révolution », se groupèrent pour offrir à la France une statue de Washington !

Certaines s'adonnent aux soirées dissertantes des loges maçonniques mixtes — tarif des abonnements : 18 francs par an, et d'avance.

Quelques-unes s'intéressèrent à l'affaire Dreyfus et, plus femmes qu'intellectuelles, s'émurent des souffrances de l'épouse et demandèrent qu'il lui fût permis de partager l'exil de son mari.

Mesdames Joseph Honoré, Constant Jardineau, suivirent l'exemple de Paule Minck; elles se présentent aux élections, soutenues par la *Solidarité*, où l'on s'engage d'honneur à fréquenter les réunions électorales et à poser des questions aux candidats.

Mademoiselle Marie Maugeret exploite le *Féminisme chrétien*, — quelque chose comme du Drumont pour dames.

La princesse Wiszniewska préside la Ligue des Femmes pour le désarmement et prend l'initiative du Congrès de 1900 pour la paix universelle; Mesdames Flammarion et Chéliza en sont les vice-présidentes à Paris, ainsi que la baronne de Suttner en Autriche, madame Stefani en Italie, madame Petterson en Suède, madame Back en Allemagne, etc.

Devait-on ou non inviter le Tsar? Elles lui ont en tout cas envoyé une adresse qui n'était pas piquée des vers.

Un tas d'autres sont moins connues, mais ne s'agitent pas moins : madame Griess-Traut, une dame respectable, mais complètement aphone, qui a la rage de parler de Fourier, son maître; madame Louise Réville, vice-présidente de la Société internationale des Droits Egaux; madame Hammer, qui met la politique en vers de cette envolée :

...Sur l'humaine Unité, basant notre équilibre,
Tu veux la femme égale à l'homme vraiment libre,
Ton génial effort a su nous exalter.

Madame Bonnevial s'occupe des grèves féminines et au besoin les soutient; madame Emilie Yacintha Loyson préside l'alliance des femmes orientales et occidentales.

Telle est la graine de nos futures femmes

d'Etat. Arrière les Richelieu, les Mazarin, les Gambetta, les Bismarck ! Place aux dames, ministresses d'avenir ! La Politique les attire :

Fille de l'Intérêt et de l'Ambition
Dont naquirent la Fronde et la Séduction.

Ces groupes, dont nous avons çà et là cité quelques noms, ces grouillements nationaux et internationaux sont leur école et leurs tréteaux; les politicomanes s'y exercent et s'y échauffent, produits éminemment parisiens qu'on ne voit point mûrir en province, ni à l'air pur des campagnes. Ces protagonistes énervées du droit de se crêper le chignon dans les mêlées électorales ne sont pas suivies dans leurs incohérences tapageuses et les femmes ont compris déjà qu'elles n'ont rien à gagner à se créer des devoirs en plus, qu'elles ne sont guère esclaves et n'ont cure d'affranchissement. A chacun son affaire; elles ont les chalets de nécessité; qu'elles abandonnent aux hommes les squares et les musées, primes, suivant les sexes, aux courages variés.

Si les politiciennes poussent à Paris, elles poussent aussi dans les autres nations civilisées; elles se sont donné le mot de passe, ardentes à la conquête des affaires publiques.

Si bien que, grâce à leurs clabauderies et à la niaiserie humaine, elles s'enorgueillissent de quelques succès politiques.

La République de l'Equateur a commencé, vers 1860, à capituler devant la crinoline; elle a du moins l'excuse du climat.

L'Autriche a suivi, en 1873, dans la classe de la grande propriété.

En 1881, l'Ile du Man a autorisé les jupons à exercer les droits de suffrage pour la Diète Finlandaise.

Puis ce furent l'Australie, le Wyoming aux Etats Unis, le Colorado, Etat de l'Ouest de l'Union américaine en 1894, l'Utah et Idaho! elles y sont citoyennes! Miss French fut élue ministre par 16.000 électrices dans l'Idaho.

Les Etats-Unis sont d'ailleurs une patrie soumise à la jupe; le féminisme y bourgeonne depuis un siècle, chauffé par les quakeresses, assaisonné par des régiments de bachelières à la tête desquelles on reluqua les panaches de Cady-Stanton. Dans la petite ville de Beaty, les administrés coqs en pâte ont remis le soin de veiller à leur sécurité à un demi-quarteron de conseillères municipales et à une mairesse, madame Totten.

Voici que la galante Norvège s'est laissée pincer aux charmes de la mixture politique; au Parlement consulté, trente-trois membres sur soixante-dix-huit ont manifesté récemment le désir de voir leurs séances égayées et diverties par le babillage des dames.

C'est à la Nouvelle-Zélande qu'appartient le pompon. Les citoyennes électrices et élues ont donné à la politique de ce pays une tournure fantasque et ruineuse qui n'empêche point mistress Seldon, une ministresse affairée, de se féliciter des résultats acquis et de proclamer qu'en ce pays « un mauvais mari n'a jamais pour lui les voix des femmes. »

Ne désespérons donc pas. Il n'appartient qu'aux femmes de relever les niveaux parlementaires déchus par la présence malsaine des maris cascadeurs. Arrière les célibataires, époux infidèles, impropres aux services publics, internationalistes de foyer; place aux Sganarelles !

Et le siècle qui vient va nous offrir, je l'espère, le spectacle des vastes pince-tailles patriotiques et parlementaires. Le coup d'œil sera réjouissant de voir Cléo de Mérode au fauteuil de M. Deschanel; en ne s'embêtera point aux rapports de la Goulue sur le budget général de l'Exposition universelle. Déjà, Maxime Lisbonne, toujours ingénieux, a retenu son comité, constitué sous la présidence de l'archevêque de Paris, de Drumont, d'Émilienne d'Alençon, du Grand Rabbin et de Liane de Pougy.

Poursuivons. Le Landtag de la Bavière ne veut pas du sexe dans ses assemblées; elle leur réserve les associations philantropiques, économiques et d'enseignement.

En Angleterre, elles ont conquis le droit à l'élection aux conseils généraux des petites localités et aux conseils de paroisses; en Irlande, elles assistent aux conseils de l'assistance publique. A part l'Amérique, où le *Women's suffrage movement* se développe outrageusement, malgré les résistances des *antisuffrage Clubs*, l'Europe a le bon sens de résister aux criailleries d'une petite cohorte d'agitées.

Les socialistes avisés ne veulent même point en entendre parler, car ils sont convaincus que les femmes « conservatrices par tempérament » seraient le meilleur appui du dogme irraisonné et de la réaction.

Par contre, l'électorat des femmes fut l'article essentiel du fameux programme d'Achille I⁰ʳ, successeur d'Orélie Iᵉʳ, l'ancien avoué de Périgueux, au trône d'Araucanie, et Sapeck, de fumiste mémoire, en fit le sujet d'une thèse furieusement soutenue aux abords de Bullier.

Telles sont les victoires remportées par les Cady-Stanton, Lucretia Mott et Lucy Stone, les grandes citoyennes d'Amérique, par les Anna Kuliscioff, les Polousky et autres nihilistes, en Russie; Pognon, Auclert et Louise Michel, en France; Gatti de Gamond, en Belgique; madame Sorgue, à Lisbonne; Eleanor Marx, à Londres; la fille de Liebknecht, à Berlin, les citoyennes Luxembourg et Zetkin, qu'un socialiste allemand qualifia de sorcières au récent congrès de Stuttgard et qui, faisant un « sabbat » formidable, refusèrent de se laisser « museler ».

L'exercice des droits politiques par la femme est une utopie révolutionnaire; il est irréalisable au milieu des rouages compliqués de la conduite d'une population nombreuse et centralisée; il est inutile et dissolvant. Pourquoi? Par la plus simple et la plus expérimentale des raisons.

Parce que, si les droits de la femme peuvent, à

certains points de vue, égaler ceux de l'homme, si les fonctions des deux sexes sont importantes au même titre, elles se complètent par leur union commune en vue d'un point d'arrivée unique qui est le bonheur, s'amoindrissent et s'émoussent par leur division, diffèrent dans leurs moyens physiques et intellectuels; parce que les sexes, se trouvant être conformés différemment, ne peuvent rendre ni les mêmes effets, ni la même somme, ni la même nature de productions; parce qu'ils sont attelés ensemble au même joug de l'existence, l'un pour tirer, l'autre pour entraîner.

La femme n'est pas constituée pour conduire un peuple d'hommes et de femmes, un peuple de soldats et de fonctionnaires, d'ouvriers et d'indépendants, d'artistes et d'artisans confondus en un même patriotisme et en rébellions communes. Il y a une part de force et d'autorité inévitable dans le gouvernement d'une nation, fût-elle républicaine de race; la crainte et le respect sont des régulateurs obligés; les conducteurs de peuples sont appelés à donner de leur personne, à descendre dans la rue, à paraître sur le front des troupes alignées ou devant les foules désordonnées. Une nation peut respecter sa souveraine entrevue de très loin dans le cortège et l'appareil gouvernemental; en France, il ne nous faut pas de préfètes, de sous-préfètes, de ministresses, pas plus que de magistrates ou de prêtresses — la blague tue trop dans ce pays.

L'exercice des droits politiques par la femme

comporterait une éducation pour laquelle elle est née rebelle; le timbre de sa voix la prépare mal aux harangues des réunions publiques; la gracilité de sa conformation n'est pas de nature à lui donner l'autorité qui fait à la fois l'orateur et l'homme d'Etat. Il vaut mieux, mariée, qu'elle n'ait pas ce sujet de plus — et combien irritant — de discorde avec l'époux; les divergences d'opinions religieuses suffisent à aigrir les relations. Se représente-t-on un ménage où, durant la période électorale, madame refuserait ses devoirs à monsieur, sous prétexte qu'il patrone le candidat socialiste, alors que ses préférences s'en vont à la coupe irréprochable du conservateur? Voit-on le nom de monsieur sur l'affiche rouge et celui de madame sur l'affiche jaune?

La pudeur et la dignité de la femme ne peuvent supporter les compromissions électives au comptoir des mastroquets, ni rougir aux lueurs des vins chauds et des punchs avalés. Avec nos mœurs actuelles où les actes de la vie privée des candidats sont, avec la perfidie et la diffamation inhérentes au but électoral, jetés en pâture à la curiosité malsaine des foules, aujourd'hui qu'on déshabille le candidat, que celui-ci doit compte au peuple amusé de la façon dont il passe ses nuits, de son opinion sur le talent de Polin ou les dessous de Mademoiselle Otéro, il n'appartient pas à la femme d'étaler en public les preuves de sa vertu ou les dérivatifs de ses culbutes. Nous n'aurions plus assez de revolvers et de vitriol.

Les réunions, de brutales qu'elles peuvent être, deviendraient des succursales du Moulin Rouge où les filles en cartes électorales et autres, discuteraient les jambes en l'air la réglementation des souteneurs, le libre-échange ou la protection, la recherche de la paternité, et mettraient aux enchères les mérites apparents et cachés du miché-candidat.

Au surplus, la tournure même de leur esprit est incompatible avec toute logique et toute discipline électorales.

Un exemple :

Un groupe de femmes instruites, à priori intelligentes, cultivées, de bonne compagnie s'est avisé dernièrement de faire entrer une des leurs dans le comité de la Société des Gens de lettres. Il s'agissait de remporter une victoire féministe et, à ce titre, toutes les dames au nombre de quatre vingts faisant partie de la Société devaient s'associer pour voter comme un seul homme. Or, après de nombreuses et préparatoires réunions que l'on eut soin de tenir chez le restaurateur Marguery, elles ne furent point fichues de s'accorder sur un nom unique. Acharnées, trois candidates maintinrent, malgré tout, leur candidature ; et le jour du scrutin, les suffrages s'égarèrent sur les noms des Mesdames Daniel Lesueur, Henry Gréville et Camille Pert.

Bien entendu, pas une ne passa, la victoire féministe tourna en défaite et de rage, Mme Durand qui marchait pour Daniel Lesueur, écrivit au lendemain ces lignes amères :

« Mme Gréville est excusable... il est logique qu'elle ait sacrifié à une satisfaction d'amour-propre le principe de solidarité féminine. Ce que je comprends moins, c'est l'attitude des autres concurrentes. Quelle peut bien être leur mentalité? Ont-elle cru sérieusement un instant que leurs personnalités pourraient s'imposer? prennent-elles pour un succès le nombre ridicule de voix qui se sont égarées sur leurs noms, ou placent-elles avant toute chose le plaisir d'avoir fait échouer une femme qui leur est supérieure? »

O mystérieuses profondeurs du cœur féminin !

Tel est le résultat où arrivent quatre-vingt femmes poursuivant un but commun, quatre-vingt supériorités intellectuelles combattant leur propre combat, pour une cause d'intérêt privé, juste en soi, exempte des arrières-pensées de lucre et de tripotages, quatre-vingt dames bien élevées et qui se flattent de réfléchir, de penser et d'observer.

Que sera-ce en réunions publiques, où, confondues en une même médiocrité, en une même perversité morale et intellectuelle, elles exhaleront leurs rancunes, leurs goûts, leurs sottises, leurs réticences, leurs inepties, leurs hypocrisies, leurs vanités, leurs passions en bulletins de vote incohérents?

Et se représente-t-on la situation d'une femme élue par hasard?

Suffisamment ridicule lorsqu'elle se mêle de rendre compte d'un rapport dans une association professionnelle, maternelle, syndicale, se prenant au sérieux dans une intonation comique et une mimique magistrale, elle deviendrait plus que grotesque dans un rapport sur le budget des colonies ou un discours sur la Revanche.

George Sand, mise en avant avec Legouvé par un petit groupe de politiciennes qui voulurent en faire une législatrice, leur répondit ceci :

« Un journal rédigé par des dames a proclamé ma candidature à l'Assemblée nationale. Si cette plaisanterie ne blessait que mon amour-propre, en m'attribuant une prétention ridicule, je la laisserais passer comme toutes celles dont chacun de nous en ce monde peut devenir la victime. »

C'est la seule réponse à faire ; ce sont là plaisanteries pitoyables. Le plus piquant est que la réponse fut rédigée par la seule femme de génie dont puisse s'enorgueillir le peuple féminin.

Si tout acte de la vie politique leur est interdit, si l'action leur est défendue, sauf pour répandre le pétrole et assassiner des gendarmes, elles ont toute latitude pour apprécier la politique de leurs gouvernements. Aussi bien les dames de tempérament eurent-elles un faible marqué pour journalistiquer.

Le journal leur offre les ressources de la critique politique, sociale, mondaine, littéraire, artistique — leur liberté est absolue. Dès lors à côté de la politique pure, nous les verrons traiter à leur façon le socialisme, l'économie politique, l'organisation militaire, la justice et tout ce que leur inépuisable fantaisie fait tomber sous leur plume, au jour le jour. Elles eurent, outre les *Voix des Femmes*, l'*Amour de la Patrie*, de Mme Legrand; la *Citoyenne*, d'Hubertine Auclert, actuellement décédés; elles ont, à peu près vivants, le *Journal des Femmes*, la *Femme de l'Avenir*, la *Ligue*, de Mlles Popelin; la *Fronde*; elles rédigent des revues : le *Devoir*, de Mme Godin, du familistère de Guise; le *Féminisme Chrétien*, l'*Union du Progrès*, de Mme Bréon; la *Femme*, de Mlle Sabatier; la *Revue féministe*, l'*Harmonie sociale*, de Mme Valette, etc.

Leur action sur le public et sur les gouvernants est plutôt médiocre.

De même en Angleterre et surtout aux Etats-Unis qui se nourrissent chaque jour de la prose féminine de plus de quinze cents journalistes dames.

Les politiciennes s'occupent naturellement de toutes les questions sociales, y compris l'hygiène et la repopulation. Eprises de libertés, comme Mlles de Sombreuil que son amitié trop profonde pour Napoléon fit expulser, elles organisent des conférences émancipatrices, des syndicats pour les ouvrières, des clubs et des cénacles, prêchent la solidarité, s'emploient dans la création d'œuvres parfois utilitaires, de fédération de secours mutuels et d'assistance pour le travail, remanient les catéchismes féministes, se partagent en commissions. Cette fièvre débordante s'exerce sur les autres parties de leur programme : elles veulent pour leurs sœurs qui travaillent le même salaire que pour l'homme — ce qui fournit à Mesdames Valette, Dissard, Bonnevial et autres l'occasion de développer leurs utopies et d'égarer les ouvrières en leurs syndicats professionnels. Est-ce que les salaires peuvent-être égaux et chacun n'a-t-il pas droit à ce qu'il produit ? réclamer l'élévation du salaire, d'accord ; vouloir le niveler comme la solde des gens de troupe, c'est absurde. Elles briguent l'honneur d'être tutrices. La loi leur donne le droit d'être tutrices de leurs enfants ; ça ne suffit pas aux énervées du socialisme femelle qui réclament à leurs compagnes des charges lourdes dont elles se passent avec ivresse, sans se douter qu'elles sont esclaves parce qu'elles échappent aux entraves de l'hypothèque et des redditions de comptes. Elles veulent les femmes mariées maîtresses de leur fortune personnelle. Or, il n'est pas besoin de tant de commérages ; la loi leur offre avec d'immenses avantages le régime matrimonial de la séparation de biens. Elle leur donne même cet avantage exclusif de pouvoir transformer leur contrat en cours de route et de se mettre à l'abri des créanciers, elle et même leur mari — petite opération que font exécuter à leurs dames les financiers prudents et avisés.

Elles veulent la femme mariée libre du fruit

de son travail — nous verrons cela plus loin ; cela n'est ni plus ni moins que la déclaration de faillite du mariage entre ouvriers et ouvrières.

Elles ont le toupet d'inciter les mères de famille à désorganiser l'union conjugale avec cette conception étrange de pattes-pelues : « Vous devez avoir sur vos enfants une autorité égale à celle du père. » Et en cas de désaccord, faudra-t-il nommer une commission composée de voisins et présidée par le juge de paix pour les départager ? folies de célibataires !

Telles sont, rapides, les partisantes du bulletin de vote, du socialisme étriqué pour dames seules ! Assimiliation théorique des deux sexes avec, pour couronnement du sophisme, les mêmes droits, les mêmes devoirs, les mêmes professions, la même éducation, la même instruction, la même conduite dans la vie; c'est l'identification absolue d'êtres nés différents, destinés à le demeurer tant que Mercure et Vénus n'auront pas multiplié leurs rejetons hybrides. Elles entendent faire de la femme la « pareille à l'homme » ce qui, dit Jules Lemaître, est contraire à la nature même et, à l'ordre fatal et éternel des choses. Et la résultante fatale de ces chinoiseries d'idéologues est la dépression, la ruine de la maternité et de l'humain amour — l'étouffement du cœur sous une débâcle de cervelles avariées.

M. Millerand a prétendu que ce féminisme était « une étape sur la route dont le socialisme est le terne. » C'est tout au plus une danse de Saint-Guy dans l'anarchie et la confusion. Le socialisme politique dont le but est la conquête des pouvoirs publics en vue du triomphe des théories sociales plus largement appliquées au bien du peuple, n'a que faire d'encombrer les pouvoirs publics des jupes en rupture de pot-au-feu, dont l'impuissance au pouvoir n'aurait pour le peuple que l'avantage du comique.

Comme l'écrivait M. Mérac, c'est « au fonds de culotte qu'il convient de les ramener pour les remettre dans le chemin de la sagesse pratique et de la saine humilité. »

III

LITTÉRATURE

L'art d'écrire est un passe-temps auquel la femme peut se livrer modérément — loisir intelligent pris à petite dose, qui peut devenir agréable pour les lecteurs s'il est livré à leur consommation modérément — inoffensif et plutôt élégant, s'il ne s'évertue point à dépasser les limites du gracieux ou du sentimental féminin. Pris à haute dose et rendu à jet continu et professionnel, il s'éteint de bonne heure et devient agaçant.

En littérature, comme en peinture, en musique ou en science, les femmes ne sauraient franchir cette banquette irlandaise au-delà de laquelle elles perçoivent le grand art, la création de génie, le chef-d'œuvre qu'elles ne peuvent atteindre. Inhabiles à se former des pensées, à elles, sur les choses, elles expriment avec plus ou moins de lucidité et d'ordre celles des autres. « Leur cerveau, dit un proverbe, est fait de crème de singe et de fromage de renard »; il est construit pour le badinage; mauvaises langues, elles excellent à saisir quelques ridicules superficiels et à les mettre adroitement en valeur, à retenir les indiscrétions sans pouvoir les conserver, à observer les petits côtés et à les reproduire élégamment.

Toute la femme est dans le détail. Cherche-t-elle à décrocher les lustres en des aperçus élevés, des ensembles complexes, elle tombe dans le pédant ou le raté; s'efforce-t-elle d'appliquer son esprit aux conceptions supérieures et aux généralisations, elle dépasse rarement l'incompréhensible. Les grandes épopées, les drames poignants de l'humanité, les analyses très fouillées du roman psychologique, l'observation profonde et synthétique du créateur ne sont point faites pour son cerveau, ce n'est pas de son ressort. Son domaine est la légèreté, la grâce, la frivolité, le charme et l'attrait inconscient des formes et de la beauté fugitives.

Frappante est la médiocrité des dames écrivains — à d'infiniment rares exceptions près.

Par politesse, galanterie, par manière de flatterie, par surprise aussi, veulerie ou amour des contrastes, on s'est accoutumé à consacrer quelques talents féminins, dits virils. Ces louanges, ces admiromanies trop souvent factices ou intéressées font sur l'esprit des femmes instruites l'effet aveuglant d'un regard à propos lancé à la coquette, des applaudissements de commande d'une claque payée; elles leur font perdre toute modestie et toute retenue dans un triomphe momentanément juvénile.

« Une femme de bel esprit, disait Jean-Jacques

Rousseau, est le fléau de son mari, de ses enfants,
de ses amis, de ses valets, de tout le monde. De
la sublime élévation de son génie, elle dédaigne
tous ses devoirs de femme et commence toujours
par se faire homme à la manière de Mlle de Len-
clos. Toutes les femmes à grands talents n'en imposent qu'aux sots ; on sait toujours quel est l'artiste
ou bien l'ami qui tient la plume ou le pinceau
quand elles travaillent. La dignité de la femme
est d'être ignorée ; sa gloire est dans l'estime de
son mari, ses plaisirs sont dans le bonheur de sa
famille. »

Ce tableau des femmes qui font métier d'exposer en public les fruits de leur instruction, leur
style, leurs vers ou leur prose, qui donnent en
pâture aux bourgeois ébahis leurs productions atrabilaires, qui lancent en la vaste foire de courtes
idées, butinées partout, des idées qu'elles ont classées, couvées, rapetissées, ces femmes qui font profession de vendre des lettres, toute une littérature
rageuse ou parfumée, le bel esprit qui s'abreuve
du roman et des paradoxes des autres, qui déraisonne à perte de vue, commente les situations, les
faits et les caractères dans un bavardage incessant,
fait et défait les gloires, égratigne toujours, ce
tableau de Jean-Jacques s'est élargi, encadre
aujourd'hui toute une génération de filles égarées
par une instruction sans issue, déclassées par l'ambition déçue, toute une cohue grossissante d'institutrices affamées et extravagantes.

Aussi le pinceau d'Etincelle a-t-il des couleurs

plus noires encore : « Elle ne sera ni jolie, ni même propre ; elle sera brouillée avec les brosses, les savons ; mais elles nommera toutes choses par leurs noms. »

Et qu'eût-elle dit de cette doyenne, la créatrice du bas bleu moderne, cette Mary Wollstoncraft qui inventa les « *droits de la femme* », qui cessa « de se peigner, laissa flotter ses cheveux, dépenaillée, buvant le vin dans des tasses » et qu'on surnomma le souillon — Cette « pauvre fille, écrit Barine, qui voulut régénérer son sexe ; saluez Mesdames les détraquées ! »

Mary Wollstoncraft fit souche ; son costume pourtant, et sa tenue s'affinèrent. De nos jours, la femme de lettres ne saurait, dans la rue, se distinguer des autres ; mais on la reconnaît aux premiers mots qu'elle dit. Elles sont les *M'as-tu lu* des salles de rédaction, engueulent les éditeurs et les directeurs, vont à la salle d'armes et au bain de vapeur, éreintent les confrères et bêchent la production intellectuelle du jour, se laissent baiser, en public, la main ; amoureuses ou non, c'est la galerie qui les préoccupe toujours et la gloire qui les hante. Quant à l'homme, c'est l'ennemi que, dans leur littérature étranglée, elles s'amusent à cribler de coups d'ongles et d'épingles. Vivant au dehors, aux contacts libres, elles se marient peu ; « c'est trop de deux esprits dans un ménage, disait le philosophe. »

Certes, il est des exceptions et des femmes aimables au talent modeste ; qu'elles prennent garde de conserver leurs distances et de s'écrouler dans le tas.

Son œuvre est étriquée et quelque soit le genre où elle s'essaie, elle manque ou de souffle pour s'élever au dessus du moyen, ou de raison pour convaincre ; son imagination ne crée pas l'idéal sublime qui transforme la vie, la grandit, la transporte en des sphères supérieures, elle rase la terre d'une aile alerte, mais mal assurée — papillon aux mille nuances ballotté par les vents variables de la mode et des mœurs.

Sa personnalité ne se dégage point et n'agit pas sur la nôtre, sa puissance est insuffisante à nous communiquer l'idéal qu'elle conçoit trop mince et trop faible ; son art est impuissant à nous émouvoir, à nous « conduire à la connaissance de nous-mêmes par la révélation de toutes nos pensées, même les plus secrètes, de toutes nos tendances, de nos vertus, de nos vices, de nos ridicules et par là de contribuer au développement de notre dignité, au perfectionnement de notre être. »

Son œuvre est momentanée, pastiche des goûts et habitudes du moment ; elle n'a pas donné une création humaine, vivante, un type immuable de l'humanité ; curieuse parfois, elle est la fable qui plaît et qui change, jamais l'étude interne du cœur et de l'être.

Aussi son œuvre s'est-elle effeuillée — fleur sans racines — aux brises des temps qui passent, rapides ; son parfum éphémère, grisant parfois, s'est dissipé, sa fumée s'est dissoute, perdue dans le vague des fictions et du rêve. Elle n'a rien laissé, ou presque — quelques souvenirs à peine exhumés par les érudits et les bibliophiles ; elle dort sous la poussière des portraits de famille, oubliés, ignorés bientôt de la génération qui suit.

Et nous citerons les plus célèbres.

Mortes, leurs noms et leurs œuvres ont survécu ; vivantes, elles sont classées et n'ont point les tristes couleurs du tableau d'Étincelle ; elles furent, elles sont les arrivées, celles que le talent a mis hors cadre, le dessus du panier, les adroites intelligentes, souvent artistes ; c'est le livre d'or de la littérature féminine avec un bagage volumineux, parfois intéressant ; c'est ce qu'il y a de mieux, de plus distingué, de plus frais dans l'étalage. C'est là qu'il s'agit de trouver les chefs-d'œuvre ; on chercherait vainement ailleurs.

Qui connaît maintenant trois lignes des femmes écrivains qui se répandirent par l'Angleterre, depuis Sophie Lee, Burney, Anne Radcliffe, Edgeworth, Austen, Georges Eliot ?

Mais cherchons parmi nos gloires, à nous, ce que les féministes appellent leurs illustrations.

Les Précieuses qui naquirent avec l'Académie ne nous offrent plus qu'un spectacle rétrospectif de pédantisme à perruque à peine intéressant pour l'histoire. Ces demoiselles ouvraient leurs salons, lesquels s'emplissaient aussitôt de fadaises et de flirts ; c'est là qu'on cuisinait les académiciens soumis aux épreuves de la maçonnerie galante et des thèmes à bachot. On appelait ça faire de la littérature. Dans cette société brilla d'un vif éclat la marquise de Lambert dont le boudoir fut la véritable antichambre du Palais Mazarin. Puis ce furent, aristocratiques, Mlle de Lespinasse, la duchesse de Broglie, Mme de Montcalm ; plus près de nous, l'Abbaye au Bois de Mme Récamier, l'une des trois Parques qui se chargeaient alors de couper les ailes aux candidats à l'Immortalité ; Adèle de Boigne, une autre Parque.

Le salon de Mme de Blocqueville, la fille du maréchal Davout, continue la tradition emménagée quai Malaquais ; on lui doit le duc de Broglie, Caro, philosophe aux favoris accroche-cœurs, quelques autres pontifes et une comédie de Pailleron sur le monde où l'on s'ennuie. C'est le salon de Daniel Stern avec Litstz et celui de la vicomtesse Lepic.

Puisque nous sommes dans le Monde, n'oublions pas le salon de Mme Adam, où Gambetta réussit un instant à mettre un peu de vie, parlotte où l'on roupille dans l'atmosphère bourdonnante des futilités politico-métaphysiques, sorte de plein-chants littéraires, chapelle laïque où le récipiendaire fait le neuf et le vieux.

Quittons cette gynécocratie académique et raseuse et cherchons encore parmi les souvenirs.

Madame de Girardin, plus connue, femme d'esprit dont la *Joie fait peur* et le *Chapeau d'un Horloger* sont restés, petites œuvres aimables; elle se distingua par la haine du bas bleu et n'est pas en odeur de sainteté parmi ses consœurs qui lui jettent à la tête les bas de couleur de Sophie Gay, sa mère.

Un regard en arrière pour Mme Deshoulières et sa « facilité languissante, sa fadeur molle et puérile propre à éblouir de petits esprits de dernier ordre »; Mme de Sévigné, Mme Dacier, les sœurs Arnauld, Scudéry, Mme de Staël, Mme Prignot ; Mme de Renneville qui pondit soixante volumes ; Mme de Tercy, une romancière ; Mme Dubocage, l'amie de Voltaire et du Pape Benoit XIV. Rappelons la singulière figure du chevalier d'Éon sur le sexe duquel on ne fut point fixé, qui s'habillait en homme, fut écrivain, avocat, guerrier, ambassadeur et escrimeuse.

C'est encore un lot de quasi-oubliées : la comtesse Dash, la comtesse de Chambrun, Mme Ackermann; Mme Bernier, qui remporte un prix pour sa pittoresque dissertation sur « le genre le plus efficace pour rendre les hommes heureux en société. »

Telles sont les plus illustres, en balance avec les gloires masculines dont les noms sont gravés en toutes les mémoires !

Mais le siècle des hardiesses s'avance, l'instruction plus poussée jette ses rejetons ; la phalange des lettres grossit à vue d'œil, à se demander comment il reste quelque chose à écrire. Elles écrivent néanmoins autant qu'elles peignent et musiquent ; leurs cervelles éclatent et le besoin est impérieux de donner au monde et à l'imprimeur, le labeur de leurs pensées ; fécondées, elles accouchent, inon-

dant la terre de leurs vocations, de leurs impres-
siohs sur n'importe quoi ; leurs jets n'intéressent
qu'elles, mais quelle joie de voir le fruit naître
sous la couverture flambante qui chante le nom de
la mère radieuse, dans les langes jaunes de Mar-
pon, bleus d'Hachette, rouges de Savine l c'est
encore du bonheur de le voir moisir, flasque, sous
les intempéries du quai Voltaire, au cercueil du
bouquiniste.

Saphos modernes, elles donnent à la France
reconnaissante les sauces fades d'Anaïs Ségalas, des
mirlitonnades sur les muselières et le Préfet de
police, des romans en jujube, du théâtre pour
sourds-muets, toute une lyre en pâte molle.

Poétesses : Louise d'Isola, Anaïs Dewailly, Mme
de Montgommery, la baronne de Goya, Mmes de
Bosguérard, Borras, de Witt. Ségalas fait des
élèves : Eugénie Vicq cultive la cotonnade avec une
bonne mère de famille, Mme Ludovic Foucault, qui
laisse à la postérité une silhouette versifiée de sa
belle-mère :

On aime à contempler sa vénérable tête...

Quelle joie !

C'est Mme Mesureur dont le mari, ministre, eut
un mot célèbre au Parlement.

Voici Daniel Lesueur, un nom mâle, plusieurs
fois couronnée par l'Académie française, adroite à
monter Pégase et la jument Cavatine et à roman-
tiser au *Delà de l'Amour* — poétesse impression-

nable décorée du ruban rouge pendant l'Exposition pour son rapport au Congrès du Commerce.

C'est Marie Krysinska — spécialités de vers de tous pieds. Puis la reine Elisabeth de Roumanie (Carmen Sylva) doctoresse ès-lettres de l'Université de Budapesth, s'il vous plaît, et sa demoiselle d'honneur, Hélène Vacaresco, « l'Étoile d'Orient »; c'est la comtesse de Noailles, aux rimes riches; Mademoiselle de Chevigné, Thérèse Roumanille, reines des Félibriges; madame Mistral, vibrante et sonore comme son méridional époux.

Bonnes petites élèves de M. de Lamartine.

Le Roman devait attirer les femmes d'une manière spéciale.

Chose à la portée de tout le monde s'il consiste à écrire quatre mille lignes de feuilleton sur un fait divers. Autre est le roman où les Balzac, les Daudet, les Zola font œuvre sociale basée sur l'observation humaine, le cœur, le document; c'est à la fois la science profonde du moraliste qui réforme parce qu'il constate exactement et l'art qui donne la vie; c'est l'humaine activité qui pense et marche en même temps vers un idéal de mœurs et de lois, idéal qui échappe aux compositeurs de narrations et de contes écrits pour les longs voyages en wagon.

Le roman doit être un enseignement; Turgot affirmait qu'il a répandu dans le monde plus de vérités que toutes les autres classes réunies. Cette peinture expérimentale des mœurs, cette philosophie animée des passions, cette vie dans les détours

sinueux du cœur, cette traduction de l'être, cette
analyse complexe du sentiment et de l'action, tout
cela est à peu près interdit à la fragilité du jugement féminin; ces profondeurs et ces extractions
lui sont inconnues, elle y manque d'air, ne peut
draîner au fond : son levier est trop court pour soulever jusqu'au grand jour de la raison les formules
enfouies que soupçonnent en les effleurant son flair
et son instinct.

Pour la femme, le roman ne saurait être qu'un
amusement intellectuel, fables d'amour, aventures
et pastorales, potins et racontars, paradoxes humo-
ristiques de méchantes langues, imaginations roma-
nesques où les transports d'amour jouent des rôles
extravagants, fertiles en ruses, artifices variés qui
réjouissent les demoiselles de magasin et font acheter le feuilleton à l'atelier — tableaux de genre
très colorés, pimentés et pimpants. Beaucoup s'y
sont essayées, certaines ont réussi ; c'est souvent
justice et c'est heureux aussi. Car si les génies seuls
se faisaient lire, nous qui aimons la lecture serions
réduits à apprendre par cœur les chefs-d'œuvre des
maîtres, tant ils sont rares. Ce qui vient de la pensée, si incomplet soit-il, offre toujours quelque intérêt au curieux, quelque distraction à l'oisif ; il en
est de la littérature comme de la cuisine, il en faut
pour tous les goûts et tous les estomacs. Nous
oublierons des talents ignorés, des littératrices bien
douées en l'énumération de celles qui dans l'antho-
logie féminine se sont fait une notoriété; nos souvenirs omettront bien des noms qui pourraient

allonger notre liste, sans toutefois démolir notre thèse.

C'est Judith Gautier qu'écrase le nom de son père ; Gennevraye, plus connue sous le nom de son mari le général Lepic ; la reine Nathalie qui se dérange. Daniel Lesueur est une des plus prolifiques de ce temps; ses romans s'attirent les lauriers de l'Académie, comme ses vers. Mmes Daudet, Caro, Claire Vautier, Jane de la Vaudère, très blonde, Max Lyan, Georges Maldague, Blanche Leschassier, Albéric Chabrol, ont écrit des contes, des romans, des histoires, des nouvelles — toute une littérature délicate et respectable qui délasse et repose des psychologies savantes, avec un petit penchant à dénigrer l'homme, un secret plaisir à le déprécier ou à faire valoir la lumière crue de ses défauts.

Mie d'Aghonne, une petite vieille morte de chagrins et de déceptions ; Mlle Schirmacher ; Mary Summer, débordante d'érudition féministe ; Mme Marc de Montifaud; Mme Hucher; Marguerite Poradowska.

Mme Camille Pert écrivit ce gracieux envoi à l'adresse des féministes :

« Peut-être une grande majorité des femmes qui écrivent actuellement est-elle formée des révoltées, peu préoccupées d'art, et qui trouvent un prétexte dans la littérature pour y clamer leurs déceptions et leurs fureurs. » O les femmes entre elles !

Par contre Mme Georges de Peyrebrune écrivit un *Roman d'un bas-bleu* où les appréciations sur le sexe qui n'est pas le sien sont plutôt aigres-douces et un autre intitulé *Libres* où elle malmène assez proprement les formalités matrimoniales.

Ça n'a aucune importance !

Un ministre a récemment fait décorer Mme Gagneur — un couronnement de carrière. Elevée par les jésuites, cette écrivain possède une imagination féconde et colorée qu'elle a mise tout entière au service des mêmes jésuites. Ce qu'elle leur en a fait voir, aux jésuites ! Si elle ne les a pas démolis encore, c'est qu'ils sont vissés. Elle a eu encore l'honneur de répondre à Alexandre Dumas dans les *Droits du Mari*. Puis elle a répandu une foule innombrable de feuilletons démocratiques — un par an depuis 1864. Décorée en 1901, elle doit à la littérature une décoration rudement gagnée !

Mme Jacques Frehel fait le paysage breton — une manière d'Elodie Lavillette de la prose.

Jeanne Marni égaye la *Vie Parisienne* (E. Voila) d'euphonies argotiques ; Mme Olympe Audouard, avec les mystères du Sérail et des Harems ; Mme Thérèse Bentzon, fille de la comtesse d'Aure, avec son « Emancipée » et ses « Américaines » ; Mme Jean Bertheroy emprunte à l'homme sa signature virile, ce qui l'amène à déclarer très gentiment que « le règne de la femme ne peut advenir que par la tendresse et l'amour ; elle n'a qu'à gagner à laisser l'homme garder les apparences de la supériorité et de la force. Il est probable qu'Adam eut dédaigné de goûter à la pomme, si Eve eût grimpé à l'échelle pour la cueillir; il faut toujours que ce soit l'homme qui cueille le fruit. »

Marie Colombier, qui débuta sous les auspices d'Arsène Houssaye, cultiva avec succès les indiscrétions boulevardières. Henri Gréville — un pseudonyme masculin comme les malines — accorde le *Piano d'une âme sereine.*

Mlle Anne de Bovet se préoccupe beaucoup plus de son style que de sa toilette ; écrit des *rosseries* comme Gyp, un peu déhanchées, sans aller jusqu'à l'enlèvement : « Si nous avons, écrit-elle, une tendance à moins gober les hommes qu'autrefois, cela pourrait bien être parce qu'ils en marquent une déplorable à devenir très-mufles. » C'est moins élégant que du Maupassant ou du Feuillet, mais elle aurait tant aimé avoir du poil au menton plutôt que des trous aux oreilles.

Mme Judith Cladel est une luministe qui écrit comme ceci: « Vivre sa vie ! propager en son entourage de la bonté, de la force, de la grâce, de l'affection, achever de répandre sur les êtres le trop plein de cette récolte de sérénité mystérieuse et de beauté souveraine puisée dans l'Univers et destinée à se muer en art, semer et moissonner le calme et la joie... »

Ceci vous représente le panégyrique de Stéphane Mallarmé.

Nous avons encore Mme Paton; Mme Fould, une actrice qui s'appela Valérie; Pauline Savari; Tola-Dorian, qui écrivit ces mots :

« De nos jours, pauvres bas-bleus par nécessité

ou besoin de notoriété que nous sommes pour la plupart… nous sommes à tel point privées des dons de la beauté, de la jeunesse et trop souvent d'une éducation première, partant si aigries, qu'Eros sans doute nous boude. »

Franchise un peu dure. O les femmes entre elles !

Madame Hucher, Jeanne Schultz, mademoiselle de Bury et ses portraits en lamento mineur; Marie O'Kennedy avec l'*Inventaire de sa Chambre* — trouvent des éditeurs. Madame la duchesse d'Uzès aussi, cette riche et noble dame qui conduit à quatre, reçoit en des châteaux princiers, sculpte, signe Manuéla des chroniques sur Rambouillet où elle chasse, près des tirés Loubet, jure et monte en ballon.

La comtesse Diane ou de Beausacq livre à ses consœurs cette pensée :

« L'Education peut comprimer un instinct, et c'est tout. »

Gyp est la Parisienne — le boulevard, le faubourg, l'alcôve, les snobs, Israël, Bob et mademoiselle Loulou, tout ce qui grouille, de la Bastille à la Porte Dauphine est à elle; elle a vécu là-dedans, parle la langue de ces fantoches, enlève le morceau, rosse et grinchue, pleine d'humour et d'entrain, mortifiante et gaie; ses pantins ont la note juste, ses grotesques respirent, vont et viennent sans nous embêter de psychologie. Femme de lueurs, elles soutient qu'il faut « apprendre aux filles à être honnêtes, bonnes et jolies; et si, ajoute-t-elle, les hommes étaient plus malins, ils se garderaient bien de rendre les femmes savantes». Ce qui ne l'empêche pas de s'affubler de chapeaux à la Sigurd et de marchander des asperges sur les trottoirs du faubourg Montmartre — au demeurant garde dans les veines un peu du sang de navet de Danton, son aïeul, et cultive la suggestion de l'enlèvement par des gens masqués, le soir.

J'ai gardé pour la fin Georges Sand.

Celle-ci est l'exception qui confirme la règle. Nature d'élite, elle n'est point de son sexe, phénomène imposant que les femmes ne sauraient revendiquer, car elle ne fut pas des leurs.

« Il faut vivre, disait-elle un jour de désespérance; pour cela, je fais le dernier des métiers : je fais des articles pour le *Figaro!* »

Elle a presque fait, elle seule, le chef-d'œuvre. Elle seule a résolu cette petite difficulté, et fut si peu femme que le Comité de la Société des Gens de Lettres l'admit en son sein — ce qui enrage les autoresses du jour. Il est vrai qu'elles mènent la campagne en faveur de l'élection d'une des leurs au Comité et leurs résolutions sont si fermes qu'elles ne sont pas fichues de se mettre d'accord sur le nom de la préférée.

Tel est le bilan de l'actif, sauf omissions sans gravité pour le principe.

Restent certains genres où quelques femmes d'esprit ont réussi à faire connaître leurs noms : conférencières, historiennes, journalistes, écrivassières variées, elles font du bruit dans une petite circonférence. Rares sont celles qui laissent une trace durable sur leur route — météores scintillants qui disparaissent dans les ténèbres d'oubli.

Le rôle des littératrices et écrivaines étrangères n'est qu'un reflet de notre honorable médiocrité nationale.

Cent-cinquante dames réunies au « Professionnal Banquet », à Londres, sous la présidence de mistress Craigie, ne font pas pour cela tort à Shakespeare. Les Walter Scott imberbes brillent d'un éclat plombé avec Jane Austen, Georges Eliot, Rhoda Broughton, Currer Bell.

Dans la patrie de Schiller et de Gœthe, les vers d'Annette Von Droste-Hulshoff, pas plus que l'impressionisme de Gabrielle Reuter, les romans d'Eugénie Marlitt, n'infirment la supériorité du mâle — pas plus d'ailleurs que les récits autrichiens des baronnes de Suttner et de Ebner. Et ce ne sont pas, malgré la *Case de l'Oncle Sam* et madame Fenimore Woolson, les cent mille adhérentes aux cinq cents clubs littéraires américains qui nous octroieront, par delà les mers, le chef d'œuvre d'art pur, nettoyé des industrielles conceptions.

Un souvenir à Carlotta Ferrari, à la marquise de Ricci, à Malaspina, Capecelatro, à Mathilde Sérao et sa palette napolitaine; un dernier regard à madame Pardo Bazan, la romancière castillane et... l'article est soldé, ou à peu près.

Celles qui parlent? Toutes.

D'aucunes, cependant, trouvent des oreilles pour

les entendre, à la Bodinière ou ailleurs, maniaques de la conférence. C'est Mary Summer, pleine de l'Inde; trace aussi des portraits de femmes, tresse des couronnes et s'alarme de « l'effrayante culture féminine ».

Mademoiselle de Bovet, déjà nommée, se souvient qu'elle est fille de général, dépouille l'âme de l'armée et en profite pour rendre son tablier à mademoiselle Durand et à la *Fronde*, qui bafoue ses tendresses pour le pantalon rouge.

C'est miss Florence Marryat, une Anglaise célibataire, qui connaît à fond les choses du mariage, ses réticences, ses dessous et ses effets; madame Hudry-Menos, une emballée de la Nouvelle Ethique sociale, qui ne peut supporter l'amour sous prétexte que les deux protagonistes n'y sont pas égaux. Comme si en cette affaire chacun n'avait pas, tour à tour, le dessus !

C'est une doctoresse, madame Gaches-Sarrante, qui part en guerre contre le corset au nom de l'hygiène, provoque des controverses et les réponses de la doctoresse Edwards.

Madame Pognon disserte politique, en désaccord avec M. Faguet, qui ne veut pas de législatrices, parce qu'on s'apercevrait trop vite de leur infériorité. M. Faguet lui accorde toutefois le droit à l'uniforme féministe, signe de ralliement comme pour les militaires et les dames du Sacré-Cœur.

Mademoiselle Lauriol traite les questions d'enseignement, et une autre demoiselle, mademoiselle Brémont, exhibe ses compétences sur la maternité et l'hygiène des petits; Mme Dacier nous initie aux curiosités de la Grèce, et madame d'Abartiagre à celles des cuisines populaires (à la bonne heure!). Madame Dieulafoy, déguisée en ventriloque, nous raconte ses voyages, comme madame de Mayolle; madame Méryem Sadi, une Musulmane, affirme que la femme possède une âme, quoiqu'en dise le Coran, et madame Renaud nous met l'eau à la bouche en projetant la Femme du vingtième siècle. Madame Véra-Vend vient exprès pour nous entretenir de ce qu'est la femme Russe; madame la comtesse Wechmeister cause de l'Inde, assistée d'un grand mandrin de Brahme théosophe, pendant que madame de Bezo-Brazow nous rase avec la Ligue des Femmes de lettres pour l'éducation éthique, et mademoiselle de Sainte-Croix avec l'éveil de la femme aux préoccupations sociales.

J'allais oublier cette bonne Louise Michel, qui fait salle comble à la Bodinière (200 oisifs) chaque fois qu'elle exhibe son étui funèbre et débite les théories les plus abracadabrantes d'une voix d'Agnès.

J'allais oublier aussi mademoiselle Ota Koumi, qui module des refrains connus sur l'évolution de la condition des femmes — il est vrai que ça n'est pas dangereux pour nous, car ces modulations s'exécutent à Tokio, au Japon, où la mode est aussi de parler.

Quelques mots encore pour celles qui écrivent au jour le jour, journalières pour articles périlleux exigeant, sinon la profondeur, du moins la rapidité, la sûreté de vue, le doigté, la perception vive des branches qui raccrochent les abonnés.

C'est au premier rang madame Séverine, disciple de Jules Vallès, dont elle entoure la mémoire d'une vénération filiale. Mordante, voilée souvent des tristesses ressenties à la débâcle des évènements et des amis, douce aux bêtes et aux fleurs, elle égrène ses espoirs toujours généreux, acerbés quand il faut, à la dérive des pensées qui s'envolent de son balcon. Séverine méprise la politique; son idéal fut d'être aimée. Ecoutez d'ailleurs ce qu'elle écrivit, il y a quelques années, à madame Potonié :

« Citoyenne,

« Mille grâces de l'offre, mais il y a méprise. Sur le terrain politique, je persiste à méconnaître les délices du suffrage universel, quelque sexe qui y doive participer. Ce n'est pas quand la pomme est pourrie qu'il faut y mordre. Donc, trop arriérée comme femme, fière du rôle abnégatif et maternel que la nature m'a dévolu, aucunement tentée de déchoir aux masculines ambitions; donc, trop avancée comme bas-bleu, plutôt gouailleuse quant à l'efficacité du vote, je ne me sens mûre que pour l'abstention. »

C'est le pendant de Georges Sand à la citoyenne Niboyet.

Puisque nous sommes à la *Fronde*, où Séverine se bat les flancs pour devenir féministe — apprentissage pénible — citons deux bons types de jour-

nalistes dames : Bradamante et Belilon. Ça a l'air
d'un titre d'opérette ou de vaudeville; c'est une réalité journalistique.

La première est une amazone terrible qui s'efforce de pasticher Rochefort; très en progrès, n'a
pas cependant dépassé une moyenne de douze in-
jures par article — ça viendra — traite naturellement Cavaignac et Zurlinden avec l'aménité cour-
toise d'une dame de la Halle en colère. Un échantillon au hasard :

« Une telle avalanche de boue s'est abattue du
« Mont Valérien sur l'Etat-Major, la magistra-
« ture, tous les pouvoirs publics, que........ »
Et encore :

« De son œil d'aigle, ayant jugé que le plein
« air est fatal à l'Etat-Major, il (l'Empereur des
« Gredins) charge les tribunaux de faire dans
« l'arrière-boutique la besogne échappée aux écu-
« meurs du désert. »

Bradamante nous avoue que dans l'intimité elle
est moins terrifiante et qu'elle occupe exclusivement
ses loisirs à son ménage — une amazone en cami-
sole, alors.

Madame Camille Bélilon a dû éprouver dans sa
vie des désillusions. C'est une dame qui ne dérage
jamais, atteinte d'hydrophobie féministe, tombe
chaque matin en des crises jaunes; l'homme est sa
bête noire qui l'obsède et lui suggère des petites
tartines quotidiennes et microscopiques que madame
Fournier relègue religieusement à la quatre, du

côté des recettes culinaires et des pilules anti-cons-
tipantes. C'est très drôle. Exemple :

« La femme est comme le canard qui marche,
« nage, vole, mais qui s'acquitte très mal de tout
« cela. »

La femme canard ! Voyez-vous d'ici la tête qu'a
dû faire Marguerite Durand et la Rédaction. Ef-
froyable aventure !

Au demeurant, deux excellentes personnes.

Lá *Fronde* nous offre aussi des tableaux hebdo-
madaires, plus calmes et palpitants d'intérêt, de
madame Léopold Lacour. Exemple :

Un vendredi 13 :

« Quelle mélancolie dans cet accourcissement
« des jours aux fins d'été ! Oh ! les crépuscules
« hâtifs, nécessitant déjà les lampes ; leur retour
« nous émeut, surtout de ce qu'ils nous dérobent
« la loyale lumière, la saine et rassérénante lu-
« mière. »
Digne préoccupation de sainte femme !

Un dimanche :

« Hélas ! pour tous ceux que les seules fêtes
« libèrent du travail dur, enfermé, et de la pierre
« citadine, hélas ! il pleut, il pleut, et l'on ne peut
« faire la bergère ni le berger sur l'herbe dé-
« trempée de la banlieue. »
C'est palpitant, ça, pour un sou.

Elle nous offre aussi madame Marcelle Tynaire, une jeune mère de famille qui fait mieux que de la copie; madame Manoel de Grandfort, une critique ambulante des productions de l'esprit; madame de Kergomard, pontife à froid; madame Sée, officier d'académie, comme madame Néron (grand reportage); madame Téry, licenciée ès-lettres, parangon de morale; madame Osmont, une *Carabosse* humoriste.

Journalistes sont encore, mais pour d'autres maisons : madame Latouche, mademoiselle de Bovet, qui n'écrit pas souvent sans parler d'elle; ses *Mab* de la *Vie Parisienne* sont plus élégants que ses chapeaux; Astié de Valsayre ou *Dame Marthe;* une quantité de *Violette* pleines de modestie, de *Camée,* de *Camélia,* élèves d'*Etincelle;* comtesse de Mirabeau ou *Satin,* comtesses de Molènes, de Paliga, Sars, de Lincel — tout le Gotha — madame de Rute ou Ratazzi, Frétillon, madame Daudet ou Karl Steen, des *Saphos,* des *Masques de Velours* et des dames voilées ou dévoilées — une avalanche.

Rappellerons-nous madame Lucie Grange, collaboratrice d'Emile de Girardin, gratifiée d'une médaille; mademoiselle Adrienne Neyrat, fondatrice de l'*Ami des Bêtes,* un cœur tendre aux chats pelés; mademoiselle Lucie Faure, avant de coucher à l'Elysée, fut aristarque de peinture au *Journal de Rouen.*

Quelques directrices fournissent aux camelots ou aux marchands de marrons du papier imprimé; madame Paule Vigneron dirige une feuille qui se

vend un sou — c'est l'avenir du journalisme —
dont le titre est *Le Pain*. Sur la rive droite de la
Seine, pas loin de chez Rothschild, s'imprime la
Fronde, de mademoiselle Marguerite Durand,
échappée du presbytère de Saint-Germain-des-Prés,
qui joua la comédie et se fit connaître dans le bou-
langisme.

La *Fronde*, dont il ne faut pas suspecter les convictions, mène la charge féministe, lance l'affaire
dite des cimetières pour chiens, vend le café noir
ou le thé de cinq heures et offre en prime des cachets qui donnent droit à douze bains gratuits.

La *Fronde* marche sur les traces antiques de la
Voix des Femmes, que conduisait Eugénie Niboyet;
de l'*Enfer du Peuple*, avec madame de Beaufort,
de la *Politique des Femmes* avec Jeanne Deroin;
l'*Athénée des Dames*, qui eut un numéro. Il faut
espérer pour la gaîté des controverses qu'il lui sera
donné de vivre plus longtemps que ses sœurs aî-
nées; d'ailleurs, le titre est joli, emprunté à cette
madame de Longueville, pour qui Turenne,

> *Afin de plaire à ses beaux yeux,*   [*Dieux,*
> *A fait la guerre aux Rois, et l'aurait faite aux*

Avis aux Turenne fin de siècle!

Tel est le bilan du journalisme féminin, reflet
fade des Girardin, des Armand Carel, des Rochefort, des Clémenceau et des Cornély.

La littérature spéciale possède bien encore quelques feuilles absolument ignorées d'ailleurs : le

Journal des Femmes, les *Femmes de l'Avenir*, la *Ligue* de mademoiselle Popelin à Bruxelles; — des revues, des brochures : l'art de traiter les femmes comme elles le méritent, le *Journal des Filles à marier*, le *Journal des Cocottes*, etc. Ces choses, que la postérité connaîtra peut-être, sont des monuments que les contemporains soupçonnent moins encore que l'architecture canaque.

Faut-il parler des étrangères et des nuées de reporteuses américaines, anglaises, etc : le *Court Circular* de la reine Victoria; la revue de lady Churchill, merveille de reliure; madame Sérao, du *Matino;* mademoiselle d'Almeida, du Brésil; madame Averino, d'Alexandrie...

A quoi bon?

La femme est là même sous toutes les latitudes terrestres, improductive et vaine; son œuvre n'existe pas. Rehausserons-nous cette atonique littérature par les œuvres spéciales de madame de Bonnechère ou de la baronne Staffe?

Chercherons-nous dans le théâtre? Oh combien misérable et stagnante est la production féminine! C'est qu'au théâtre, plus que dans le roman, l'analyse méticuleuse doit s'élargir au cadre de la vie; les héros remuent et parlent; il s'agit de leur communiquer le mouvement et le cœur qui bat sans lesquels les personnages restent des marionnettes; l'auteur est un moraliste qui instruit et enseigne par la vue; il crée et généralise ce que le roman explique et délaie.

Les comédies de madame Deshoulières sont des

modèles d'ineptes fadeurs, ses livrets d'opéras des moûles à pâtisseries sèches, ses tragédies des mascarades navrantes. Que dire d'Olympe de Gouges?

Et les Comédies de Céleste Mogador, comtesse de Chabrillan! Et les pièces de madame Ancelot en 1848!

Quelques noms surnagent au hasard de la plume: la comtesse Lydie Rostopchine, madame Régeard, mesdames Emile Jouan, Jane de la Vaudère, Liane de Pougy, sont à la fois les Sophocles et les Aristophanes de ce temps. Maria Chéliga, pour tenter quelque chose, a fondé le théâtre féministe, où madame Daniel Lesueur a exhibé les tirades lamentables et les fantoches désolants de *Hors Mariage.* D'ailleurs, ce théâtre n'est point fait pour le développement de l'art dramatique; il est plutôt une succursale intermittente des boîtes à conférences atrabilaires.

Madame Jeanne Marni, des Batignolles, s'est taillé quelque réclame avec *Manoune,* une pièce en trois actes qui nous représentait une assez jolie collection de chipies féminines et qui n'a pas persisté.

Madame Pauline Savari eut une idée plus originale; elle adressa au Conseil Municipal une pétition à l'effet d'obtenir une subvention qui lui permît de monter son ouvrage *Divorce Impérial,* que, disait-elle, les directeurs sont tous unanimes à lui refuser. Son argumentation logique invoquait le précédent des largesses accordées aux peintres et musiciens.

Pas plus riche en Italie, la littérature dramatique, avec madame Rosselli, la signora Anna Vivanti; la riche et jolie mistress Craigie (John-Olivier Hobbes), travaille pour les Anglais, patrie de Shakespeare.

Rien, en somme! Quelle misère et quelle preuve! Arrêtons-nous ici, sans désir d'érudition inutile; ce n'est pas même une étincelle à côté des feux jetés par les Molière, Corneille, Gœthe, Dante, Hugo, les Balzac, Renan, Tolstoï, Flaubert, et les mille génies qui sont la gloire de notre humanité.

Il est temps de résumer.

Les lettres — nous le verrons plus loin dans les sciences et les arts — se sont vulgarisées; mises ainsi à la portée du plus grand nombre, elles sont devenues vulgaires; c'est le phénomène du nivellement démocratique.

Rabaissées au niveau des femmes, celles-ci n'ont eu qu'à les ramasser, à s'en parer comme d'un ornement à bon marché, à les traîner aux quatre vents de leurs caprices intellectuels.

Les lettres, comme les arts, comme l'industrie, se sont vulgarisées aux goûts de la classe moyenne, infiniment nombreuse et englobante; elles tombent au rang des amusettes. Les livres, les théâtres, les vers, les journaux sont devenus l'aliment à prix fixe, pas cher, qui satisfait l'appétit d'une société qui n'a plus le temps de savourer, dans son avalante fièvre de *struggle*. Peu importe la qualité, il faut agacer le palais par le piment des variétés sans cesse renouvelées; il faut, ainsi qu'au Louvre

et au Bon-Marché, un renouvellement incessant
que déversent les machines et l'outillage nouveau;
il faut la quantité et user vite.

Vulgarisées, les lettres sont devenues l'information électrique, la distraction qui facilite les digestions — drames à outrance, statistiques, contes
utiles, descriptions de bas-fonds, techniques bizarres, monographies indiscrètes, imbroglios stupides, thèses barbares. La littérature américaine envahit le monde de ses produits conservés à la glace
et qui tournent à l'air de nos contrées — sans
style, art de la foule, qui cherche à s'évader parfois aux soubresauts des décadents. Elle encombre
le marché; tout le monde en vend, les prix sont
dérisoires; aussi bien tout s'imprime et s'achète, à
la portée des petites bourses et des petits esprits —
marchandise pour l'exportation.

Le public s'est habituée à cette bourgeoisie des
lettres mises à sa portée; les œuvres puissantes
l'embêtent, la littérature d'élite l'assomme; il lui
faut des choses toutes faites, des conceptions, des
soldes à sa taille qui le tiennent à son aise; c'est
bien assez pour son intelligence du souci des affaires, sans la fatiguer aux lectures esthétiques et
philosophiques qui exigent un effort, aux peintures
délicates et élevées qui forcent la méditation attentive.

Art de commerce et pour le commerce, il n'est
plus le monopole, le privilège d'un élite de penseurs, respectueux de l'élite à laquelle ils s'adressaient, soucieux de travailler pour le grandiose et

pour la vérité, maîtres d'eux-mêmes, féconds sans l'excitant des morphines et des épipastiques, consciencieux et dignes sans sacrifier à la mode ni aux goûts ambiants; il est l'intellect moyen qui ne s'élève plus au-delà des besoins de l'égalité médio-cratique, nivelé sur les manières, les idées, les usages, les goûts, le langage de *Tout le Monde*, du bourgeois démocratisé, de la foule des frères égaux pensant tous les mêmes choses, à la même heure, usuels, pratiques à puiser au fonds commun — le socialisme de la pensée nationalisée substitué à l'aristocratie du génie.

Cette vulgarisation de la pensée, uniformément banalisée produit la vulgarisation des écrivains. Les idées se sont faites plus nombreuses, se sont pour ainsi dire étalées sur le plat du niveau commun, amincies, facilement glanées par les professionnels, amateurs, humoristes, imaginatifs, humanitaires, in-tellectuels, dramaturges, quotidiens, romanciers, re-vuistes, anecdotiers, reporters, chroniqueurs de tous les sexes, fournisseurs des classes laborieuses et moyennes.

Et la foule, indifférente aux amusements de l'es-prit, achète la littérature des femmes — l'égale — comme elle s'amuse aux nouveautés, aux diffama-tions intimes, aux potins de coulisses ou du turf, s'intéresse aux excentricités des gens en vue, aux papotages de pipelets, aux scandales, toute une dé-gringolade de blasés niais, badauds et tristes.

De même que les fortunes, les conditions, l'Ins-truction et les intelligences, les sexes devaient s'uniformiser dans le mâle à l'école des politesses mixtes où la délicatesse consiste à se taper sur le ventre, à l'absinthe, en copains. D'égales, les femmes seront vite supérieures, pour peu que nous baissions seulement d'un cran.

La supériorité des femmes est le couronnement des civilisations outrées; en art, le terrain qu'elles gagnent est ravi au Génie : leur règne est le commencement des décadences.

IV

MÉDECINE. — SCIENCES

Un des emblêmes allégoriques de la médecine est un coq.

Pourtant, les femmes ont, à peu près partout, conquis le droit à l'exercice légal de la thérapeutique, de la chirurgie et de toutes les branches s'y rattachant.

Les doctoresses foisonnent, sous l'emblême du coq, en Amérique, aux Etats-Unis, au Brésil, en Europe ; la Turquie elle-même, par un iradé impérial de 1893, en a autorisé l'emploi. La Russie, après un arrêt, s'est lancée plus loin; l'empereur, par ordonnance d'une galanterie récente, leur a donné le droit de faire partie des services de l'Etat.

En Allemagne, le corps des médecins tient bon et refuse d'admettre les demoiselles aux études médicales ; le professeur Runge s'est constitué leur adversaire opiniâtre; il craint pour leurs charmes compromis, les supplie de ne pas remplacer la « petite fleur bleue » par le réalisme du forceps; il redoute la réciproque de Diafoirus :

« Avec la permission de Monsieur, je vous invite à venir voir l'un de ces jours, pour vous divertir, la dissection d'une femme sur quoi je dois raisonner ». Le professeur gémit à la vision de cette fiancée moderne voulant divertir son futur sur les dalles de l'amphithéâtre.

Quoi qu'il en soit, on peut dire que c'est une chose faite : la femme peut acquérir les diplômes et s'en servir pour le plus grand soulagement de l'Humanité; si bien que nous autres, les malades, avons aujourd'hui la ressource ineffable de pouvoir, afin de mourir dans les règles, choisir à notre gré ou un homme ou une dame suppôt de faculté. Qui donc n'applaudira point au progrès réalisé dans cet art?

Toutefois, il est permis de se demander si l'idéal, ou tout simplement l'avenir de la femme, est placé là.

Que l'accès des facultés ne leur soit plus contesté, on peut, en l'évolution actuelle des mœurs, l'admettre en théorie générale. Peut-être les gens avisés penseront-ils que la place d'une jeune fille, même pauvre, n'est pas à l'amphithéâtre, précisément à l'âge où la « petite fleur bleue » commence à se colorer, au milieu de carabins accoutumés à palper le nu, friands, par contraste, de chair fraîche. J'entends que madame Cardinal peut accompagner sa demoiselle, ainsi qu'au Conservatoire de déclamation, qu'une mère prévoyante peut, au cours de dessin, protéger son rejeton d'un œil vigilant et sûr. Au Quartier Latin, tout modernisé qu'il soit, cette suspicion légitime serait mal goûtée, et le couple serait trop tôt irrémédiablement marqué pour les joies exubérantes du monôme enveloppant.

Mais laissons ces choses mesquines.

Nous sommes au cours pratique... pour apprendre à pratiquer ; donc, il est de toute nécessité que chacun et chacune pratique. On pratique comme on peut, selon la mesure de ses moyens; on pratique les bases de sa destinée à sa guise ; il faut que tout le monde pratique. Elles sont environ cent cinquante qui pratiquent rue de l'Ecole, dont quatre-vingts françaises à peu près. Et la voilà, suivant les leçons des maîtres, piochant sur le vif et sur le faisandé l'anatomie de la femelle et du mâle; analysant passionnément les fonctions de l'intestin grêle; fouillant les replis de la rate et les ptoses viscérales ; la voici à l'hôpital scrutant les tubercules d'un poumon, les mélancolies d'un estomac ou les profondeurs attirantes du trou médullaire, visitant amoureusement les vivacités d'une syphilis, partageant l'admiration de Berger pour une élégante appendicite, tressaillant avec Périer sur une belle ovariotomie; suivons-la à la Morgue, enthousiaste au flair de Descouts, reniflant avec transport l'arôme scientifique du macchabée.

Certes, après quelques années de ce métier-là, la Faculté serait mal venue de lui refuser un parchemin qui constatera l'endurance énergique de son système nerveux, la force de résistance contre les pamoisons et les nausées.

Et puis après ? de *carabine* sera-t-elle le médecin, le chirurgien, le savant de génie qui découvre, l'artiste éminent qui applique à coup sûr, le sauveur du corps qui crée la vie.

L'art de la médecine est peut-être, entre tous, celui dont l'exercice est le plus facile. Avoir un diplôme et signer légalement des ordonnances — chose simple.

Parmi les 15.000 médecins qui exercent en France, les 3.000 qui exercent à Paris, combien y a-t-il de charlatans; dans les villes, dans les campagnes, combien de rebouteux, de zouaves médicastres, de médecins d'eaux douces qui pratiquent et réussissent; combien de docteurs diplômés se sont enracinés dans les grandes villes, exploitant les souffrances d'autrui, spéculant sur des pharmacies à spécialités, sur des maisons dites de santé, artistes incomparables pour administrer des douches froides, préparer, exécuter ou simuler ce qu'on appelle l'opération *financière*.

Ces industriels ignorants inspirent confiance par la mise en scène, la somptuosité de leurs salons d'attente garnis de gens bien mis et payés à l'heure, par des découvertes plus ou moins électriques chipées à de pauvres diables et appliquées pompeusement, par des titres variés obtenus au hasard des relations du monde et répandus avec discernement, mille trucs qui séduisent la crédulité, en imposent aux badauds, tels que boutonnière ornée de rosettes, photographies de personnages illustres avec dédicaces appropriées et étalées visiblement en manière de clientèle patronante, affiches et prospectus.

Je me souviens de celui-ci dans le cabinet duquel je consultai. Un domestique en livrée pénètre, présentant une carte de visite sur un plateau d'argent. Le maître lit et à haute voix : « M. le Ministre des Finances ». Puis, s'adressant au valet : « Faites attendre dans le Salon Bleu ». Et plus digne encore, avec le sourire qu'avait Félix Faure recevant l'Empereur de Russie, il me dit : « Chacun son tour, chez moi... la séance continue ». Je ne me souviens plus si je regrettai le louis que je déposai pour m'en aller, mais l'émotion de m'être trouvé en si distinguée compagnie me guérit du coup.

On m'apprit plus tard que le ministre était un garçon de café en grève — mais j'étais guéri.

D'autres s'enorgueillissent d'avoir fait cinquante huit curetages en un an et d'avoir extirpé cinq cent deux ovaires.

Tous les genres de réclame sont utiles ; quelqu'un proposait la suivante : Pour dissiper l'ennui, le docteur X... a attaché à son salon d'attente M. Galipaux, du Vaudeville, qui récitera des monologues de deux heures à trois heures, et madame Amel, de la Comédie-Française, qui chantera les *Aïeules* de trois heures à quatre heures. — C'est ce que l'excellent docteur appellera, macabre: tuer le temps — en attendant le tour du client.

S'ils n'ont pas des ressources suffisantes, combien de médecins crèvent de faim ou s'attachent à des cliniques louches, s'associent avec des pharmaciens spécialistes, se font rabatteurs pour confrères fortunés, ou médecins d'urinoirs.

Exercer ainsi la médecine est à la portée de tous, même des femmes. C'est bien l'homme de La Bruyère, « payé pour dire des fariboles dans une chambre près d'un malade jusqu'à ce que la nature ait guéri celui-ci ou que les remèdes l'aient fait crever ».

Mais faire de l'apostolat scientifique, réunir les qualités d'observation intense, de recherches profondes, de décisions rapides, de force physique, de logique expérimentale, toutes nécessaires au même degré, tel est le domaine interdit, sauf exception rare, à l'expérimentation féminine. Son domaine, en médecine, est restreint à des limites déterminées, que la femme ne saurait dépasser sans exécuter le tour de force, la dislocation contre nature dont les résultats ne peuvent qu'étonner le public sans lui profiter. La femme a peur du sang; elle manque dès lors de sang froid en présence d'une complication ou d'un évènement que ses livres n'ont pas prévu; elle perd la tête, manque de jugement et de discernement; elle est une bibliothèque ambulante, elle pratique avec sa seule mémoire. Sa mémoire est en effet merveilleuse; elle brille aux examens d'anatomie, d'histoire naturelle, aux premières années d'études; en thérapeutique, elle est perdue et ne sait expliquer le pourquoi des opérations, les conséquences et l'imprévu qui ne sont pas révélés par les manuels. Pour la femme, il n'est rien que des maladies cataloguées, alors que pour le médecin, il n'y a pas de maladies, mais seulement des malades qui exigent le diagnostic raisonné. Aussi préfèrent-elles l'exercice des maladies nerveuses — au hasard de la fourchette.

La chirurgie est inaccessible à la faiblesse musculaire de la femme. On pourrait citer pendant vingt-quatre heures de suite, le cas de mademoiselle Bihéron qui, au dix-huitième siècle, inventa le cadavre artificiel et fit une leçon d'anatomie devant Gustave de Suède; il est évident que pour couper un membre, il faut à la fois une légèreté de main et une force soutenue dont les muscles de la femme sont incapables. Il paraît qu'il existe, en Amérique, un certain nombre de chirurgiennes; on assure même qu'elles ne trouvent point d'égaux pour percer des clous et enlever une loupe. Aussi bien que dans tous les pays du monde, les « grandes opérations » sont interdites à leurs scrupules.

Les facultés de médecine ont donc en général, ouvert leurs portes aux filles que pique l'étrange tarentule de visiter le corps de l'homme. Cette maladie s'est répandue jusqu'aux Indes qui jouissent de quelques doctoresses de couleur : les sœurs Meherbai et Ratanbai. On annonçait la création de diplômes cinghalais pour l'Exposition de 1900.

Chose étrange! les Etats-Unis, cette terre à émancipées, où le nombre des *médecines* dépasse huit mille sujets, leur refusent encore l'accès aux écoles de médecine officielles.

Chez nous, la faculté Brouardel, qui fait germer douze à treize cents docteurs par an, distribue en outre quelques diplômes de doctoresses; ces diplômes parisiens sont extrêmement savourés par les jeunes Russes, Roumaines et Anglaises. Aussi accourent-elles en bande, meubler les *family house* quand elles ont des rentes, ou peupler le club de la rue de la Pompe, le club plus modeste et plus récent du quartier Montparnasse, rue Chevreuse. Les Russes, plus solitaires et plus sobres, s'en vont aux quatre vents de la Capitale; les Roumaines affectionnent le Boul'Miche.

Egalement à la mode est l'université de Zurich, surtout depuis la consécration de ses parchemins par le ministre de l'Instruction publique à Berlin ; une jeune diplômée de Zurich vient d'être nommée médecin d'une caisse de secours prussienne. Quelle conquête! une autre est nommée dans un hôpital roumain, Mlle Virginie Alexandresco.

Quelques femmes — en nombre infime — étudient en province. La statistique de Mme Fontanges nous apprend qu'à Nancy il n'en parut jamais une seule ; quelques rares étudiantes enlèvent quelques diplômes à Lille, à Bordeaux, à Lyon, à Montpellier, à Alger — une bonne douzaine environ.

Donc, c'est à peu près partout que les femmes trimballent aujourd'hui la trousse et le Codex.

Jadis, Diane de Poitiers collectionnait en cachette

les traités curatoires sur les accidents vénériens et
Mme Necker se cachait pour apprendre l'art médi-
cal. Maintenant elles s'étalent. L'Université de
Genève en compte plus de cent vingt cette année.

Une centaine de doctoresses se sont révélées à
Paris, ardentes à faire à leurs confrères une concurrence acharnée. Désignerons-nous à l'attention
du lecteur indisposé Mmes Pilet-Fouet, Klumpett,
née Déjerine ; Madeleine Brès, la doyenne des
diplômées françaises ; Conta, Edwards Pilliet,
un peu chirurgienne avec des cheveux filasses ;
Mlles Desmolières, Ioteyko, Kraft, Pchédnie-
vitch, Hoeltzel ; Lipinska de *la Fronde ;* Sos-
nowska. J'en passe de trop difficiles à ortogra-
phier. Du diable si l'on se croirait à Paris ! D'autres, se recommandent par des euphonies moins
cosmopolites ; ce sont les noms plus reposants de
Mmes Marie Pierre, Bertillon, Paul Boyer, de
Mlles Benoît, Dylion, célèbre à Royat ; Landais,
Nageotte ; Mme Perrée, la femme de l'acteur
Raymond du Palais-Royal ; Mme Vérillac (stéri-
lité, fécondité), Mlles Tyqlicka, adversaire du corset, etc...

Quelques doctoresses se sont fait oublier en de
riches mariages, soignant exclusivement leurs volailles ou leurs femmes de chambre : ce sont les mieux
arrivées.

Certaines se sont fait envoyer en missions médicales. Mme Ribart, entretint de ses conseils le
sérail du Khédive Ismaïl-Pacha.

En Algérie, Mme Chellier, très connue des

Arabes sous le nom de la doctoresse de la *tebiba*, pénètre dans les intérieurs les plus fermés aux profanes. Mme Gaboriau, la doyenne de nos doctoresses, s'est récemment taillé un succès de presse en soutenant une thèse de pharmacie.

Depuis miss Blackwell, la doyenne des *médecines* anglaises, les résistances des facultés ont cessé ; Londres compte environ deux cents femmes médecins parmi lesquelles mistress Barkhir, mistress Bowill, Jex-Blake sont les plus notoires.

Aux Etats-Unis, elles grouillent : environ six mille, tant médecins que chirurgiens, homéopathes qu'allopathes et autres morticoles, disciples de la Trotula.

Et après ?

Loin de nous la pensée de rabaisser le mérite de ces personnes instruites, de les décourager, de leur causer un ennui dont les critiques imprimées ne laissent jamais de traces bien amères. Elles sont une petite phalange d'exception, quelque chose comme des acrobates qui nous arrivent d'Allemagne ou de New-York avec des aptitudes particulières, des biceps étonnants, des jarrets préparés par un travail de toute une jeunesse ad hoc ; manipulées dès l'enfance, elles absorbent du Codex comme l'autre avale un sabre ou de l'étoupe, le digèrent et le rendent sous forme d'ordonnances, tout aussi naturellement que l'endormie d'Isola découvre le numéro d'un billet de banque plié dans votre portefeuille. Quand elles ont su par cœur, tout est fait ; elles ont le droit d'écrire aussi

illisiblement que leurs confrères ; elles ont des
cures, la Nature n'ayant point, en son aveugle-
ment impartial, des préférences ; elles médicamen-
tent, préconisent des cachets à avaler, expédient
aux villes d'eaux et même beaucoup plus loin ;
appliquent avec respect les panacées reconnues
salutaires aux affections classées ; prescrivent des
spécifiques, des régimes, le grand air, l'exercice et
l'antipyrine. O Molière !

La médecine n'est pas cela.

Scruter dans les arcanes de l'organisme vivant
le point vicié, sonder dans l'organe qui fonctionne
le rouage qui s'oblitère, pénétrer certains secrets
de nature, découvrir le microbe qui tue, trouver
l'équilibre mathématique qui reconstitue n'est point
l'affaire de celles qui restent condamnées à vivre
sur le fonds commun, sur les terrains conquis par
la science de l'homme. Leur œuvre est d'exercer
en parasites, ainsi d'ailleurs que la majorité des
confrères et des meilleurs ; elle se borne là. Le
champ des découvertes n'est point de leur culture
et les Pasteur de tous les temps resteront les maîtres que le féminisme médical devra se résigner
à suivre de loin et à copier.

Sans parler de la matière scientifique dont le
cerveau de la femme n'est point pétri, mille empê-
chements naturels et physiques assignent à la mor-
ticole un rôle effacé, secondaire. Peut-elle résister
aux fatigues du travail nocturne, aux inconvénients des longues routes, seule, dans la nuit de
Paris ou des campagnes ? Sa force est-elle suffi-

sante aux accouchements pénibles? Sage-femme, elle a besoin d'appeler un homme à son aide.

Au surplus, leurs tendances curatives, sauf friandises d'amateurs, se bornent à soigner les malades de leur sexe. Les femmes n'ont guère de répugnance à montrer à leur docteur ce qu'elles ont de malsain ; le métier calme vite les tentatives. Le malade mâle n'a pas de répugnance du tout à laisser voir à la *médecine* ce qu'il possède. Cependant certains phénomènes peuvent en ce cas troubler la lucidité des pronostics.

Prenons, si vous voulez, un homme de dix-huit à soixante ans, d'un tempérament moyen, un homme qui ne soit point usé jusqu'à la corde, ni eunuque ni étalon, et soumettons-le par hypothèse, pour ne pas fausser la digestion du sénateur Béranger, à l'auscultation d'une doctoresse ni belle, ni laide, mais pas repoussante. La voilà qui se colle à sa peau, ausculte, palpe et l'homme au tempérament moyen sent la chair d'une femme, savante il est vrai, mais dégageant tout de même une odeur *sui veneris* ; voici les organes qui s'innervent saisis d'une agitation savourante, des muscles qui se raidissent, une chaleur qui grimpe, un pouls qui se débat en soubresauts bizarres, une langue qui se sèche : vingt phénomènes sexophiles qui se manifestent.

Quel drôle de terrain pour le pronostic! Il est vrai, comme à Lourdes, qu'il n'en faut pas plus pour opérer une réaction réconfortante.

Ouvrons ici une parenthèse pour les somnanbules — une branche de la médicophilie féminine. Certaines femmes, en effet, exploitent assez joliment le sport qui consiste à retrouver la piste des bourses égarées, à guérir tous les maux à l'aide de cataplasmes à base de chicorée ou d'emplâtres confectionnés avec des langues de vipères écrasées dans du jus de citron. Ces endormies sur commande ont parfois le pronostic extralucide et certains médecins les utilisent.

C'est à merveille qu'elles réussissent à Paris et à Bordeaux .Sur les trois cent soixante-dix corsets perdus sur la voie publique, ou abandonnés aux coussins des fiacres dans le cours de cette année, la statistique préfectorale estime qu'une bonne moitié de ces remparts capitonnés a été retrouvée, grâce au concours des voyantes aux yeux culottés.

Sans qu'il leur soit besoin de s'endormir pour y voir clair, les chiromanciennes pratiquent dans les quartiers les plus huppés.

Mais revenons à la médecine pure.

Toujours mineures et élèves, les femmes ne peuvent professer la médecine ou la chirurgie ; leur place est à l'école primaire. Il fut question un jour de nommer une demoiselle Catherine Von Fusschenbrock à une chaire de la Faculté d'Utrecht ; la Hollande eut le bon sens de s'arrêter sur la pente.

Le femme est mal organisée pour parler en public, même des choses qu'elle sait elle n'a pas l'autorité qui mette un professeur à l'abri des habituelles plaisanteries de la jeunesse étudiante.

Les blagues sont classiques dans les amphithéâ·
tres ; certains hommes les dominent mal. Charcot
tombait dans tous les pièges : traitant, un jour, des
phénomènes magnétiques, il expliquait que les
femmes en étaient de faciles miroirs et qu'il était
aisé de reconnaître les hystériques à leur regard fixe
et hagard. Les élèves eurent l'idée de promettre,
à une malade nullement hystérique, en traitement
pour une affection du ventre, une friandise dont elle
était gourmandé et depuis longtemps sevrée, à la
condition qu'elle réussirait à distinguer de quel côté
était l'œil de verre de Charcot. Vint l'heure de la
consultation et des cours pratiques sur l'hystérie.
La malade fixe Charcot, avidement, l'eau à la
bouche, scrute l'œil, passe de gauche à droite et
Charcot triomphe : « Voyez, s'écrie-t-il, vous avez
devant vous l'exemple frappant de l'hystérie et des
phénomènes hystériformes : fixité du regard, humi-
dité de la bouche ». Il y eut un rire fou et Charcot,
qui possédait deux yeux magnifiques, ne s'expliqua
jamais le motif de cette réjouissance inopinée.

Claude Bernard exposait au tableau la circula-
tion du sang artériel ; soudain une énorme boule
de papier mâché siffle dans l'air et s'écrase sur les
contours à la craie d'un poumon :

« C'est du sang de navet, ceci », répartit le
savant qui surmonta la cabale.

Exceptionnellement, les femmes pourraient professer en quelques chaires spéciales, dans les branches connexes : pharmacie, botanique, enseignement des soins à donner aux malades. Et, puisque

nous parlons de soins aux malades, il nous est permis de souhaiter un enseignement technique et pratique de cette branche accessible aux femmes ; la formation de gardes-malades serait une institution profitable. En Amérique, cette classe est organisée sous la direction éclairée de miss Rindbom, surintendante de l'hôpital de Gohn Lealy, à Galveston (Texas).

Ici les écoles d'infirmières sont mal organisées et peu fréquentées ; l'école de la Pitié réunit peu d'assidues ; un groupe de bonnes âmes a jeté les bases d'un Institut d'infirmières sous la direction intelligente du docteur Reclus et de madame Salvador ; c'est un début qu'il est intéressant d'encourager et de soutenir. L'Ecole d'infirmières de la rue Garancière est une institution appelée à rendre de grands services.

L'emploi de la pharmacienne paraît mieux indiqué.

Encore que l'exercice de cette profession soit l'objet de réglements spéciaux, de lois qui en réglementent les dangers publics, la pharmacie touche au commerce patenté ; l'art de confectionner des cachets n'exige guère l'envolée scientifique qui fait le médecin digne du nom.

Certes, la femme qui a poussé les études moins complexes de la pharmacie, semble capable de délivrer des médicaments tracés sur la carte du docteur, d'en préparer les compositions chimiques, de manipuler les pommades adoucissantes, de ficeler

la coquette enveloppe pour boîtes à pilules et fla-
cons de sirops ; voire même d'inventer un élixir
contre la chute des cheveux.

Dans les campagnes, la pharmacie accessoire du
cabinet médical est tenue par la femme, la tante
ou la sœur du médecin.

Peut-être serait-ce l'occasion de demander au
législateur de déterminer plus étroitement et de
frapper plus rigoureusement les responsabilités et
les erreurs du pharmacien ignorant ou léger,
d'exiger des pénalités sévères pour l'imbécile qui
se trompe ou exagère la dose empoisonnée, avec
admission des circonstances atténuantes et, au
besoin, la complicité du médecin qui écrit illible-
ment.

Quelques assemblées pharmaceutiques protestent
encore contre l'intrusion des femmes ; en Allemagne, un ministre leur a tout récemment promis
de s'occuper d'elles et de favoriser leur clystéro-
manie naissante. En Amérique naturellement, elles
pharmacisent. Nous les voyons déjà, derrière les
bocaux lumineux, potarder dans les officines ;
l'Ecole supérieure de pharmacie de Paris en forme
actuellement une vingtaine, officiellement inscrites.
N'insistons pas cependant sur un péril que me
signale un pharmacien misogyne : à le croire, il
paraîtrait que les femmes à certaines époques périodiquement réglées, font couler les melons, le rai-
sin, les champignons et... les vésicatoires. Sale
affaire ! Plaise au ciel que ce soit boutade d'humo-

riste et que le débouché de la magnésie et du bicarbonate leur soit bientôt accordé sans amertume!

Bien des femmes se sont senti une vocation pour l'herboristerie : elles y sont excellentes.

Quelques-unes se sont vu attirées par l'art dentaire.

Dans la corporation des dentistes, les charlatans abondent de façon classique et le proverbe leur attribue professionnellement le mensonge facile et sans douleur. Profession ouverte il y a quelques années à tout le monde ; quoique délicate, elle fut le refuge d'une foule de praticiens, de serruriers, de maréchaux-ferrants qui ne se firent point scrupule de barboter dans les gencives de leurs contemporains et d'y pratiquer des extractions fantasques. Aucune école en France ne formait les dentistes, réduits à ne rien savoir ou à s'expatrier, durant plusieurs années dans les facultées spéciales américaines ou allemandes ; ici pas une école pratique, pas un élève.

Aujourd'hui, la situation est à peu près la même ; un cours odontologique fonctionne vaguement, à l'usage de quelques russes en rage de dents. L'art dentaire s'étudie, se manœuvre dans les cabinets de praticiens à clientèle, sans programme, sans méthode, au gré et sous la seule surveillance d'un patron : tant mieux si celui-ci connaît son métier, tant pis s'il n'a pour science que du bagoût. Instituts dentaires, vastes réclames, manœuvres bizarres, opérations sans douleur pour l'arracheur, plaques lumineuses de M^in-Dentiste — ce qui signifie plutôt mécanicien que médecin — affiches dans les pissotières, tout est bon pour attirer les quarante sous qui devraient délivrer de la fluxion. J'en sais un qui, après de mauvaises affaires dans le commerce des bretelles américaines, eut l'idée de fonder un cabinet non moins américain et qui, pendant longtemps, se fit une jolie collection de canines et de molaires.

Un peu réglementé par une loi insuffisamment protectrice des mâchoires françaises, l'art dentaire est encore soumis à une anarchie relative ; l'école de la cité Milton fait de puissants efforts.

C'est à peine si les hôpitaux ont consenti à s'attacher des chirurgiens dentistes sérieux ; deux ou trois ont la confiance de l'Assistance publique.

Ce gâchis dans les études spéciales, dans l'exercice de la profession, dans la licence des moyens devait nécessairement tenter la médicomanie féminine.

A l'aide de diplômes que la Faculté de médecine délivre aux apprentis dentistes avec autant de compétence que pourrait en avoir la Faculté de théologie, certaines femmes se sont installées et manient la sonde avec le protoxyde d'azote. J'ai retenu le nom de Mlle Wagner — pas celle de Bayreuth — de l'Institut dentaire de Mme Dalle.

Affirmer que le poignet de la femme est assez solide pour arracher une dent qui n'est pas de lait, que ses doigts sont assez résistants pour supporter l'effort de certaines opérations, que ses reins sont assez durs pour endurer des positions fatigantes et prolongées du torse, me paraît paradoxal. Au surplus, il lui est impossible d'estamper, — sinon les clients, — du moins les métaux, de se livrer à la prothèse.

Donc, la dentisterie est une profession masculine que la femme ne peut exercer qu'à moitié, et dans l'exercice de laquelle elle ne saurait encore être qu'exceptionnelle et inférieure.

Les sages-femmes sont mieux dans leur emploi. Depuis Sotira, célèbre accoucheuse grecque, jusqu'à madame Lachapelle, artiste de première classe, en passant par Louise Bourgeois, la sage-femme de Marie de Médicis, leur ministère préside à l'apparition terrestre d'innombrables carnivores. Dans les champs, les femmes accouchent toutes seules; dans les villes, cela se passe plus ou moins facilement, selon la fortune des femmes enceintes. Les sages-femmes se réservent, surtout, pour les accouchements populaires qui vont tout naturellement; plus compliquées, les délivrances de femmes riches offrent du tirage, et le médecin spécialiste est invoqué.

La sage-femme manque de force en certains cas, de compétence dans d'autres, de sang-froid souvent. Elle est un aide suffisant à cueillir les fruits mûrs et sains que l'arbre greffé dans les règles a nourris de sa sève, prêts à se détacher et à tomber des branches; elle vient empêcher la récolte de tomber à terre, la recueille dans l'osier préparé, pare la marchandise, la marque pour le vaste marché du monde à l'étalage duquel elle peut faire figure, et s'en va, son salaire touché, avec un regard d'espérance vers l'arbre qui produit, pense à la cueillette prochaine.

Si l'entrée des femmes aux écoles de médecine peut avoir quelque intérêt pour l'humanité, c'est ici qu'il convient de le chercher. C'est le rôle, non-seulement des accoucheuses de profession, mais des mères, de connaître, par l'étude de l'enfant, ses maladies, ses tares, ses exigences, les soins appropriés qu'il réclame. Et la sage-femme, dont la profession est libre, devrait n'exercer que contre diplôme d'une faculté ; simple manœuvre, praticienne rudimentaire, rien ne devrait, au contraire, lui échapper de ce qui touche à l'éclosion de la vie, aux convalescences maternelles, aux fièvres puerpérales — fléau des maternités.

Un homme, le docteur Tarnier, a tracé la voie : les mères se sont groupées dans un élan de reconnaissance pour élever une statue méritée au grand savant. Il est beau d'honorer sa mémoire ; il est mieux de profiter de ses leçons, ne fut-ce que de celles relatives aux pratiques antiseptiques. Car nous sommes en plein dans les régions hautes de la mission de la femme sur terre ; développer le corps et les membres de l'enfant, lui faire un organisme fort et valide, lui donner la santé est l'œuvre la plus élevée qui soit et en même temps la plus importante et la plus délicate. C'est elle qui donne la santé de l'âme, la souplesse de l'esprit, les *qualités* au cœur; le physique est le plus puissant levier du moral, qui s'affaise avec le corps ; il est le facteur le plus énergique du développement intellectuel par un juste équilibre, le jeu proportionné des fonctions.

Quoi qu'il en soit, si la gynécologie s'est illustrée du nom de Tarnier, le groupe des sages-femmes de Paris peut s'enorgueillir du nom de madame Henry qui se distingua comme sage-femme en chef de la Maternité du boulevard de Port-Royal.

A côté de ces personnages, illustres à des degrés divers, fourmillent les matrones qui pratiquent l'avortement, les faiseuses d'anges — métier plus lucratif, mais non sans péril. Je me souviens d'avoir vu, sur les bancs de la police correctionnelle, toute une bande de dames expertes dans l'art de manier le tuyau de pipe ou tel autre ustensile classique : très habiles, toutes avaient réussi sans que l'accusation pût relever à leur charge le moindre accident — pas un raté! Cela fait partie de l'enseignement technique.

Les hommes, dira-t-on, en font aussi. C'est rare, et le crime d'un égaré n'a jamais atteint le corps médical.

Masseuses, les femmes rendent des services à leurs sœurs — surtout quand elles emploient la bonne méthode des maîtres Championnière et quand elles évitent de pétrir ou de piler au hasard. Elles traitent l'obésité, la fermeté du buste, les rhumatismes de dames, et réussissent les frictions à l'Eucalyptus.

Le Syndicat général des Masseuses met en garde le public goutteux contre l'envahissement des charlatanes, et s'attribue un caractère national. En tous cas, se méfier des annonces insérées aux journaux mondains :

« Madame Denise, masseuse de première classe, de 5 à 7, rue Bréda, à l'entresol, à gauche. »

Ou encore : ..

« Massages à domicile par mademoiselle X... — Prix modérés. Prend des élèves. »

Ou même :

« Spécialité de massages en tous genres. — Prière de prendre des rendez-vous d'avance. Résultat final garanti. »

On y soulage autre chose que les rhumatismes, et parfois la police y trouble les amateurs.

Donner des soins à l'œil, n'est point encore devenu commun aux femmes : peu ou pas d'oculistes ; pas plus de rynoscopes ou de laryngoscopes.

Point de vétérinaires, bien que les femmes soient désignées pour les soins à donner aux juments et aux caniches.

Tout à fait remarquables peuvent devenir les femmes pédicures et manucures.

Une étude approximative des richesses du corricide franco-russe, un bon doigté, une langue bien pendue, un odorat à toute épreuve constituent la supériorité, et j'abandonne, sans réticences, toute idée de comparaison masculine.

Madame Sitt s'est acquis une célébrité du meilleur aloi, en cultivant avec précision les orteils les plus royaux et les oignons du prince de Galles. Râcler les ongles coquets, leur donner la nuance et le poli, en les débarrassant des envies, est un art délicat et efféminé qui sied aux dames — branche qui nous entraîne un peu loin d'Hippocrate.

Une catégorie de femmes, vivant de la médecine, s'y rattachant de près, est digne de toute la sympathie publique : ce sont les infirmières.

Laïques ou religieuses, sœurs de Saint-Vincent-de-Paul, en France, diaconesses, en Allemagne, nurses, en Angleterre, qu'elles passent leur temps auprès des malades pour gagner leur vie ou le paradis, qu'elles portent la cornette de la sœur Jérémie, de Saint-Lazare, le tablier de mademoiselle Bottard, maman Bottard, la doyenne de la Salpétrière, décorée de la Légion d'honneur, ou le bonnet de miss Rindbom, surintendante de l'hôpital de Galveston — peu importe.

Ces femmes, dont le dévouement soulève l'admiration, n'ont point traîné leurs jupes sur les bancs des Facultés, et les services qu'elles rendent n'en sont que plus pratiques et plus efficaces. Modestes dans un rôle indispensable, non-seulement elles secondent le médecin, mais elles devinent ce qu'il ne dit pas, suppléent à ce qu'il oublie ; au chevet de qui souffre, elles observent les progrès du mal ou le mieux, et leur rapport fidèle est l'éclair qui illumine le maître. Il suffit d'avoir passé une heure dans un hôpital pour garder le souvenir des bienfaits que ces femmes répandent autour d'elles. Point n'est besoin de diplôme à leur vigilance ; l'expérience et l'observation suffisent à leur mission charitable et à leurs instincts de sauvetage.

L'homme n'est pas capable d'un tel renoncement : c'est l'honneur de la femme d'avoir reçu, pour les verser sur l'Humanité, de telles vertus. Pourquoi certaines détraquées veulent-elles tarir ces sources bienfaisantes, dans la sécheresse les raisonnements et des théories égalitaires ? Natures énervées pour la révolte d'un égoïsme cérébral qui souhaitent de transformer le peu qui reste à ce monde de généreux et de primesautier par de rêveuses utopies ou de malsaines proclamations d'égalités et d'identités absurdes !

C'est l'œuvre admirable d'une femme, une Anglaise, Florence Nightingale, d'avoir établi les bases de l'organisation des infirmières et des services hospitaliers ; elle créa les écoles spéciales d'infirmières, qui commencent à peine à rendre chez nous quelques services. C'est de là que sortent ces femmes, vouées au célibat, ces *nurses* admirables, plus clairvoyantes que nos *sœurs*, possèdent avec les notions essentielles l'expérience et la pratique de la manipulation du malade, et qui s'en vont, par le monde, soutenir un bel apostolat de pitié et de dévouement.

A côté des professionnelles, des femmes de cœur se sont partout groupées, usant d'une liberté qu'elles considèrent comme suffisante pour leur entreprise; elles descendent aux misères en dépit des rhéteuses ; agissent, insouciantes aux discours creux des humanitaires en chambre et de la copie philanthropique des salles de rédaction. En 1870, elles transformèrent leurs salons en ambulances, comme firent Sarah Bernhardt, à l'Odéon, et Madeleine Brohan, à la Comédie ; elles se dépensèrent en mille soins pour la patrie, plus fortes que l'homme à supporter la vue des plaies sanglantes, le cœur mieux suspendu, la main plus assurée.

Et c'est l'Union des Femmes de France, fondée par madame Kœchlin-Schwartz, qui fut longtemps sous la présidence d'honneur de madame Carnot, titulaire des ordres du jour gagnés sur le champ de bataille, qui groupe tout un personnel mis à la disposition de l'autorité militaire, organise les secours, donne à ses adhérentes l'instruction théorique et pratique en rapport avec les diverses fonctions que choisit leur patriotisme. Leur intervention dans les secours apportés aux blessés du Tonkin, de Madagascar, du Sénégal, a mis en valeur les cours d'hygiène, de petite chirurgie qui formèrent les infirmières destinées à seconder le médecin en temps de guerre.

Pendant la paix, la Société alloue des secours aux familles des réservistes, donne 15.000 consultations et fait 6.000 opérations gratuites par an. Cette œuvre bienfaisante n'est pas réservée aux Françaises; dans tous les pays civilisés, la charité féminine s'est liguée.

Combien, à côté de semblables manifestations, paraissent mesquines et vaines les agitations féministes ; combien agaçantes les hâbleries de roquets tourmentés d'humanitarisme littéraire, les monomanies chagrines saturées de vanité, professeuses de morale en peignoir, incorrigibles poseuses qui se croient intéressantes parce qu'en coterie elles noircissent du papier qu'on ne lit pas, personnalités inutiles dont s'amusent quelques névrotiques et qui s'imaginent qu'il est nécessaire de faire des grimaces devant une glace pour attirer l'attention.

Aussi bien n'indiquerons-nous que pour la blague, l'élucubration — entre cent — d'une bonne dame de féministe qui réclame sérieusement des intendantes militaires pour remplacer, au marché, les caporaux d'ordinaire, les corvées de cuisine, et qui proclame la nécessité de remplacer les majors par des doctoresses en uniforme.

C'est à pouffer ! Concluons vite.

Que les femmes fassent,si elles le désirent, de la médecine, voire même de la chirurgie, peu importe. Celles-ci ne seront jamais qu'une troupe insignifiante d'originales; nous avons dit pourquoi elles sont condamnées à végéter. On les attend à l'œuvre. A ce jour, on chercherait en vain le nom d'une médicastre, prêtresse d'Hygie, à mettre, non pas en regard, mais à la remorque des Jenner, ou du plus modeste de la savante pléiade médicale du dix-neuvième siècle.

Sont-elles plus heureuses, et nous donnent-elles des sujets dans les sciences?

A première vue, les progrès de la science semblent donner aux choses un aspect moins agréable, moins artistique ; la science se préoccupe de l'Utile et non du Beau, ses effets successifs sont en raison inverse des manifestations de l'art et du charme de l'œil; ce qu'elle touche devient le plus souvent vilain : Les tramways électriques sont loin d'augmenter le pittoresque des rues, les automobiles empestants sont plutôt grotesques; les bateaux de pêche à vapeur n'embellissent point les ports ainsi que la mâture pimpante des voiliers; la tour Eiffel manque de grâce ; les funiculaires ornent autant que les affiches de Ménier les pics de Suisse, les rails tranchent mal dans l'harmonie des champs.

Il semble donc anormal que la femme, plutôt constituée pour le culte inné du Beau, s'éprenne du triomphe du Laid.

Néanmoins, quelques modernes Héloïses ont mordu, et le siècle qui vient nous en réserve bien d'autres.

En voici une qui nous vient d'Amérique

en ligne directe, pour faire de l'astronomie : les astres se déshabillent mieux en France. Grande et mince à la façon des Américaines, elle passe ses nuits dans les lunettes de l'Observatoire, compose une thèse sur les anneaux de Saturne, qu'elle affirme être gazeux. On la nomme mademoiselle Dorothéa Klumpke. En communication avec le ciel, comme mademoiselle Couédon, elle calcule comme Pythagore lui-même. Elle est attachée à cet observatoire parisien, près de Bullier, entourée de quatre ou cinq jeunesses astronomiques auxquelles elle inculque l'amour des lentilles.

Il paraît que bien avant cette étoile, il y a quinze cents ans, une autre prophétesse, Hypatie, étonna les bourgeois d'Alexandrie.

Plus près de nous, ce sont Marie Cunitz, peintresse et astronome ; madame de Laborde, femme et nièce d'astronomes, astronome de naissance ; Marie Agnési, liseuse d'astres et de pensées, inventrice d'une boucle géométrique ; Nicole Lepautre s'adonna plus spécialement à l'étude des queues lumineuses de comètes.

Au siècle dernier, les grandes dames avaient un faible pour l'astrologie ; elles eussent tressailli d'aise à la pensée de voir la lune à un mètre. Miss Clarke, à Londres, madame Renooz, Maria Mitchelle, émule de miss Klumpke, sont cotées. L'une d'elles affirme que l'avenir de l'astronomie est aux femmes. Pourquoi ?

C'est un mystère que n'ont pu découvrir les Herschell, Condorcet, Leverrier, Witt.

En tout cas, s'il doit en être ainsi, qu'elles se hâtent. Il existe quelque part, à l'Institut, une somme de 100.000 francs, productive d'intérêts, laissée en 1891 par une dame Guzman à celui ou à celle qui pourra communiquer avec Mars et recevoir de cette planète une réponse favorable avant 1903. Le délai s'avance. Et c'est sans doute pour arriver à temps que madame Ida Le Roy, de Cincinnati, s'est embarquée dans un aérostat qu'elle prétendit diriger à son gré et du haut duquel elle résolut d'envoyer des signaux aux planètes et aux étoiles.

D'autres furent mathématiciennes pures — nous ne disons pas vierges — comme Sophie Germain, calculatrice couronnée par l'Académie; Kowaleska, une Russe mégacéphale et myope.

Quant à madame du Châtelet, ses méditations en compagnie de Voltaire sur les propriétés de la grandeur, sortes de flirts mathématiques auxquels le philosophe sembla prendre goût, lui valurent la renommée. Quelques Inaudis modernes, calculatrices de naissance, ont la bosse ; telle madame Charlotte Scot, qui manie les X avec désinvolture derrière ses lunettes.

Aucune de ces personnages n'a laissé rien d'important.

Il en existe — car tout se voit en ce monde — qui font de la chimie, comme faisaient déjà, au dix-huitième siècle, madame d'Arcouville à qui l'humanité doit un livre sur la putréfaction, et madame Marcet, à qui elle doit Faraday.

Il en existe aussi qui font de la physique pas amusante, comme mademoiselle Bassi-Vérati, de Bologne; mademoiselle Cipriani fait de la philologie à Paris.

Les sciences les plus vertigineuses ont tenté leur curiosité : telle la spéléologie ou l'étude des entrailles... de la terre. La géologie possède mademoiselle Mergler, de Chicago; la zoologie, mademoiselle Bignon; la paléontologie, madame Sophie Torma ; la balistique produit madame Alcan et sa torpille, un instrument qui, dans son genre, contribuera peut-être à favoriser les destinées de la Ligue pour le désarmement; de même l'oryctographie, science palpitante des fossiles, la tachygraphie, la splénologie ou l'art de dilater la rate, et autres branches du flambeau scientifique."

La chiromancie est une science plus occulte, un dérivatif de l'astronomie, où les femmes se rattrapent.

Les lignes de la main et le marc de café n'eurent aucun secret pour mademoiselle Lenormand, sybille extra que Bonaparte vint consulter chez elle, rue de Tournon, un jour d'inquiétudes. Si cette science, ainsi que la sorcellerie, fait partie de l'astronomie, son avenir appartient, sans conteste, à la femme ; c'est ce qu'a voulu dire sans doute mademoiselle Klumpke.

La femme vouée à toutes les exagérations nerveuses, à tous les phénomènes hystériformes, est marquée pour l'ensorcellement, l'envoûtement, les vertus cabalistiques ; elle est le sujet-type des mystères magnétiques : somnambules, pythonisses, sorcières, voyantes, elles se mettent facilement en correspondance avec les astres, les saints, voire même avec Dieu et la Vierge. De nos jours, l'appareil est plus simple qu'autrefois et perfectionné; elles travaillent au jour, sans décors, sans le concours des lézards et des chauves-souris; plus d'odeurs de soufre, de cartes du zodiaque : le ciel de lit suffit à leur prescience. Elles déculottent sans préparation le Sagittaire, le Taureau, consultent Jupiter, qui fait les grands hommes ; Saturne, les philosophes ; Vénus, les amoureux ; Mars, le Scorpion qui fait les noceurs, le Lion. Cette science féminine nous a valu avec Jeanne d'Arc, Lourdes et Bernadette, et un tas d'hystériques moins célèbres, moins exploitées, qui ont « vu » Marie ou Jésus à travers de grandes clartés qui s'ouvraient. D'ordinaire, les prêtres leur font une situation.

Aussi roublardes, d'autres s'adressent au public laïque et parviennent, de temps à autre, à l'intéresser. C'est mademoiselle Couédon, que protège Gabriel; mademoiselle K. Stella, la prophétesse de Montmartre qui détient un talisman infaillible et tira l'horoscope de Félix Faure, d'après le Sagittaire; madame de Thèbes, madame de Felliem, la pythie berlinoise qui voit tout en noir pour le vingtième siècle. Somnambules, chiromanciennes, liseuses de pensées, tireuses de cartes, sybilles —

commerçantes incomparables de la crédulité, éternelles avec l'humanité, qui tiennent boutiques de chiromancie, métoposcopie, gyromancie, géomancie, céphaléomancie, alectromatie, physiognomanie et autres fantasmagories renouvelées du moyen-âge.

Celle-ci lit dans les lignes de la main et prévoit les mauvais ménages; Eusapia fait descendre les esprits que Flammarion consulte et fournit des rimes à Sardou; Marie Deville place un œuf dans un mouchoir, le brise en frappant trois coups du pied gauche, y trouve des cheveux en nombre impair, signe certain que sa cliente épousera celui qu'elle aime, Madame Jamin traite les cancers en écrasant dessus un insecte quelconque et en saupoudrant de poudre d'arsenic.

Descendantes des sorcières du quatorzième siècle qui disaient des messes devant un Satan de bois, tout velu, et dansaient le chahut jusqu'au chant du coq, celles-ci placent sur un feu clair trois litres d'eau bénite et y jettent un cœur de mouton percé de neuf clous, huit disposés en rond, le dernier au milieu. Elles prescrivent de retirer le cœur quand il aura bu l'eau et de l'enterrer sans que personne le voie. Après un jeûne de sept jours, le manège est infaillible contre les maux d'amour.

A part les boutiques, le merveilleux fait l'objet de ce que certains chercheurs appellent une science exacte; c'est l'hypnotisme avec ses phénomènes troublants, le spiritualisme scientifique, la psychologie expérimentale dont les précurseurs furent Lavater, Allan-Kardec; la théosophie, où brille madame Annie Bésant, la psychométrie, l'onéirocritie, ou art d'expliquer les songes. En tout ceci, les femmes sont les sujets nécessaires, témoins mesdemoiselles Lina et Myriam ; le célèbre médium mistress Corner ; Anna Kingsford, la Jeanne d'Arc réincarnée. L'avenir de toutes ces choses est vraiment à elles : elles sont supérieures et nous devons nous incliner.

Nous n'éloignerons pas trop, de ces contemplations, l'étude de la philosophie où quelques dames se firent une réclame. C'est l'art ou la science — au choix — de ratiociner à perte de vue sur toutes choses intangibles. Quel joli métier pour une femme seule, et quels débouchés à crever de faim ! Mais il est si conciliant et si bien accessible au commun des mortels.

Le *je m'enfichisme* transcendantal, dont les racines stoïciennes remontent à une haute antiquité, est une fleur de philosophie très à la mode ; quantité de citoyennes sont d'ailleurs philosophes sans s'en douter : il suffit de faire la fête et d'avoir une bonne cuisinière pour devenir Epicurienne, de faire un brin de politique pour être sceptique à la façon de Hume ; les pensionnaires de Saint-Lazare comptent de nombreux élèves de l'école cynique ; les libres-penseuses sont des matérialistes ; les demoiselles du Sacré-Cœur sont des métaphysiciennes ; les grues, des péripatéciennes et quiétistes. Pasteur, fit des atomisticiennes ; le zouave Jacob, des empiristes ; Cabet, des sophistes ; Rotschild,

des éclectiques, Sarcey, des végétariennes. —
Science vraiment incommensurable que cependant
quelques fortes têtes ont pris au sérieux.

En Grèce, la philosophie féminine était surtout
représentée par les hétaïres; ce sont les seules
femmes qui parvinrent à rendre la morale aimable
et les passions dociles; pour une idée métaphysique, elles se mettaient en grève, et la philosophie
fut un instant pratique. Aspasie et Axiotie furent
des modèles du genre, ainsi que les diverses maîtresses des grands maîtres. Puis, ce fut une série
ininterrompue qui rendit bientôt la morale de
plus en plus insupportable et les passions de plus
en plus rétives. Hypathie, à Alexandrie ; Anne
Commène, à Constantinople ; Héloïse, à qui
l'amour de la philosophie porta la guigne, tous les
bas-bleus du dix-septième et du dix-huitième siècles nous amènent aux philosophesses modernes,
produits de toutes les Universités du monde.

Il nous suffira de citer madame Clémence Royer,
la plus célèbre, pour juger à quelles profondeurs peut descendre l'âme d'une philosophesse.
Cette dame ratiocinante, réfuta glorieusement la
doctrine de Zoroastre ; de là à traduire Darwin et
à s'assimilier les métamorphoses du gorille, il n'y
avait qu'un pas à faire : elle le fit, hardiment. Elle
fit imprimer ses opinions personnelles sur l'origine
de l'homme, et prit la peine de nous faire part du
principe de ses convictions philosophiques : « l'atô-
me substantiel, fluide, infiniment actif, expansif et
répulsif. »

Voilà pourquoi votre fille est muette. Ça n'est pas à la portée de tout le monde, mais cela tient de la place et valut à la signataire le titre d'*homme de génie*.

La conclusion est proche, car ainsi que Diogène et sa disciple Hyparchie, nous n'avons rien trouvé.

Encore moins douée qu'en médecine, la femme n'est appelée à tenir dans les sciences exactes qu'une place médiocre. Les qualités naturelles de son intelligence ne peuvent lui donner qu'une allure scientifique superficielle; capables, certes, d'une attention que l'exercice peut rendre soutenue, douée d'une patience utile pour une certaine observation des phénomènes physiques, elle peut avec l'entêtement dont la nature l'a gratifiée, obtenir certains résultats d'érudition, d'analyses incomplètes, de remarques ingénieuses, de réflexions à apparences profondes, des annotations appropriées, des éclairs d'inspiration fugitive, quelques découvertes sans lien entre elles — c'est l'œuvre d'une mémoire exacerbée et d'une assimilation cultivée.

Elle ne peut aller au delà : l'éducation et l'atavisme n'y peuvent rien; une barrière s'est dressée qui l'empêche de mettre à profit son érudition, ses observations, ses découvertes isolées ; c'est l'esprit de généralisation qui lui manque. Cette qualité de l'esprit humain, rare parmi les hommes, extraordinaire chez la femme, est celle qui fait le savant fertile. Pas de science sans elle; l'art même l'exige dans la partie technique qui pose des règles

et des préceptes fixes; sans elle, c'est l'illusion de
la science. Généraliser, c'est dégager les causes et
poser les formules qui, scientifiquement coordon-
nées, constituent la filiation normale des idées, des
observations logiquement conduites et délimitées;
chaque principe posé est un pas, un échelon dont
profite à la fois celui qui l'a établi et aussi —
car la vie est courte et l'homme meurt sans termi-
ner l'œuvre commencée — ses successeurs qui,
n'ayant plus qu'à tirer avantage de l'acquit, qu'à
partir de la dernière étape conquise, peuvent par-
courir de nouvelles distances, sans fatigues an-
ciennes, lestés, sans perdre le temps que d'autres
leur ont ménagé, peuvent appliquer les formules
à des combinaisons nouvelles, et, généralisant eux-
mêmes, tirer de nouveaux principes, des règles qui
marqueront l'étape suivante et serviront à leurs
continuateurs.

Ainsi vont les progrès de la science; ainsi ont
fait tous les grands savants qui honorent et servent l'humanité; ainsi feront les véritables successeurs des Pasteur et des Édison.

La femme ne peut généraliser. Les détails —
l'application de son intellect lui aura permis de
bien connaître, les replis que sa patience aura
fouillés, les arcanes qu'elle aura sondées, les coins
où sa curiosité l'aura fait descendre, les calculs gigantesques que son amour-propre aura menés à
fin, resteront à l'état embryonnaire d'indiscrétions
arrachées à la nature, de mystères dévoilés de façon
à intéresser le commun — trouvailles qui, pour

être mises en valeur, en exploitation, ont besoin
d'être reprises, classées par un cerveau capable de
tirer de la découverte les considérations générales.

Donc, parasites ainsi qu'en médecine, les
femmes vivent sur le fonds commun; assimila-
trices plus ou moins gracieuses, elles glanent sur
un terrain défriché, cultivé par d'autres, gravis-
sent des sommets où d'autres les ont hissées ; elles
n'ont point fait avancer l'œuvre scientifique d'un
pas, posé un échelon, augmenté la chaîne d'un an-
neau.

Ainsi que dans l'art, elles peuvent et doivent
rester — encore n'est-ce qu'à la portée d'une élite
— les collaboratrices dévouées, préparatrices et
inspiratrices de grands problèmes, l'aide admirable
de l'homme. C'est grâce au concours de cette élite
que de grands savants ont résisté aux décourage-
ments, ont triomphé dans leurs recherches; elles
ont, ainsi que madame Pasteur, une part de gloire,
et d'une gloire que rien ne ternit, d'une gloire qui
force l'admiration et le respect.

V

ARTS

L'Union des femmes peintres et sculpteurs a pétitionné devant la Chambre pour obtenir que les dames et demoiselles fussent admises à l'Ecole officielle des Beaux-Arts. Le Conseil supérieur de l'Ecole s'est déclaré partisan de la réforme; il a estimé qu'il est injuste d'en réserver l'accès aux seuls mâles.

Et il a raison, le Conseil supérieur.

Plus les jeunes filles et les jeunes femmes prendront l'habitude de déshabiller les hommes et de visiter le nu, moins nous serons gênés en société; quand les jeunesses sauront tout, nous aurons moins de précautions à prendre, et la langue y gagnera en netteté et en franchise ce que la nuit de noces y perdra en surprises. Et les académies du Jardin des Tuileries ne suffisent plus à former les enfants qui se sentent la vocation du modelé; vraiment, il n'y a pas d'objection sérieuse pour empêcher une dame artiste de piocher l'anatomie, de s'habituer à voir l'homme bien en face, dégagé

des horreurs du gilet de flanelle et du caleçon, orné
de ce qui constitue son principal avantage sur la
femelle. C'est un spectacle grandiose que celui de
l'homme-nu, tout nu, d'une variété indéfinie dans
la beauté, bien plus fertile que le nu de la femme
— immuables Vénus. Il faut que les jeunes personnes voient ces choses de près, à fond, pendant
qu'il en est temps encore, et avant que la fameuse
ligue Bérenger-Pognon ait décrété l'emploi obligatoire de la feuille de vigne ajustée à la secotine.

> « ...*Sur le sommet des côteaux lumineux*
> « *La vigne de son pampre......* »

Au surplus, les ateliers aussi privés que mixtes
pullulent en ville, et l'on y blague ni plus ni
moins qu'au Conservatoire très collet-monté de déclamation.

La question, toutefois, n'était pas facile à résoudre. Bien avant l'éclatante révolte des élèves
américaines contre l'exhibition-modèle d'un Apollon
trop nu, Madame Pigard, secrétaire de la section
des Femmes de Chicago, fit un rapport en 1894;
MM. Larroumet, Eugène Guillaume, Berger s'en
mêlèrent; des objections pécuniaires furent discu-
tées, M. Maurice Faure vint à la rescousse et
Alexandre Dumas exhuma son avis :

« Je ne crois pas, disait-il, qu'il soit possible
d'ouvrir les ateliers de l'Ecole des Beaux-Arts aux
jeunes filles en commun avec des jeunes gens qui
ont jusqu'à présent affecté de vivre avec une cer-

taine liberté inconciliable avec le contact des femmes. »

Dumas fut traité d'imbécile retardataire.

Bref, les femmes furent admises aux cours oraux de l'Ecole et peu à peu s'infiltrèrent; aujourd'hui elles triomphent : un décret a tout ouvert à leurs investigations, modelage, anatomie, cours officiels. On ne discute plus la question du prix de Rome pour dames; elles ont acquis le droit de villégiature à la villa Médicis.

Le grand Art va donc pouvoir s'élever à des sommets ignorés de M. Santos-Dumont. Déjà le groupe artistique des « Va-t-en avant », que dirige mademoiselle Kornéa; le groupe des « Voit-en-Jaune », les symbolistes, les peintres de la montagne, les luministes, pointillistes, les salonistes et antisalonistes et autres boutiques s'élancent à l'assaut du pur Beau. Enfoncés les Pontifes, les Instituts, les badernes du pâturage, les gnafs du classique et du dessin ! C'est l'Ecole du Vécu, du Jamais-Vu la mort aux images, aux chromos pour tabatières et bonbonnières. Adieu les vieux, les Delacroix, Ingres et Corot !

A nous « les mystiques, les larvistes, les occullistes, les néo-pédérastes, comme dit Mirbeau; les peintres de l'âme, enfin... tous ces pauvres jobards ou ces pauvres farceurs qui, dès qu'ils voient dans une toile une faute lourde de dessin ou une forme embryonnaire, ou des chairs verdies, et des sexes crucifiés, crient au chef-d'œuvre, s'évanouissent d'admiration et de volupté... »

Et voici que l'intrusion à flots des dames peintres va donner le coup de grâce à la faculté esthétique qui distingue notre décadence.

Le besoin de luxe, affirmait un philosophe, a remplacé dans les masses le besoin d'art. Déjà l'ameublement, cet art qui, de style en style, n'a cessé depuis la Renaissance de passionner notre goût national, est tombé aux mains des tapissiers anglais; les mobiliers artistiques ont fait place au bois blanc laqué au ripolin, à l'école du camelottage; les étoffes somptueuses ont cédé devant les chiffons à la framboise ou au citron de *Liberty*. Ces arlequinades flattent l'œil moderne que l'électricité a accoutumé aux couleurs criardes; le Louis XV est usé et nos fabriques ont déposé leur bilan devant l'invasion des mousselines Loïe Fuller.

La même décrépitude se manifeste en peinture, véritable déperdition du sens esthétique. Elle vient de ce que les artistes ne se donnent plus la peine ni le temps de penser et que, conséquemment, l'idéal, c'est-à-dire l'Idée, grande et belle, leur fait défaut. Le public qui suit tous les entraînements par fatigue ou j'm'enfoutisme, n'a pas voulu se donner plus de mal que l'auteur et s'est accoutumé à regarder sans voir et à voir sans réfléchir. Formée au moule de l'Ecole que diffuse et nivelle les talents et comprime les génies, la peinture n'est plus le monopole des vocations : elle est devenue le métier que l'enseignement quasi-officiel a mis à la portée de tous, vulgarisé, émoussant l'originalité, le tempérament. Aussi, depuis la création de l'Ecole, le niveau d'art s'est-il abaissé graduellement, s'étalant en tache d'huile qui s'augmente et diminue d'intensité. Ils sortent de l'Ecole avec un bagage mince, un guide-ânes qui leur suffit pour vivre ou s'amuser; ils en savent assez pour dessiner et colorier, ils n'apprennent plus; ils flottent, rapins insouciants ou peintureurs mal avisés à l'abri de la bohême, sans mettre au service de leur art cette force de la réflexion qui fit les maîtres d'autrefois. Cruels pour les autres, pleins d'indulgence pour eux-mêmes, ils voient sur leurs toiles des beautés qu'ils sont les seuls à découvrir; ils pataugent dans les récompenses, médailles ou sociétariats, et s'imaginent décrocher la gloire en payant à dîner à des journalistes.

La peinture est devenue par excellence le terrain des critiques irraisonnées :

— Ton premier plan, dit un compère, est épatant, l'harmonie est soutenue, ça se tient... Ton second plan, mon vieux, est raté... faut changer ça... pas d'ensemble là dedans. »

— Mon cher, dit l'autre, ton second plan est épatant; ça se tient, c'est vécu; une mélodie charmante... Ton premier plan, mon vieux, est raté... faut changer ça. »

La critique s'en va, comme le sujet, au hasard, à vau-l'eau; rien n'est mûri, creusé, poussé. Il faut faire vite, pendant que l'Amérique tape dans le tas, car les loyers et les modèles sont chers, flatter l'œil, empoigner le bourgeois par le truc des oppositions gueulardes; on se fiche bien de

l'avenir et même du présent pourvu que l'Américain emporte et casque, que la toile filé de l'atelier
troquée contre les dollars.

A cette heure, c'est la peinture pour boudoir, le
coloris pour adaptation à l'ameublement, toutes
les gammes de couleurs à volonté, suivant les convenances du tapissier et la tonalité des tentures,
école du bariolage et du *truc for life*.

A peine quelques sincères ont-il pensé rénover en
créant des écoles. Courbet fonda le réalisme, note
pleine d'intérêt, tombée vite dans l'excès de l'impressionisme et du symbolisme. Il se dit que les
thèmes antiques, mythologico-gréco-sacro-classiques
avaient suffisamment fourni de variations ; que les
Léonidas, les Saint-Antoine, les Hercule, les Suzanne, les Judith et les Holopherne, les Madeleine
se trouvaient assez affublés de visages successifs, que les classiques et les romantiques
avaient assez fouillé le sol antique et solennel, et
qu'en somme, l'évolution humaine pouvait être un
document fertile. Il trouva, à force de réflexions,
que la noblesse et la grandeur de l'art n'étaient
point incompatibles avec la raison et la nature, que,
suivant l'expression de Proudhon, l'art pouvait devenir « rationnel », c'est-à-dire s'assimiler les idées
nouvelles, se « mettre à l'unisson du mouvement
universel » ; en d'autres termes, traduire la vie
moderne avec ses besoins, ses passions, ses dé-
chéances et ses aspirations. Il pensa, et de cette
pensée profonde sortit la manière qui fut appelée
par d'autres, naturalisme ou réalisme, manière toute

distincte de la fantaisie hollandaise parce qu'elle
raisonne. Les *Casseurs de pierre*, le *Retour de la
Foire*, furent des poèmes d'observation rationnelle.

Les élèves et les continuateurs ont pris dans
l'œuvre du maître ce qu'il y a d'inférieur; ils ont
laissé de côté l'Idée pour choisir le procédé, le
métier. Ils ont cru que la forme dispensait de la
pensée et que la couleur pouvait se passer de la
raison. C'était plus commode.

Et il s'écoula tout un stock de vues de chairs
multicolores et insipides, d'épaules violettes ou jau-
nasses, de croupes, de Vénus au bidet, d'Amours
en pantoufles, de Saphos au bain de siège et de
Lédas pâmées au bec de cygne. Il en fut de même
en paysage avec le stock des choses vagues, sans
contours, aux reflets étiques, aux proportions fantasques, vibrations sans poésie, sans chaleur, sans
tristesse — sortes d'ébauches ou d'exercices infiniment au-dessous du Radiotint sans « aucune harmonie entre la nature et la pensée ».

Mais où sont les femmes en ceci?

La décadence dans l'art, sa vulgarisation, devait
être la trouée qui permit aux femmes de passer.
Dès lors qu'il ne fut plus nécessaire de penser
pour produire une œuvre d'art, qu'il suffit d'imaginations maladives, dégénérées, de la *patte*, que
l'Idéal n'est plus dans la vie puissante et forte,
mais dans une parodie faite de poupées et de fantoches, que l'Idée a pour limite les bandeaux de
Mlle Cléo ou les fesses de Phryné, que la forme

engloutit la pensée et que l'esprit de création ne dépasse pas la conception d'une forme, la femme pouvait devenir l'égale.

Il n'y a plus de mâle dans l'art.

Et la mode est venue pour les jeunes filles de manier la brosse à peinture avec autant d'idée que la brosse à cirage, de fréquenter les ateliers ; le nombre est devenu inquiétant des peintresses habituées à jeter sur la toile ou le papier des couleurs au hasard ; elles colorent une quantité d'images qu'elles font encadrer et proposent à l'admiration des gens qui fréquentent leur salon ; elles barbouillent non seulement des assiettes et des écrans — distraction élégante et utile — mais des panoramas et des visages ; elles envoient aux expositions publiques, qui se succèdent sans interruption, des machines qui sont reçues parce qu'elles sont inoffensives. Leur idéal reste le journal de modes et le jardin botanique.

Non pas que l'œuvre de la femme soit systématiquement inférieure : inféodée à l'école de quelques maîtres ou entraînée dans la poussée actuelle d'individualisme à outrance, son œuvre est dépourvue d'éclat, d'originalité, de grandeur.

Les deux siècles derniers ne nous rappellent le nom d'aucune artiste de valeur ; celui de Mme de Pompadour évoque d'autres talents ; à peine si celles qui firent partie de l'Académie royale de peinture et sculpture, assemblée d'élite qui devint l'Institut, nous sont aujourd'hui connues. Femmes de goût, évidemment, douées du talent qu'un être intelligent peut acquérir par le travail et la pratique, elles n'ont pas survécu. Qui connaît aujourd'hui Catherine Duchemin, la femme du sculpteur Girardon, et ses gracieux paniers de fleurs ; Geneviève Boulogne, spécialiste pour luthiers et marchands de primeurs ; Sophie Chéron, Claudine Bouzonnet, Anne Strésor ?

Les pastels de la Rosalba furent appréciés ; mais le nom de Marguerite Haverman ne serait même pas demeuré si le tableau qui la fit recevoir à l'Académie eût porté la signature de l'artiste qui l'exécuta réellement — petite supercherie qui dégoûta pour quelque temps l'assemblée de son hospitalité galante.

Mmes Roslin, Anne Vallayer, Guyard, Mlle Girard, bonne élève de Fragonard, sont éteintes. Les sept cents portraits à perruques de Mme Vigée-Lebrun ont un intérêt archéologique ; ce fut une noble femme qui possédait avec l'horreur des bourgeois, la pâte spéciale pour gens titrés et personnages officiels — une des plus complète galeries connues pour jeux de massacre.

Tel est le bagage de l'Etat-major féminin auquel il convient d'ajouter en sculpture les noms de la princesse Marie d'Orléans, duchesse Colonna Castiglione, Claude Vignon.

Aujourd'hui les femmes font aux hommes une concurrence licite ; elles affirment que l'art n'a point de sexe favori et qu'elles sont aussi des artistes. Certes, il n'est pas déplaisant de leur appliquer une dénomination quelconque, de reconnaître volontiers chez elles le goût inné du joli, d'avouer qu'elles sont des êtres intelligents, piocheurs, capables par l'étude d'acquérir, dans l'œil et le doigté, la perspective et la couleur qu'il faut pour représenter sur toiles un sujet choisi et même de l'embellir, de la flatter, de l'orner de cent coquetteries. Ce qui fait qu'en nature morte, en fleurs ,sur porcelaine, à l'aquarelle, au fusain la femme peut exceller et surpasser par le charme et la fraîcheur du rendu ce qu'il y a souvent d'un peu rude dans le procédé masculin — témoin l'œuvre de Madeleine Lemaire; les raisins, de mademoiselle Trébuchet ; les pensées, de mademoiselle Mathilde Delattre; les pavots et orchidées, de Louise Abbéma; les asperges, de mademoiselle de la Baume; les nuages, de mademoiselle Popelin; les chrysanthèmes, de madame Foyot d'Alvar.

Et c'est un art exquis chez la femme que de savoir ne pas forcer son talent, pour faire tout avec grâce et séduction.

Là, s'arrête le niveau moyen de sa faculté créatrice,; à part l'exception avec laquelle il faut toujours compter, il manque à la femme la partie abstraite et philosophique de l'œuvre, ce qui constitue son but, son idéal et sa raison d'être : la pensée profonde et puissante, devant laquelle s'effacent les moyens d'exécution et le métier, qui seule, a le pouvoir de faire de l'art un enseignement pour l'humanité et non une distraction pour les désœuvrés.

Les dames peintres, dont le nombre est incalculable, ont formé des groupements sympathiques pour se donner de l'importance — sortes de chambiées syndicales ; un des plus vivaces est l'Union des femmes peintres et sculpteurs. Des jalousies, des discussions de principes et de personnes s'élevèrent, il y a quelques années, stridentes. La fille de Jules Breton, Mme Virginie Démont-Breton, présidente, chevalière de la Légion d'honneur, démissionna du comité; la société comprenait, néanmoins, des talents sinon timides, du moins cachés : Mmes Sparre, Delacroix, Boyer-Breton, Chappart-Mazeau, Garnier, Fontaine... Leur œuvre n'a renversé aucune colonne. Gyp, Sarah-Bernhardt sont bien plus connues — tels Ingres et son violon, Harpignies et son violoncelle.

Et c'est mademoiselle Romain, aux teintes fauves, découverte par un sculpteur; mademoiselle Kornéa et son groupe, mademoiselle P..., qui, naïve, contait sa petite émotion en recevant la lettre que voici :

« Mademoiselle,

« Je suis fanatique de votre talent ; je voudrais
« posséder votre toile intitulée : la Cruche et la
« Tomate. Essai d'après nature. Malheureusement
« je suis pauvre. Je vous en offre dix francs et
« mon admiration à toute épreuve ».

C'est encore un lot de convaincues qui, sous la présidence de la troisième fille de la princesse Victoria, la princesse Christian de Schleswig-Holstein, envoie à Londres, chaque année, des échantillons (avec ou sans valeur) pour l'exposition des dames artistes; S. A. R. la princesse de Galles, a signé cette année deux aquarelles — la Marine nationale. Très remarquées, paraît-il, les conceptions de la marquise de Bristol, de la comtesse de Granville, de la vicomtesse Knutsford, de la marquise de Granby, de la comtesse de Sauvigny — l'école des peintures blasonnées. Moins apparentées, plus démocratiques, apparaît la phalange des personnes de tous âges pour qui c'est une joie de voir leurs noms imprimés en des catalogues. Au hasard des mentions honorables, des hors-concours, des primées, aspirantes : Mme Delacroix-Garnier, une vice-présidente d'association professionnelle ; Mmes Delissa, Paymal-Amouroux, Elodie Lavilette et ses roches bitumées; Lavrut, de Loghadès; Mlles Achille Fould, Aboilard; les portraits morbides de Mme Brouardel; les fromages, de Mme Dubron. Que sais-je encore? Des noms, toujours des noms ne sauraient élever le niveau, la moyenne vulgarisée du talent féminin. — C'est une grande œuvre, une œuvre vraie et durable qu'il faudrait pouvoir citer.

Artistes? Certes oui, si l'on donne à ce mot l'extension qui l'applique aux perruquiers, vétérinaires, manucures, jardiniers; — non, s'il convient de le réserver à l'esprit qui crée, qui donne la vie.

Ce fut l'opinion de Français, le grand paysagiste, opinion qu'il manifesta un jour d'une façon concise, mais peu banale.

Sollicité de visiter l'atelier et l'œuvre d'une peintresse dont on vantait bruyamment la manière et le talent, le père Français et son chapeau mou se décidèrent un jour à visiter. Depuis quelques instants, Français examinait, le pince-nez rivé à l'œil, en haut, en bas, aux coins; le silence régnait, religieux, et le public attendait l'éloge du maître. Soudain, l'on entendit un murmure ; le père Français s'était penché pour mieux voir et murmurait ainsi :

« Nom de Dieu ! »

Murmure discret qui se gonfla peu à peu en ondes plus sonores : « Nom de D...! Nom de D...»

Et plus l'artiste poussait ses investigations, plus il poussait des Nom de D... ; à chaque découverte : « Oh! Nom de D...! »

Le maître ne trouvra rien autre à dire. Il partit, non comme il vint, murmurant par intervalles : « Nom de D...! »

Cela ne finit qu'au grand air de la rue, ainsi qu'un cauchemar qui s'enfuit.

En peinture, comme partout ailleurs, la femme copie, pastiche; impuissante à féconder, elle s'assimile les conceptions du mâle, les imite, les contrefait; elle parvient parfois, habile, à tromper le public; son brevet d'invention n'est qu'un brevet d'addition sur lequel elle se méprend elle-même; sa vanité lui fait mépriser l'homme, souvent; elle tombe alors dans la brutalité factice, dans une erreur de contre-nature qui la pousse à des excès voulus, cherchés, d'une insolence apprêtée, que le badaud peut confondre avec de l'audace ou de la force, virilités de contrebande qui n'en sont que l'apparence et la négation.

8.

Nous ne voulons pas dire que ses seules ressources soient de copier servilement les maîtres; imiter n'est pas copier, — c'est « travailler à la façon des maîtres, c'est produire dans leur esprit et par des procédés semblables ».

Qu'elle le veuille ou non, la femme imite, fille de Mnémosyne; elle n'a jamais eu « l'esprit ni le procédé » qui font l'invention, l'école, le genre. Son originalité consiste en travaillant sur le fonds commun des autres, sur le domaine public, à l'orner, l'enjoliver d'une mode superficielle et chatoyante.

Elle n'a même point la caricature qui met la gaieté humoristique du traducteur dans la ressemblance.

Nous avons parlé de Courbet; faut-il citer les maîtres qui, avant ou après lui, ont marqué les étapes dans l'art : Raphaël, symboliste d'une nature surnaturelle; Rembrand, anti-mystique et vivant; David, l'apologiste classique; Delacroix, le romantique.

Si l'on songe que devant de pareils monuments, madame Vigée-Lebrun, en sa notoriété survivante, représente l'école de la femme — les femmes qui, dans ce temps, faisaient de la peinture, non par hasard comme aujourd'hui, mais parce que, filles de peintres, elles étaient nées dans l'art, travaillaient sous l'œil du maître avec conscience et réflexion.

De nos jours, c'est Corot; Millet, l'ancien garçon de ferme; Puvis de Chavannes, aux savantes et géniales allégories; ce sont les palettes expressives des Bonnat, des Cazin, celui qu'on nomme le Bossuet des *horizons* funèbres.

Mettrons-nous en balance les peintresses dont nous avons cité les plus habiles, ou chercherons-nous encore, pour faire du poids dans les 580 femmes, demoiselles, veuves et divorcées qui font partie, cette année, de la Société des Artistes que préside Bouguereau : mademoiselle Breslau, la troisième qui arbore au corsage le ruban rouge du colorisme; mesdames Nicolo, Duvivier et Vasselon, du groupe des Auvergnates; mademoiselle Landau, fraîchement palmée; madame Baragnon, de l'ordre de Chéfalkat; Jeanne Tournay, achetée par l'Etat; les paysages symboliques de mademoiselle Camfrancq et de madame Desbordes; les bleus de madame Val'et ou les verts de mademoiselle Valentino; mesdemoiselles Abran et ses fauves; Dufau et ses chairs en laque rose; Dhanbai Banaji, la première Hindoue exposée dans la galerie des Machines; mademoiselle Duhem, une harmoniste; madame Lee-Robbins, une atmosphériste (?); mademoiselle Desjeux, une luministe; mademoiselle Pépé, une mélancoliste ; mademoiselle Nancy Adam, une lyriste. Halte! j'y renonce.

Quand on songe qu'il en existe comme ça onze mille en chiffre rond, rien qu'en Amérique — un pays neuf; qu'à l'Union des Femmes peintres, plus d'un millier d'envois est parvenu cette année. C'est à dégoûter de la perspective et du jaune de chrôme.

Les femmes abordent moins la sculpture, bien que cet art soit symbolisé par la femme court-vêtue, serrée par Apollon et Laocoon aux formes divines –– il y en a cent, chez Bouguereau ; quelques-unes s'y sont fait distinguer, telle Marie Collot, au début de l'autre siècle. Certaines font preuve d'adresse et de goût, mais leur œuvre est timide, sans la puissance qui affirme, l'allure qui rayonne. On parla de madame Elisa Bloch, chevalière du Dragon-Vert, qui parle toutes les langues et eut le courage de modeler une tête de Weckerlin; elle choisit même celles du roi de Portugal, de Moïse et du Président du Vénézuéla.

Citons encore, par acquit de conscience, les truelles de mademoiselle Ducombray, Jozou, Anne Whitney, de la comtesse Albazzi, de mesdames Cailleaux, Le Roy de Présalé, Agnès de Frumerie; n'oublions pas le *Saint Sébastien* de mademoiselle Itasse et les blocs de madame d'Uzès, déjà nommée. Et après?

Où sont les Perrache, les Carpeau, les Rauch, valet de chambre de génie?

En gravure, l'œuvre de la femme est plus intéressante : il s'agit de copier patiemment et avec finesse.

Jadis, mesdames Saugrain et Singée furent de belles artistes ; Marguerite Lecomte aussi, que l'amour de la pointe sèche lança dans des aventures et qui fit cocu un procureur du Châtelet, son mari, avec certain gros financier. On cite surtout Angélique Kauffmann, la passion de Gœthe; Madeleine Masson, Basseporte, au dix-septième siècle; et, plus près de nous, Marie Gautier, Mary Cassat, une anglaise; madame Lancelot-Crocé, la première chevalière d'honneur, interprète des traits du Pape.

En somme, toute petite phalange de femmes consciencieuses, éprises d'un art délicat où elles doivent briller.

Aucune dame ne s'est encore révélée dans l'architecture; au surplus, la section des Beaux-Arts n'y tient pas. Et cependant, l'Ecole n'est point indispensable pour élever des bâtisses; d'excellents architectes se sont faits autrement.

Pourquoi, jusqu'ici, n'a-t-on pas vu de demoiselles s'exercer dans quelque cabinet d'architecte?

En Amérique, on commence à en compter quelque demi-cent, telles miss Lois Glow, miss Wagner, auteur d'un Palais de la Femme, et l'on dit qu'à Buda-Pesth, la jeune Herica Paoulatz a construit quelque chose.

Nos compatriotes dames ont eu, jusqu'à présent, le bon sens de ne point se risquer à diriger des maçons et des fumistes.

Il n'en serait pas moins suggestif de contempler des Vitruves en jupons grimpant sur les échafaudages. Tout ce qu'elles ont pu faire, en cet art, est d'expédier les mémoires des entrepreneurs ou les comptes de mitoyenneté. Il n'est pas de petits commencements : nous attendrons le style féminin qui dépassera le byzantin ou le gothique.

Mais il est un art, voisin de la peinture, branche du dessin, créé pour le doigté de la femme : c'est l'art décoratif, l'industrie d'art. Là, elle doit exceller, car son goût est égal, sinon plus affiné que celui de l'homme, ses doigts sont plus fins, ses conceptions plus gracieuses : tout un art de composition, d'arrangement d'étoffes, d'enjolivements et de bibelots présentés.

Ce sont les arts de la femme, comprenant tout ce qui peut l'embellir, elle et son cadre. Ces choses attirent la femme parce qu'elle s'y sent compétente, se sait habile à rehausser ingénieusement les futilités les plus banales, à donner aux objets un aspect artistique qui ne nuit point à leur caractère d'utilité, à prescrire aux meubles la forme et la place qui leur conviennent dans l'ensemble, à composer le style et à l'appliquer harmonieusement.

La base de cet art varié est le dessin industriel; il gagnerait à être enseigné en des écoles féminines professionnelles sérieuses, organisées en vue de l'art décoratif.

De tout temps la femme eut le goût des étoffes, des meubles, de la céramique, des tapisseries. — C'est le goût du beau appliqué par la nature féminine aux choses qui la touchent directement, le sentiment esthétique qui l'attire au joli comme la lumière attire la mouche, d'instinct. Au dix-septième siècle, au dix-huitième, la femme développe ses tendances instinctives au luxe d'art; elle appliqua son talent et sa patience à la broderie comme Marie-Thérèse, femme de Louis XIV, et comme madame de Maintenon — véritables artistes.

De nos jours la recherche du confortable s'est alliée au goût du bibelot et de l'installation soignée.

Si, malheureusement, il nous est venu de la Grande-Bretagne tout un stock de mobiliers ripolinisés et d'étoffes gueulardes, chatouillantes aux yeux anglicanisés, ce n'est là qu'une tache, dans la renaissance qui s'opère depuis quelques années, des arts décoratifs. L'utile peut, en effet, être à la fois harmonieux; une assiette n'est pas moins appropriée parce qu'elle est ornée, une chaise moins pratique parce qu'elle est finement sculptée.

Déjà les femmes dessinateurs pour étoffes, tissus, papiers peints ont forcé les portes de nombreuses maisons qui les emploient avec succès; le sentier, un instant ému de la concurrence féminine, s'est apaisé. Et des expositions se sont installées, un peu partout, où s'est manifestée l'activité de la femme, bien en possession de son sens artistique et de son emploi dans un domaine qui lui appartient; des sociétés se sont formées, groupant et aidant les adhérentes sous l'impulsion du *Comité des Dames*; des cours se sont organisés, rue Fouarre, où des femmes enseignent le dessin, l'aquarelle, la peinture sur écran et éventail, le modelage, la perspective.

Les dames artistes de Londres ouvrent chaque année une exposition sous les auspices de la princesse Christian de Schleswig-Holstein, protectrice de l'école royale de broderies artistiques. L'Union Centrale des arts décoratifs que conduit le zèle de mesdames Chéret et Carrier-Belleuse, stimule l'ardeur de nos ouvrières d'art par des concours où il s'agit d'exécuter une œuvre : tantôt c'est l'exécution d'une couverture de livre appropriée à un sujet donné ,tantôt c'est la garniture d'un bureau Moïse, un dessin de linge de table, un dessin de tenture murale, un dessin d'étoffe imprimée pour robe.

Dans toutes les classes sociales, les femmes paraissent se former ardemment aux travaux délicats de l'industrie artistique; ce sont les éventails aux coloris nuancés, les paravents ornés de peintures; les écrans que la broderie transforme en véritable œuvre d'art, les dessins sur cuir repoussé, des enluminures, des carnets de bal, des cartels aux contours ciselés, les parures de toutes sortes. Ce sont les émaux lumineux, les porcelaines peintes qui rappellent les bijoux de madame Jaquotot, l'auteur du service à dessert de Napoléon; ce sont les miniatures adorables de mesdames Debillemont, Isbert, de mesdemoiselles Noémie Schmitt, Voisin, aussi fines et soignées que les chefs-d'œuvre de madame de Mirbel, sous Louis-Philippe; ce sont encore les tapisseries, les ornements dorés; ce sont ces dentelles merveilleuses dont la légèreté s'approche de celle du fameux mouchoir de la reine d'Italie, cette pièce extraordinaire qui peut prendre place dans un dé de la grosseur d'un haricot; ce sont les pendants de cou où excelle madame Jonnart.

Voilà les arts de la femme, les arts dont le

champ est pour elle sans limite et le terrain fécond à l'infini.

Puisse le siècle qui vient nous donner un style!

La Musique ou l'art du vague à l'âme, plus imprécise que la peinture, a plus particulièrement les tendresses de la femme.

Des hommes en sont les ennemis acharnés. Hugo en parlait comme d'un bruit plus dispendieux que les autres; nombreux sont ceux qu'elle endort ou horripile; plus nombreux sont ceux qui ne la comprennent point, pour qui la variété des sons est une énigme, que les combinaisons sonores ou mélodiques laissent indifférents; pour qui elle n'est point du tout ce dédommagement accordé aux oreilles humaines pour tous les bruits et vacarmes, tramways, bicyclettes, camelots, discours, conversations idiotes, cris, sifflets, grincements dont elles ont à souffrir le long de la journée. A peine supportent-ils une musique militaire, rythmant le pas de 75 centimètres, la chanson des *Blés d'Or* ou la polka des *English*. D'ailleurs, comme disait J.-B. Say, « la musique où il n'y a pas de chant n'est que du bruit que l'on fait en mesure », ou cet autre encore : « C'est le moyen le moins humiliant de tuer le temps sans prendre la peine de penser ».

Des lacunes aussi profondes sont extrêmement rares dans l'organisme féminin; une allégorie représente la musique sous la forme d'une femme qui joue du sistre, avec une cigale et un rossignol sur la tête.

Toutefois, si les sentiments qu'elle exprime sont moins variés, surtout moins nets que ceux rendus par les autres arts, les moyens dont elle se sert sont plus immatériels et en permettent plus difficilement l'emploi. Seule, la combinaison harmonique des sons constitue la matière du compositeur; les rapports de durée, de succession et de consonnances constituent sa ressource exclusive pour faire passer l'idée qu'il a conçue dans l'esprit de l'auditeur. Aussi bien le maniement en est-il difficile, scientifique à un certain degré; il ne laisse aucune place aux hasards de la palette, de l'inspiration qu'il réprime, refoule plutôt et fait disparaître aux tâtonnements de l'inexpérience.

L'art de la composition musicale est donc la création dans ce qu'elle a de plus abstrait, en ce qu'il crée de rien, sans matériaux, sans modèle extérieur, par la simple et rudimentaire juxtaposition de notes, ou chiffres de convention, par la notation de signes convenus dont l'ensemble combiné sur le papier ou dans le cerveau, produira de puissants effets ou de vulgaires cacophonies.

Cet art a fait en ce siècle une marche de géant; de nos jours, par la science inouïe du procédé, il atteint une intensité considérable dans l'expression. Peut-être, ainsi qu'en toutes choses, l'effort a-t-il dépassé le but, ou plutôt, l'étude trop poussée du moyen a-t-il fait perdre de vue le sens inspirateur qui touche davantage l'ignorant; peut-être à force d'étudier la science des juxtapositions et le contrepoint, le musicien laisse-t-il s'émousser la faconde, l'enthousiasme naturel, l'inspiration qui fournit le souffle et couronne le motif, lui donnant cette vibration particulière qui actionne non seulement les nerfs, mais remue le cœur d'une foule mélangée qui écoute. Peut-être même certaine école affecte-t-elle de repousser ce facteur gênant, surtout quand la fée a oublié de la mettre au chevet — témoin ce compositeur ultra-moderne qui s'indignait de ce qu'un ami ait pu trouver dans son œuvre quelques motifs qui ressemblassent à un commencement de mélodie et protestait, disant :

« De la mélodie là-dedans ! erreur... je n'en ai mis aucune. »

Ils exagèrent l'engrais et brûlent leurs terres. Peut-être y aurait-il intérêt à équilibrer les progrès actuels de l'harmonie en développant à son tour, sans chercher à l'affiner à l'excès, le sens naturel de l'inspiration et à la mettre ainsi au même niveau que la science dont elle doit, en définitive, rester maîtresse.

C'est là, en tout cas, une question d'appréciation et de goût personnel au sujet de laquelle il est facile de discuter longtemps sans se mettre d'accord.

Peut-être, au contraire, ces compositeurs sont-ils dans la vérité esthétique, tel M. Debussy, et le public a-t-il besoin d'apprendre pour comprendre ? Ce qui est certain, c'est qu'un novateur tel que Beethoven ou Wagner n'a pas le temps, en une vie, d'arriver à l'exécution intégrale de l'idéal que son génie devancier s'est formé. Il procède par étapes et meurt avant la dernière. Ses disciples tentent de le réaliser en l'achevant.

Quant au public, il suit de trop loin pour se rendre compte; l'artiste voudrait qu'on le comprît, mais il marche trop vite pour le commun des mortels dont les pas mal assurés s'égarent aux diversions de la route; il voit trop haut pour les yeux du vulgaire qu'éblouissent les sommets atteints.

Quant Beethoven écrivit ses derniers sublimes quatuors, il y avait beau temps que ses contemporains ne le suivaient plus et qu'à part les privilégiés, on le traitait de fou.

Un tel art n'est point fait pour l'esprit objectif de la femme.

Bien placée pour en goûter le charme, en interpréter les sentiments, en savourer les sensations, elle est inhabile à en créer les combinaisons abstraites. L'écriture musicale est à elle seule une pierre d'achoppement qui l'épouvante et l'écrase. Chez elle l'inspiration est à peu près nulle; elle n'est d'ailleurs ni primesautière, ni originale; sans envolée, sans étendue, sans logique, son jet musical est banal, masque médiocrement le travail au piano, les réminiscences mélodiques ou harmoniques hypocritement contrefaites et enguirlandées. Il n'est pas d'exemple d'une fille largement douée de naissance. L'art italien, le plus simple parce qu'il fut le berceau, mélodique sans effort, sans culture et sans préparation, n'a jamais mis sous la plume d'une femme quelques-unes de ces phrases éclatantes de couleur crue ou tendres comme des rêveries de vierges, de ces motifs à orgues de barbarie dont raffolaient nos pères et qui firent la gloire des vocalistes, rouladistes et point-d'orguistes. Il semble même que la phrase légère, pimpante et pleine d'allure de l'opérette, avec cette pointe sentimentale qui ralentit les fins de motifs en une glissade de convention, soit du domaine féminin; pas une ne s'est cependant distinguée en ce genre qu'on dit éminemment français.

Les quelques sujettes qui se sont risquées, sous l'impulsion de quelque étrange perversion intellectuelle, sont totalement inconnues pour la plupart; les autres sont restées dans une pénombre lamentable ou sombrèrent dans le ridicule.

A part Sainte Cécile et Sapho, dont il ne nous est parvenu que la silhouette, en Grèce, à Rome, rien; la femme avait dans la cité et dans la famille d'autres préoccupations.

Aux treizième et quatorzième siècles, les trouvères et les troubadours s'inspirèrent des femmes, mais celles-ci se bornèrent à les faire chanter. Avec les écoles romaines ou flamandes, avec Palestrina ou Lulli, rien; sauf une demoiselle Laguerre qui fit un four colossal dans un opéra nommé *Céphale et Procris!*

Puis vinrent les précurseurs, les Gluck, Haendel, Haydn, Mozart, le génial Bach; les femmes se mirent à la remorque. C'est à cette époque que mademoiselle Duval accoucha d'un ballet joué neuf fois sur notre grande scène nationale; mademoiselle de Beaumesnil pondit une *Tibulle et Délie*, et madame Devisme une *Praxitèle ou la Ceinture!* Tristes productions.

Sous l'impulsion vigoureuse des maîtres, l'art de la composition prit son essor avec les génies qui furent, au premier rang Beethoven, et au-dessous Berlioz, Rossini, Mendelssohn, Schubert, Meyerbeer, Schumann, Bizet, Brahms, Wagner, Saint-Saëns, César Franck. — La femme?

C'est madame Caudeilhe, avec une *Orpheline de Berlin*, célèbre par les sifflets d'accompagnement; c'est mademoiselle Louise Bertin, avec une *Esmeralda* grotesque; c'est mademoiselle Paradies, dont dont l'excuse fut d'être aveugle; c'est Loïsa Puget. Au moins, celle-ci eut-elle un mérite : celui d'avoir répandu un stock énorme de machines qui sonnèrent à la fois l'éruption et le glas d'un genre contagieusement morbifique; sa *Grâce de Dieu* nous valut Schopenhauer et une Révolution.

J'allais oublier les modernes : madame Augusta Holmès, la plus féconde et la plus estimée de toutes, mais qui se brûla les ailes au lustre de l'Académie nationale — la *Montagne* dont parlait déjà La Fontaine!

Puis ce sont : madame Chaminade, qui aborde non sans éclat toutes les difficultés, même celles de la musique de chambre; madame de Grandval, qui écrivit cinq actes — seulement — sur *Mazeppa*; graphesses moins connues encore : madame Badame Balutet, une claveciniste; madame de Sievers, *idem*, avec spécialité de romances; mademoiselle Cornélie Van Oosterzée, hollandaise; madame Gabrielle Ferrari — choix d'orchestre, d'opéras-comiques, de romances avec Danbé, *fives o'clock Figaro*; madame Netziel-Lago, une suédoise qui eut l'idée, pour se faire entendre, de fonder à Stockolm des concerts à 25 centimes ; cela réussit tellement qu'elle éprouva le besoin d'emprunter à M. Herbet, l'excellent maire, un local à la mairie de Saint-Sulpice pour y placer sa mélodie, au même prix.

Puis, c'est madame la baronne de Fontmagne ; madame d'Istroff — idylles et marches militaires ; madame Maddison, avec un lot de cantilènes délicates ; mademoiselle Cécile Dufrêne et mademoiselle George Ritas, charmantes et tout à fait demoiselles ; Amélie Perronnet, frissonnante chansonnière ; madame Sureau-Bellet, aux accents amoureux ; madame Strohl, une mère de famille qu'inspire les joies horizontales de Bilitis, une grue antique ; madame Bisetzka.

Voilà ce que rendent les femmes en composition. Tout en respectant l'effort donné par les exceptionnelles, dont nous avons rappelé les plus adroites, il faut avouer que c'est faiblard et petit ; pour être franc, il faut avouer que ça n'existe pas.

Offenbach n'a pas fait de disciples dames avec ses gamineries légères, sautillantes et spirituelles.

Les scapiniques mélodies de Niedermeyer, les nouilles à la Bellini, les solennelles larmoyances de Gounod n'ont eu que de vagues imitatrices ; les ensembles trombonesques de Verdi, les filandres poitrinaires à la Chopin n'ont eu que de pâles et nerveuses continuatrices.

Un ou deux sujets, dans un genre élevé, dont la mélodie soit faite de spontanéité, de charme personnel, dont l'harmonie soit rendue d'une couleur franche, dont le développement musical soit entouré d'un dessin original — faillite d'autant plus curieuse que l'art musical exprime des sentiments généraux, naïfs et indécis, et demande surtout à l'auteur une sensibilité intense qui est le propre de la femme.

Malgré cela, rien; car il s'agit de surmonter une toute petite difficulté : il s'agit de créer, ce que la femme ne peut faire que pour les enfants — le rôle est assez grand et assez lourd, d'ailleurs!

Les femmes, en général, sont même incapables de comprendre ce qui, en musique, dépasse le chemin battu des sensations habituellement traitées par les compositeurs. Romances, berceuses, boléros, choses imitatives sont des combinaisons musicales peu compliquées qui rendent merveilleusement sur les nerfs féminins; ces nerfs constituent des cordes sonores d'une résonnance excessive qui portent à la cervelle féminine mille jouissances aiguës, soulevant leur imagination agacée en de voluptueuses et aériennes visions; cela produit sur elles un effet analogue à celui que produit sur les jambes des jeunes filles le tapotement d'un trois temps bien rythmé; celles-ci gigotent, les autres se pâment en apparition chatouillante de quelque Chopin. La preuve en est que tout ce qui s'échappe de la mélodie chantante ou du rythme de la danse, les embête profondément; les récitatifs du drame moderne les irrite, la musique symphonique les rase. Il est certain que de nombreuses exceptions doivent être apportées à la rigueur de cette constatation générale;

les concerts ont développé le goût musical chez la femme comme chez l'homme, et beaucoup d'entre elles ont le goût sûr. Mais, en principe, elle est rebelle et, snobisme à part, elle ne comprend pas. Les neuf dixièmes assistent aux grands concerts populaires des dimanches d'hiver à Paris, par pose ou par désœuvrement; au Conservatoire, c'est pis encore, bien que les programmes soient rabachés et à la portée des plus musicophobes.

Elles bâillent et souffrent visiblement; elles attendent la fin anxieuses, par instants, réveillées, aux passages médiocres; les plus attentives risquent des appréciations bizarres.

Par contre, elles accourent en masse et en toilettes si l'affiche annonce l'exhibition d'un virtuose sur le grand modèle à queue, de Sarasate avec son répertoire éternel, ou d'une cantatrice venant de Munich pour chanter du Parsifal en allemand. Demandez aux neuf dixièmes des auditrices accoutumées de la rue Blanche ou du Châtelet ce qu'elles pensent d'une symphonie pour orchestre, de la symphonie de Franck, ou de Saint-Saëns, ou de Brahms — monuments supérieurs du génie humain — ou tout simplement d'une symphonie de Schumann... elles répondraient, si elles avaient l'esprit de Labiche : « Pardon! est-ce pour un mariage? »

De composer, c'est-à-dire créer, à interprêter, c'est-à-dire copier, la transition est naturelle; l'interprétation est à la musique, ou à la littérature dramatique, ce que la gravure est à la peinture. Nous verrons la femme briller d'un vif éclat.

Beaucoup d'aristarques se sont préoccupés de rechercher si l'interprétation est un art et, conséquemment, si les interprètes sont des artistes. Là n'est pas la question qui nous occupe; que les acteurs et les actrices soient ou non des artistes, peu importe. Jusqu'ici on les a toujours considérés comme tels et cela durera longtemps encore, par la bonne raison qu'ils vivent de l'art, qu'ils y touchent de si près, qu'ils sont si indispensables à sa complète manifestation qu'on peut les confondre' avec les créateurs dont ils sont les auxiliaires. Ils ne font pas à vrai parler de créations, mot impropre et qui rend mal le produit de leurs efforts; leur talent consiste à comprendre ce qu'ils ont à rendre, s'assimiler ce que l'auteur a voulu créer et avec ce travail préparatoire qui exige de l'intelligence, réaliser à l'aide du costume approprié, du geste juste, du visage, de l'intonation, de l'attitude dans l'ensemble et dans les détails, le type dont l'imagination du créateur n'a tracé que les lignes, les formes et les contours. Ils donnent le mouvement au personnage amorphe, au caractère — travail qui exige un goût délié, une certaine observation du modèle humain errant, une vision agissante de l'art. Rarement collaborateurs, leur création ne dépasse pas souvent le calembour ou l'effet de la mise en scène.

Composer un rôle paraît donc plus normal que créer. J'avoue que « créer » la chanson des *Blés d'or* ou la *Polka des English* me paraît de l'outrecuidance.

C'est au théâtre que le talent d'interpréter se ma-

nifeste de la façon la plus frappante. En ces affaires, la femme est admirable. Douée de la mémoire, de la faculté d'imitation, douée au plus haut
degré de l'art de se parer, aiguillonnée par le plaisir
qu'elle éprouve à se montrer, elle est capable de
prodiges aux feux de la rampe. Depuis la grue qui
s'interprète sans effort, jusqu'à la tragédienne de
race qui personnifie des caractères énormes grossis
encore par l'optique de la scène, la femme est à sa
place et répond à sa nature. Elle traduit ce qu'elle
ressent avec la passion, les hardiesses, les entraînements, les séductions, les fureurs, les sentimenta-
lités spéciales à son tempérament de femme. En un
mot, elle est femme sur les planches, exprimé des
rôles de femmes, des sentiments de femme que l'auteur s'est efforcé de rendre d'une féminité plus intense encore que nature; c'est de l'essence de
femme que leurs emplois au théâtre; elles s'en
parfument, s'en pénètrent, l'exhalent sous le gros-
sissement des jumelles. Elles jouent les travestis en
femmes; jamais Sarah Bernhardt — toutes proportions gardées — ne fut plus femme que dans le
Passant.

L'exemple est plus frappant encore pour les
scènes musicales; outre l'action dramatique qui nécessite son emploi, la voix est un instrument dis-
tinct dans l'orchestre.

Donc, en l'art de dire, d'exprimer par l'attitude,
le geste et la voix, la femme se meut dans sa sphère
naturelle, dans les limites de ses aptitudes physiques et intellectuelles, en une atmosphère con-

forme à son organisme; il n'est pas surprenant qu'elle y excelle.

Que de sujets dès lors ne rencontrons-nous pas ? Des tragédiennes illustres telles qu'Adrienne Lecouvreur, Clairon, Rachel et sa rivale, Adélaïde Ristori, Agar, Fanny Kemble; et, de nos jours, l'ardente Sarah Bernhardt, frémissante à l'art, secouée par cette foi convaincue qui commande aux âmes et élève les cœurs. C'est elle qui écrivit ces mots d'une modestie qui l'honore : « Je suis très difficile en littérature, comme tous ceux qui ne créent pas ». Interprète de génie, cela lui suffit. C'est encore Bartet, au geste enveloppant et doux, la Duse au masque puissant.

Comédiennes ? Il faudrait en citer trop, y compris les femmes du monde, voire même un lot respectable de bourgeoises pour qui c'est besoin de jouer la comédie chez elles, avec leurs amis, leurs époux et pour la galerie. Elles n'ont pas reçu les leçons du faubourg Poissonnière; maîtresses avant d'avoir été élèves, elles cabotinent d'instinct, mènent les hommes en bateau, dans leur bêtise niaise de gobeurs.

Aussi bien celles qui se destinent à ridiculiser leurs sœurs par devant le trou du souffleur sont-elles prodigieuses. Les citer serait fastidieux; il est plus simple de renvoyer aux colonnes Morris.

Disons cependant, pour nous consoler, qu'il nous reste Frédérick Lemaître.

Dans l'opéra, elles brillent avec Léonora Baroni, contemporaine de Lulli; Sophie Arnould, Dugazon, la Todi au dix-huitième siècle, et de nos jours avec Alboni, Carvalho, Cinti-Damoreau, Falcon, Frezzolini, Galli-Marié, Malibran, Nillsonn, Patti, Marie Sasse, Krauss; aujourd'hui où le drame musical oblige les cantatrices à se préoccuper de l'action et des paroles et un peu moins des effets macaroniques à l'Italienne, c'est madame Caron, Delna.

Dans l'opérette, qui semble inventée pour faire valoir la finesse, la fantaisie spirituelle, la gaîté humoristique, la grâce, pour rajeûnir l'ariette et le couplet en une note plus juste, c'est une pléiade sans cesse renouvelée d'étoiles intelligentes formées à l'école de joyeux caricaturistes; c'est Judic, au doux sourire; l'alerte Granier, la petite Ugalde, Simon-Girard.

Dans la chanson, Thérésa fut un tempérament d'élite. Tombée dans la pornographie ou l'ineptie, souvent dans les deux ensemble, la chanson est devenue prétexte à dessous voluptueux et à engueulades; les femmes y sont étincelantes de nullité tapageuse. A peine peut-on savourer parfois quelques renaissances montmartroises où les femmes brillent par leur absence.

Quant à la danse, on peut dire qu'elle sied à l'homme comme des galoches à un caniche. Autant la femme y déploie de grâces, autant l'homme sautillant et ballant semble pitoyable; c'est le repoussoir oscillatoire. Car l'homme joue en cet art le rôle que la femme joue dans les sciences : il y est déplacé, contre-nature. Je ne pense pas qu'il existe au monde mouvements plus ridicules que ceux du pantalon en mal de pirouettes; le profil d'un amateur glissant une valse de salon, gigotant une mazurka ou secouant sa moelle épinière aux ébats d'un quadrille bizarre est lamentable; ces torsions de bras, ces soubresauts, ces tressaillements des cuisses, ces balancements de crânes humides, ces sourires figés sont spectacles affreux auxquels le monde nous convie pour nous coller le long d'une muraille et nous faire respirer des relents échauffés; prétexte à tripoter les femmes, la danse d'amateurs est un jeu de société malsain, dont la cérémonie cache souvent l'indécence, en outre extravagant quand ceux qui s'y adonnent ont plus de dix-neuf ans. Renan racontait qu'il avait dansé (?) une fois, mais si gauchement et si malheureusement qu'il glissa, roula sur le parquet, entraînant avec lui sa protagoniste échouée. Jamais on ne l'y repinça.

Les officiers et les marins, dit-on, ont un faible pour ces sudorifiques contorsions; rien n'est plus bizarre que les gambades d'un uniforme, les raideurs d'un colonel ahuri, énorme, préoccupé de ne se point perdre dans la stratégie du *lancier* et de reconnaître son vis-à-vis.

Par contre, la danse est l'élément où se plaît la femme; d'instinct elle chorégraphie avec plaisir. Les mères de famille en font un régal au point qu'il existe à Paris une société de dames du monde se cotisant pour organiser des réceptions dansantes sous la raison sociale :

Le Bal des trente-six mères. *Siège social : avenue Hoche.*

Au théâtre, elles s'auréolisent de charmes et de gloire. Légèreté, souplesse, rythme, cadence, tout leur sied dans l'ondulante clarté qui rehausse leurs mobiles silhouettes; elles s'élèvent et retombent en une agilité d'oiseau, symbole gracieux de leurs inconstantes et volages personnes. La Camargo fut chantée par les poètes du siècle dernier; les noms de Carlotta Grisi, de mesdames Mauri, Subra, demeurent attachés aux manifestations d'un art exquis et sérieux. Et c'est Cléo de Mérode, plus connue par des oreilles ignorées que par ses pointes; c'est aussi la belle Fathma, célèbre importatrice de la danse du ventre, ou balancement du bassin méridional. Et c'est le groupe des naturistes du Moulin-Rouge avec les jetés-battus chahutants de Grille-d'Egout, de la Môme-Fromage, Rayon d'Or et autres pattes en l'air. C'est encore la Loïe-Fuller ou le triomphe des mousselines.

La pantomime, qui touche de près à la danse, est une des formes de l'interprétation dramatique que la musique moderne a rajeunie. Les traits du visage féminin offrent peu de ressources pour un genre ou Félicia Mallet se fit cependant remarquer; les lignes plus accentuées du masque de l'homme préparent celui-ci à des effets plus visibles à la lorgnette.

En dehors de l'art dramatique, l'interprétation peut s'exercer sur la composition instrumentale.

A nous le piano !

L'architecture de cet instrument a traversé bien des phases depuis l'épinette ou le manichordion ; il a acquis de nos jours un volume de mastodonte aux sonorités assourdissantes ; il en vient d'Amérique qui sont des monuments et qu'on fait moudre sans fatigue à la mécanique ; nous en aurons bientôt qui marcheront à l'électricité. Son alimentation est fantastique ; la statistique apprend que des musiciens sans scrupules lui composent, chaque jour, rien qu'en Europe, une moyenne de soixante-quinze plats nouveaux, sans compter les fonds de macaroni à la Ravina et autres, toujours prêts à l'assaisonnement.

Les interprètes du claquebois se voient donc obligées de pulluler pour nous faire entendre ce stock ; on les prend au berceau et on emploie toutes les ruses possibles pour leur apprendre ce qu'il faut — notes chiffrées, méthode Parent, ou l'enseignement des notes par les sept couleurs du prisme.

Aussi bien, filles de tous âges, demoiselles de toutes nationalités, dames de toutes conditions, comtesses et boutiquières, religieuses et concierges, rentières et cocottes se sont-elles ruées sur l'appareil à queue, caressant l'ivoire de gammes frénétiques et d'arpèges furieux, soignant la sonorité jusqu'à l'heure de la crampe, insensibles aux rages des voisins que le hasard des locations a fait échouer près d'elles ; ce sont les pianistes.

Il y a des hommes auss qui le sont ! Le piano a cela d'impudique qu'il se laisse toucher par quatre

mains et plus, à la fois; des musicographes ont
écrit des choses qui se tapotent ainsi, pour familles.

Donc, les femmes interprètent à ravir les spécialités polysoniques du piano; moins de fermeté
dans le poignet, conséquemment moins d'éclat que
chez l'homme; généralement, moins de rythme et
de style; aussi mécaniciennes, moins musiciennes,
elles rachètent ces infériorités par la langueur du
charme — alla Pugno — la pâte du modelé, l'em-
miellure de la nuance.

En citer serait faire injure aux autres, car elles
sont toutes de même force; il est bien difficile de
les distinguer autrement que par la couleur des cheveux, le tour de taille ou quelque excentricité —
telle cette fanatique qui porte en breloque une
larme de Paderewski.

Cependant, les critiques qui veulent leur faire
plaisir prétendent que celle-ci a le doigté brillant,
que celle-là a beaucoup de son, que Marie Jaëll a un
trille épatant, que mademoiselle Silberberg n'a jamais écorché les oreilles de personne, que madame
Miclos frappe *Africa* dans les mouvements du
maître.

Le nombre augmente des dames qui s'adonnent à
l'étude des instruments à cordes, mais tout cela est
terne. Les produits annuels de Marsick ou de feu
Delsart n'ont rien donné qui pût alarmer des Pa-
ganini ou des Servais modernes, les Sarasate, les
Joachim en tête.

Le violon de mademoiselle Godard fit valoir en
mou quelques sirupeuses compositions de son frère;

on admira, en un temps, les bras de mademoiselle Tayau; mademoiselle Galitzine obtient des succès de soirées.

Dans l'orchestre, il n'y a pas de raison pour qu'elles ne grattent pas avec autant de conviction qu'un homme; c'est affaire d'habitude. Colonne s'est rendu compte que pour l'orchestre, jupons et culottes barbouillent avec le même éclat; aussi a-t-il engagé plusieurs violistes, altistes et harpistes dames. Au reste, certains orchestres de dames seules interprètent des œuvres cosmopolites — il est vrai qu'elles ont un costume approprié. L'orchestre de madame Agnès Krakauer exécute avec assez d'adresse, et mesdemoiselles Chaigneau triolisent avec conviction.

Malheureusement, il y a ces sacrés instruments à vent. Je ne verrais, pour ma part, aucun inconvénient à ce qu'elles se formassent à l'embouchure du trombone et du basson et à ce que la société très confraternelle dont M. Taffanel fut le président, ouvrit de larges bras aux cotillons sonores. Sax avait tenté de réaliser ce régal des yeux. Il organisa jadis un orchestre où les dames tenaient les emplois à vent; cette harmonie fut faiblarde; l'excellente marchande de musique d'occasion du quai Conti y tint le cornet à piston solo. Hélas! les vents manquèrent un jour et Sax but un bouillon amer. La fanfare s'est réfugiée dans la Louisiane et donne des chahuts dans le plein air d'Opelousas.

Et voilà encore, en passant, un exemple du grand principe théorique : la femme est égale, mais non semblable à l'homme; à chacun sa fonction, et si les fonctions sont équivalentes, elles ne sont pas identiques.

Le rôle du trombone à coulisse équivaut, dans l'orchestre, à celui du violon; il n'est pas identique.

Dans la musique de chambre, le quatuor, c'est encore à l'homme que doit rester la supériorité dans l'interprétation. Le quatuor nécessite les archets masculins, la vigueur et la sonorité du tchèque, le style de Joachim, le rythme de Maurin, le charme d'Alard, l'autorité de Jacquard. Le quatuor de mesdames Magnien, Salomon, Brochard et Baude, spectacle intéressant à voir, assure aux chef-d'œuvre des maîtres une pâleur lymphatique, une sonorité savonneuse qui semble filtrer à travers des balles de coton; c'est frêle, petit, nasillard — quelque chose comme du Saint Saëns parlé par l'auteur.

Tel est, en art, le rapide bilan.

Concluons.

La femme, faite pour créer dans la maternité, la vraie vie du corps et de l'âme, s'arrête à cette création; elle n'est point organisée pour créer la fiction d'art.

Ecoutez l'aveu qu'arrache cette vérité à une féministe scientifique, madame Soulay-Darqué :

« Les hauteurs de l'art se hérissent d'escarpements bien rudes aux pieds féminins. La peinture, la sculpture exigent en effet une force physique, une ampleur de pensée possédées par très peu de femmes. Je ne parle pas de la peinture d'atelier : fleurs, nature morte, sujet de genre — en ces tableautins, en quelques portraits, rien n'empêche la femme de rivaliser avec l'homme... Mais sitôt qu'il s'agit d'art sérieux, son infériorité s'étale. »

Et M. Dujardin-Beaumetz :

« Il existe dans les ateliers une expansion, complément jugé indispensable à toute âme d'artiste. On n'étudie pas l'art comme la science; l'atelier suggère d'autres idées que l'hôpital. »

En somme, elle ne comprend pas l'art; sa conception est mesquine et servile; elle ne sait pas découvrir le sujet, le motif grandiose, suivre l'idée créatrice, conclure dans le sublime.

Quelques côtés d'illusions artistiques lui sont réservés où elle apporte sa petite nature, ses inquiétudes, ses caprices, sa délicatesse, quelque adresse aussi.

Mais son action dans l'art existe, autrement importante.

Elle est l'inspiratrice, le modèle, la protectrice.

Belle, elle inspire l'Immortelle Beauté ; elle est le modèle vivant qui sert au génie. Elle est la *Nuit* de Michel Ange, la *Madone* de Raphaël, la *Madeleine* du Corrège, la *Vénus* du Titien, la *Junon* de Véronèse, la *Ferronnière* de Léonard de Vinci; elle est la vision que copièrent Rubens, Delacroix, Baudry, Carpeaux, Millet, Regnault, Cabanel, Henner.

Elle est *Orphée* de Gluck, *Yseult* de Wagner, *Ophélie*, *Juliette*, *Louise;* elle est la beauté que chantèrent les musiciens, les poètes depuis Homère, en passant par Dante, Pétrarque et Musset, jusqu'à Richepin et Bruant.

N'est-ce point assez !

Qu'elle se garde de changer et de perdre au change : l'homme ne sera jamais qu'un méchant modèle, un piètre inspirateur de la divine beauté de l'Art.

« La femme est, ou la Muse qui inspire les hautes pensées, ou la Beauté qui offre son corps aux lignes pures, aux formes harmonieuses, pour leur donner la réalité. La femme a joué dans l'exécution des œuvres d'art un rôle qui en fait un véritable collaborateur des maîtres et lui confère le droit de réclamer une part de leur gloire. »

Observation d'éternelle justesse, sincèrement exprimée par Marius Vachon.

En un mot, elle est l'Inspiratrice, une alliée de la création d'art, une associée à l'idéal commun, un élément du plan conçu, le modèle et la force impulsive; l'individualisme n'a point enfanté d'œuvre féconde.

Il faut à Henner son type féminin comme il fallut madame de Warens à Jean-Jacques, comme il fallut Constantia Gladkowska à Chopin et... Musset à Georges Sand.

VI

MONDAINES ET BOURGEOISES

Un très vieux conte, tiré de quelques observations judicieuses et qui n'ont pas cessé d'être justes, apprend à la femme qu'elle doit avoir pour être reconnue belle, les trente qualités que la Renommée attribue à Hélène :

Trois choses blanches : la peau, les dents, les mains ;

Trois choses noires : les yeux, les sourcils, les cils ;

Trois choses rouges : les lèvres, les joues, les ongles ;

Trois choses longues : le corsage, les cheveux, les cils ;

Trois choses larges : la poitrine, le front, les hanches ;

Trois choses étroites : la bouche, la ceinture, le cou de pied;

Trois choses grosses : les bras, le mollet et * * * ;

Trois choses arquées : la taille, le nez, les sourcils ;

Trois choses rondes : les seins, le cou, le menton.

Trois choses petites : le pied, la main, les oreilles.

Comment s'étonner que les femmes du monde et du demi-monde n'aient pas le temps de s'occuper d'autres soins, si l'on ajoute à ces préoccupations constantes les exigeances de la société moderne?. Comment les théories féministes ou autres auraient-elles prise sur elles, avec, sur le chantier, des travaux aussi répétés que méticuleux?

Et qu'elles ont bien raison, d'ailleurs, celles que la nature gratifie des loisirs, de la fortune, des entraînements nécessaires pour faire la parure et la souveraineté du monde vivant.

Les mondaines sont des femmes qui n'ont d'autre but dans l'existence que les plaisirs de l'élégance, les amusements d'une société blasée et paresseuse, les vanités et les succès faciles que procurent la parure et la toilette; leurs grosses préoccupations sont d'observer les modes et les usages consignés au Code des femmes du monde, résumé des « conventions adoptées qui, érigées en obligations absolues, ne doivent, sous aucun prétexte, être négligées ». Leur travail a pour objet de plaire aux hommes par une originalité quelconque qu'à défaut de talents ou de dons naturels suffisants, elles s'appliquent à se donner.

Le commerce du monde absorbe leurs journées et leurs nuits; elles se saturent de toutes les jouissances possibles de l'amour-propre et s'irritent de la médiocrité qui passe inaperçue. Frivoles, elles sont à l'antipode des intellectuelles, ont l'horreur d'une attention soutenue sur quelque sujet qui ne soit pas un magasin d'étoffes ou un objet de luxe.

Sentimentales ou nerveuses, elles vivent pour les autres et par les autres; façonnées aux gravures de modes, à la gynécométrie du couturier, elles n'ont pour esprit que la façon de débiter les lieux communs qui circulent de salon en salon. Plus la société qu'elles fréquentent brille par les richesses, les dignités factices, plus la société où elles se rengorgent étincelle en parades, plus elles s'excitent, maniérées, à l'impertinence, à la prétention. Le plus chic est de tromper les époux, accident que d'ailleurs ceux-ci supportent sans trop de souci et qui se résout en un *modus vivendi* conventionnel.

Les demi-mondaines, article de Paris, sont plus pratiques.

Qu'elles fassent la mode ou copient les gloussements mondains, elles louent leurs élégances aux amateurs, les vendent même au besoin. Elles luttent avec les mondaines d'excentricité et ne sont jamais en retour de sottises et de vanités; elles sont tourmentées du même besoin d'être vues, non par simple système et par amour de l'art, mais pour encaisser la recette. Elles ont au moins l'excuse d'un but, d'un intérêt industriel et le mérite des moyens inventés. D'aucunes sont enjouées, gaies par métier, spirituelles d'instinct, assez observatrices pour déjouer la trivialité de la race, assez intelligentes pour surmonter ce que leur origine a de rude, assez souples pour masquer leur ignorance et les lacunes de leur éducation; bonnes filles, elles se soutiennent entre elles, par esprit de corps, bien que concurrentes ou appelées à l'être et connaissent plus souvent l'amour et même l'amitié que les mondaines.

Généreuses souvent, elles soulagent les misères de bon cœur, jettent avec les confetti l'argent et les victuailles par les fenêtres, rachètent une vie comme cette courageuse Léonide Leblanc, en donnant 600.000 francs aux pauvres, ou comme la Chasse-gros, cette amie du second Empereur, en laissant une fortune à la Société protectrice des animaux.

Les journées d'une mondaine varient peu; chaque semaine apporte son anniversaire étiqueté que dominent les five o'clock médisances : ventes de charité où elles se paient les allures d'une vendeuse au *Printemps*, d'une fleuriste aux Folies-Bergère, avec cette différence qu'elles conservent leur chapeau sur la tête et accrochent à la taille la sacoche en cuir d'Alliance; la fille à marier et les rastas sont un bel ornement de ces bazars.

C'est le Conservatoire de musique et de *Récla-mation*, une drôle de boîte où l'on s'embête à crever, surtout quand cet anarchiste de Taffanel s'imagine de monter une symphonie de Saint-Saëns, ou de Brahms — qu'on nous parle de Corelli et qu'on finisse à quatre heures !

C'est le Concours hippique, *great event* qui nécessite une consommation variée de toilettes; là, elles cataloguent les étalons, supputent soigneusement les fautes à la rivière, jettent un coup d'œil attendri aux bêtes de sang qui se balladent, pitoyables aux hongres — agréable mélange de parfums à l'essence de crottin où les rosses s'étirent aux gradins plus qu'aux écuries.

C'est le Vernissage, vision d'art tirant son nom des collections de femmes teintes qui circulent entre les toiles et les blocs, singulière cohue d'ahuris et d'émaillées.

C'est le Grand-Prix de Longchamps, journée sudorifique où les foulées nationales confondent en une même émotion les garçons coiffeurs et le personnel diplomatique.

Et l'on s'en va, quelque temps qu'il fasse, loin de la ville, où l'on est déshonoré, dès l'été, d'être aperçu.

Le soir, on donne des bals pour caser les plates-côtes en âge de placer leurs dots au Crédit du Commerce, de l'Industrie, de la Magistrature ou de l'Armée, aux mains du petit gérant d'avenir, expert à bostonner plusieurs heures durant, sans mouiller les corsages.

Dans le demi-monde on danse aussi, au Moulin Rouge et ailleurs; ces dames du linge-à-jour y dansent même sans dots, pour des gérants à la nuit, jeunes et vieux, qui financent à tour de rôle et dont la gestion s'éteint aux premiers rayons du soleil, aux accès avertisseurs de la pituite.

On apparaît aux abonnements-salons de la Comédie, de l'Opéra-Comique, où l'on déplore les amours mal habillées de *Louise* ainsi que l'on siffla

Carmen — hypocrisies qui fréquentent les cabarets et autres tréteaux de Montmartre.

Dans le monde, on donne des dîners où défile la gamme des saveurs recherchées sous l'haleine oignonnée des larbins; les femmes ont des poitrines dénudées qui remplacent le veau démocratique et là, voltigent des relents de sauces à la peau d'Espagne, et se banalisent encore, si c'est possible, les dissertations banales.

On salive ensuite quelque parodie, on chevrotte du Massenet, homme aux louanges parfumées, une fille en rose pince une mandoline, un gosier râcle des dissonnances non prévues, un snob mâchonne du Richepin et chacun file, à minuit, délivré, lourd, luttant mal contre un sommeil dominateur qui va préparer le supplice de demain.

Dans le demi, on mange aussi, à l'abbaye de Thélème, par paire de dames, ou ailleurs par couples intersexués — au diapason du financier qui éclaire et traite au comptant ; elle savoure des compotations qui, pour ne pas sortir des ateliers Potel, la disposent aussi sûrement à la dyspepsie. Seulement c'est au déssert, en cabinet, qu'on pince la mandoline de prix.

Dans le demi, les soirées varient à l'infini, depuis le banc de quart à l'Opéra, jusqu'au truc dans le faubourg.

La femme brille en cette vie d'oisives, elle se déploie en mille mérites inconnus du sexe mal habillé, acquiert la notoriété par l'excentricité, quel-

quefois par l'apparence d'un talent d'art, rarement
par de grandes et bonnes actions.

On arrive à la célébrité ainsi que l'exquis Guillout
ou la poudre Rocher, par des réclames aux murs
des échos ou carnets mondains ; on passe à la postérité après quelques articles où le scandale éveille
la naïveté du boutiquier. Et c'est une ineffable joie
d'être reconnue par un employé du *Louvre* que son
journal a mis au courant; c'est le sentier de la
gloire mondaine, ce coup d'œil respectueux et étonné
de l'ouvreur de portières.

Dans le monde, le vrai, l'entier, le féminisme
semble voir triompher partout ses théories : inventrice, artiste, ordonnatrice, autoresse, la femme est
tout, elle commande et organise. Moderne Pompadour, elle crée des divertissements, des figures de
cotillon, des pantomimes, des phonographies grotesques, des tableaux vivants par familles entières
qu'on utilise, jeunes personnes en maillots, éphèbes en gladiateurs, jeunes femmes en odalisques,
des couchers d'Yvette, déballages des trousseaux
de mesdames Réjane et Granier; elle organise des
ombres et projections chanoiresques, évoque les
esprits infernaux, prétextes à certaines obscurités
qui donnent aux mains et aux pieds des frétille-
ments mondains, préludes des mariages vus de
dots; régisseuse, elle met en scène les ouvrages les
plus compliqués du répertoire Pailleron : *Mieux
vaut douceur* — et l'on se pique d'épater la Comédie; elle compose des revues — art dramatique
et musical qui nourrit sa surprenante fécondité.

Elle panache les bals blancs et roses — grave question qui faillit créer des complications et brouiller les plus grandes familles, trouve des bibelots de choix et des pétales de rose pour cotillons, des chœurs de jeunes filles aphones sous le bâton de guimauve de M. Weckerlin et le sucre de pomme de M. d'Indy.

Et l'on annonce tout cela dans les journaux, afin que nul n'en ignore :

« Soirée musicale des plus élégantes chez la comtesse de F... Parmi les dames et demoiselles qui composaient les chœurs, on remarquait mesdames Des..., de R..., mesdemoiselles Y..., Cl..., Mar...»

« Cotillon rose des mieux réussis chez la duchesse de M.... L'électricité a fait défaut au milieu de la farandole. Très remarquée la figure nouvelle; pluie de pétales de roses. »

« Bal costumé et têtes chez madame de V.... Remarqué le costume nénuphar de mademoiselle Pi... toujours admirée, le costume Pirouette et le Pompadour de mesdemoiselles Z..., la tête de muffe du maître du logis. »

« Concert d'amateurs mondains suivi de sauterie chez madame C.... Prise d'émotion, mademoiselle V... a oublié les bémols dans la romance de ce distingué M. Ch. Lefebvre, qui souriait quand même et s'efforçait de transposer. Reconnu S. Ex. le Nonce, l'ambassadeur d'Uruguay, M. Deschanel. »

« Dîner ravissant chez madame de K...; Ganne, l'auteur génial de la *marche Lorraine*, a fait exécuter par un orchestre à 4 fr. 30 le cachet les meilleurs morceaux de son immortel génie; le programme s'est terminé par une pantomime conduite par Wormser, très en fond, exécuté par dix exquises Malgaches, délicieusement citronnées. »

« Soirée charmante chez la baronne L... Parmi les numéros : mademoiselle Delna, en chair et en voix; mademoiselle Sorel (pour prouver qu'on ne se refuse rien). A minuit, entrée sensationnelle du pétomane toujours sonore et de Footit, qui est venu réciter l'idylle du concierge :

« C'est moi qui suis le cierge... »

On a d'autres clichés pour l'été :

« Madame X... est descendue à l'hôtel Bellevue après une magnifique traversée; son gendre et sa fille l'y rejoindront bientôt, venant de Vichy. »

De cette façon très simple, le public est bien informé : il sait que madame X... a un gendre, donc une fille; que l'un des deux souffre de l'estomac et que cette excellente madame X... craint le mal de mer. Après tout, il vaut encore mieux apprendre ces choses que le naufrage d'un cuirassé ou les idées de M. Gouthe-Soulard.

« Madame la vicomtesse de N... est arrivée

(comme chez Pilsen) dans sa superbe villa de Cabourg; elle passera septembre chez sa belle-mère. »

Nous voilà, au moins, renseignés.

« Madame V... inaugurait par une joyeuse crémaillère son château de * * *. Toutes les notabilités de la région y avaient été conviées. Un grand dîner suivi de réception a donné à la châtelaine l'occasion de faire preuve une fois de plus de sa courtoisie coutumière; après le repas, la poésie et la musique (ô Courteline! ô Charpentier!), se sont disputé l'honneur de charmer les invités, tandis que Ruggieri se chargeait de les éblouir. »

« On signale l'heureuse délivrance de la jeune vicomtesse de X... »

Et d'autres, à l'infini des vanités.

L'indication publiée des déplacements et villégiatures a d'ailleurs son utilité... pour les cambrioleurs, bien renseignés désormais sur les coups à faire.

Des cadres variés octroient encore aux femmes la célébrité. Au cirque Molier, tous les mondes fusionnent ainsi qu'à la messe de minuit et sur le turf; la mode est aux exercices de souplesse des reins, ce qui fait qu'en un concours de chapeaux, des prix sont accordés à madame la comtesse Chenu-Laffitte, à madame Fanny Robert de Tessancourt et à des modistes délicieuses. Emilienne d'Alençon dût au

cirque ses premiers lapins de choux dressés en liberté, ses premiers succès artistiques ; du coup, la
plage de Trouville fut à ses pieds. Mesdemoiselles
Blanche Allarti et Julie de Nys y présentent des
chameaux apprivoisés, ce que l'amiral X'... appelle
la manœuvre des bosses et des bittes.

La comtesse de Péthion, qui chanta aussi à la
Bodinière, apparaît à cheval, largement en selle.

La bicyclette, avec les courses de dames, les han-
dicap et les championnats, grince la gloire d'une
foule de demoiselles et de tendresses : Isabelle de
Bury, Jane de Lancy, Blanche de Nevers, de Li-
moges et autres chefs-lieux, Léa Lemoine et *tutt
quanti* du demi Gotha.

La royale machine de la princesse Wilhelmine
faillit lui causer des difficultés; un major du Royal
Piémont fut puni pour avoir négligé de faire rendre
par sa troupe en marche les honneurs militaires à
la princesse Bonaparte, belle-sœur du malheureux
roi Humbert, se balladant en pneu; la princesse
fut elle-même, du coup, collée aux arrêts par le
Roi. Une pelle!

L'automobilisme, plus moderne et plus smart, a
répandu jusqu'en Mandchourie les illustres noms
de madame la duchesse d'Uzès.— déjà nommée —
et de la princesse de Montglione, chauffeuses pourvues des premiers diplômes administratifs; on citait
également le moteur de Rachel Boyer, de la Comédie, et celui de la Reine des Belges. Aujourd'hui
les écraseuses sont devenues légion; mademoiselle
Renée de Vériane, madame Camille de Gast, la vi-

comtesse Gaetan de Milhou, prennent part aux défilés des fêtes de l'Exposition universelle.

Dans le demi-monde, toutes les excentricités sans exception sont licites pour la réclame.

À Bruxelles, une dame très appréciée, fort citée par les gentilshommes de la Cour, se fait une publicité bourgeoise par son horreur du lapin. Elle eut l'idée de poursuivre devant les tribunaux un clubman que les juges condamnèrent à payer l'indemnité de 3 fr. 75 pour un travail à l'œil ayant les caractères juridiques de l'abus de confiance. Tarif réduit !

Clara Ward, ex-princesse de Chimay, séduite par la sixième position du violoniste (démanché avec l'extension du petit doigt), ne se contente plus de l'enlèvement à la chanterelle; elle annonce sa mort pour ranimer la curiosité et corser la vente des photographies excitantes, puis renaît avec la joie de lire ses oraisons funèbres.

La comtesse de Raime achète 70.000 francs le tzigane Baki.

Cette autre s'inocule, en guise de morphine, des parfums divers, et sa chair exhale des odeurs magiques à rendre jaloux Brown-Séquart. Fait sûrement le commerce du vieux.

Liane de Pougy, après le revolver anodin, écrit l'*Insaisissable* et devient le collègue de Georges Ohnet, avec titres à l'Académie des Sciences morales.

D'autres imaginent de porter sur leurs vêtements des tortues vivantes, chamarrées de pierres précieuses, constellées de bijoux; mode qui valut aux bijoutiers-dompteurs les reproches de la Société protectrice. Les Américaines portent sur elles des caméléons, animaux dégoûtants qui, moins encore que les tortues, ne savent point se retenir en société.

Celle-ci, une vieille garde, ne veut pas vieillir et se fait enlever peu à peu, par petits carrés, la peau de son visage ridé; puis un habile chirurgien la remplace par une fraîche et rose épiderme de gras de cuisse achetée, à prix d'or, à une pauvrette. C'est l'opération brevetée sous le nom de la décortication ou de la mue artificielle des vieilles peaux.

Cette maigre s'inocule des pots de vaseline pour se faire engraisser et remplir les vides. Cette professionnelle illumine ses dessous, aux bons endroits, de rayons électriques, et procure avec sa pile portative des secousses de vie aux vieillards émoussés, brevetée s. g. d. g.

Irréductible, cette anglaise se fait sertir sous l'épiderme d'imperceptibles diamants qui jettent à fleur de peau des éclats de fée radieuse. Martyres du devoir !

Cette autre se fait confectionner des robes avec les peaux des serpents occis par ses amis, tandis qu'Otero se contente d'exposer aux feux du boulevard son corsage tissé de pierres authentiques; une Américaine renchérit en s'affublant d'une robe de verre souple. Une excentrique s'exhibe pendant quatre jours et quatre nuits, close en un cercueil.

Certaines, comme Jeanne Duparcq, sont renom-

mées pour le confortable et le chic de leurs équipages.

Cette grande authentique baronne Splenyi se fait
connaître au monde par le nombre des amants qui
défilent sur son inconscience : vingt-et-un, l'an
passé, avec prince, cocher, pasteur, garçon de café...

A Londres, certaines détraquées lancent les ci-
garettes de thé pour remplacer le tabac; d'autres
se font tatouer sur les seins, cartes vivantes du
Transvaal.

C'est à Paris surtout que se créent, se développent et meurent les bons trucs mondains. A Montmartre, la demoiselle Luna parcourt la butte, nue,
le derrière barbouillé de râclures de palette; celle-
ci s'illustre par l'hiératisme de ses traits sous le flot
des absinthes.

Les courses de chevaux possèdent des illustrations plus aristocratiques : les Sorel, les de Va-
rennes, Labounskaya la danseuse, Adèle Richers
l'infatigable, Poupette Ryss, une rieuse à remon-
toir, Dinah la blonde, Damuzeau la rigide, Orlandi
aux gazes parfumées, miss Langtry, professionnal
beauty; Katinka — célébrités du rush.

C'est l'armée du luxe, la femme d'entrain et de
gaieté qui donne à Paris son allure, qui se fiche un
peu des revendications et qui ne respire que pour
plaire « en tout et partout ».

Mais dans le grand monde, des gloires plus solides, des talents moins frivoles se sont formés.
Depuis dix ou douze ans surtout le vent souffle, en

ces parages inconnus des vaches enragées, du côté
de l'art : lettres, peinture, musique. Elles cultivent
les belles-lettres et les arts, amateuses adroites quel-
quefois, rarement artistes; leurs conceptions sont
vagues, leurs moyens rétrécis. Adulées, grisées par
le perpétuel et émolient encens des salons pour
lesquels elles produisent, la prétention est généralement ce qui leur manque le moins; elles s'imaginent que, du bout de leur gant blanc, elles touchent à l'idéal.

D'autres, moins douées, sans chercher la *création*,
piochent tout simplement la déclamation et le main-
tien sur planches avec mademoiselle Bartet où madame Amel, interprètent; on dit qu'elles ont « man-
qué leur vocation » et qu'il est sincèrement regret-
table pour l'art dramatique que le hasard des nais-
sances les aît emprisonnées dans des rentes infé-
condes.

De très grandes et honnestes dames, riches, chan-
tent à ravir les abonnés âgés de l'Académie Nationale — gens qui, assure-t-on, s'y connaissent, et
dont elles peuvent vraiment s'enorgueillir d'avoir
les suffrages.

Il y en a qui s'occupent d'œuvres philanthropi-
ques, font même quelque bien; on en cite qui font
de la politique ou du féminisme. Beaucoup plus
écrivent et colorent des toiles.

Tel est le bilan du grand monde sérieux qui
comprend à peu près l'équilibre de l'esprit cultivé
et du confort, l'alliance raffinée du luxe et de l'intelligence. Productions, occupations, passe-temps,

talents qui n'ont rien de transcendant, mais qui peuvent être agréables, amusants parfois, parce qu'ils sentent la femme à plein nez, sans arrière-goût de bas de couleur ciel, superficiels, gentils en leur médiocrité, subtils, ainsi qu'un parfum qui se dégage du corsage, œuvres qu'on ne discute pas, hors le salon, parce que l'acteur est plaisant, improvisations délicates que la critique n'effleure que poliment, destinées à s'user vite ainsi qu'une fanfreluche de soie, à s'éteindre au premier caprice qui passe et au premier bébé qui vient.

Tandis qu'elle pousse ses gammes, charge sa palette, taille ses plumes, la femme riche et la bourgeoise cossue ne pensent point à mal; ça vaut toujours mieux que de cascader ainsi qu'une princesse, fille de roi désœuvrée.

Le palmarès du monde s'enorgueillit des succès de mademoiselle Le Chevalier de Boisval : *Paul Paul c'est l'esprit!* opéra comique dont elle dirige l'exécution et les interprètes dociles. Nous voyons *Euterpiana,* œuvre musicale de la vicomtesse de Trédern; c'est le *Baiser du Prince,* donné par mademoiselle Marie-Anne de Bovet, bleuette qu'elle joue spirituellement en personne, devant un parterre princier d'où émergèrent, pour une fois, les profils du président Loubet et du ministre de Chine. Madame la comtesse de Tramar écrit une comédie, *l'Agrafe et les Bottines,* et madame Lafont, nièce d'Ambroise Thomas, tire des scènes d'un roman de Cherbuliez, les interprète, tandis que madame Moncrieff cultive la pantomime.

Déjà mademoiselle de Beauharnais faisait la comédie avec madame Murat, tandis que madame Garat chantait la romance.

Aujourd'hui on joue la comédie dans tous les salons bien entretenus et dans les châteaux les mieux achalandés. Chez madame la baronne du Mesnil on joue l'*Etincelle*, qu'interprète la maîtresse de la maison; chez madame de Chennevière on minaude les Wekerlin et l'on applaudit la marquise de Liniers et la baronne Decouz dans des rôles de tenue; chez madame Hochon on distille une revue signée d'Uzès.

Les plus grandes dames ont même un goût prononcé pour jouer les revues de fin d'année, pour leurs invités, bien entendu, ou pour les pauvres; madame Cuénod-Eynard représenta, dit-on, une commère à la diction sûre et au costume bienséant; mademoiselle de Fleurigny imite Sarah-Bernhardt.

La décentralisation à outrance a gagné la province où les revues d'amateurs font fureur. A Lyon, chez la comtesse de Pina; à Poitiers, chez la comtesse de la Boutetière. Que sais-je?

La *Vie de Bohême* — ô joie des contrastes! — est sanglotée dans un cadre extra-riche par la comtesse de Kessler sous l'œil d'un illustre metteur en scène; madame la vicomtesse Malitor récite des vers, imitée par toute une nuée des élèves de mademoiselle Reichemberg; chez la comtesse de Laincel-Vento, on fait tourner les tables et les chapeaux. Plus poétiques, la belle madame la comtesse de Noailles, la baronne de Bage, la baronne Deslandes déclament avec une aristocratique conviction les poêmes qu'elles daignent composer pour d'aristocratiques oreilles. La comtesse Pillet-Will, la baronne Decouz trouveraient sans peine des engagements sérieux, si leur fortune ne leur permettait pas de jouer la comédie en des châteaux ou chez madame de Trédern.

Et madame la duchesse de la Roche-Guyon, madame Dalarue-Mordrus font des vers... à l'instar de madame Rosemonde Rostand.

Madame Aubernon de Nerville avait des visées plus grandioses; rue Montchanin, elle établit son théâtre, avec rampe, coulisses et accessoires. Eprise d'art dramatique, madame Aubernon conviait le Tout-Paris des premières et des répétitions générales. *Rabagas* y fit fureur : on assure que M. Claretie a noté là certains effets destinés à compléter ses traditions. Mais ne blaguons pas; cela ferait plaisir à madame Néron, qui nous apprend malicieusement que de Goncourt s'en réjouissait déjà.

Et quoi? n'a-t-on pas représenté dans un salon *Solness le Constructeur* d'Ibsen, et mademoiselle Funck-Brentano n'y remporta-t-elle point ce qu'on a appelé un « véritable triomphe » ?

Le chant a des prêtresses plus nombreuses que la littérature : les *Stances* de Flégier possèdent un flot d'interprètes sentimentales.

Rien n'empêche en effet les dames du monde de posséder le larynx des rossignols; à part la méthode, le style et le sens des nuances qui leur font défaut presque toujours, elles arrivent par la vul-

garisation de ce temps à lutter, sans trop de désa-
vantages apparents pour les profanes, avec nos
bonn_s artistes. C'est ce qu'on appelle les « délas-
sements musicaux », parce qu'ils reposent des
grandes fatigues (?).

Madame la vicomtesse de Trédern, constamment
jeune, tient toujours le record et se surpasse encore
dans l'interprétation du Gounod; la blonde et sé-
millante noble dame développe son activité lyrique
et dramatique aussi bien à la campagne, à Brissac,
qu'à Paris; grâce au concours d'une répétitrice dévouée, au soutien d'un orchestre, le *Cabaret d'Eu-
terpe* de la place Vendôme réunit tout un monde
de mélomanes bizarres où la cabaretière fait toujours florès. C'est aussi la comtesse de Guerne qui
la serre de près; madame Kinen, mezzo dont on
vante fort les cordes basses, et sa sœur, madame
Eustin, que l'Amérique nous ravit; madame la
comtesse de Maupeou qui rehausse de ses titres les
programmes éclectiques du violoniste Lefort; la
comtesse de Fontenailles, aux modulations expressives; madame de Bénardaky, madame de Morat,
aux ardentes vocalises; mademoiselle de Rouville;
la marquise de Saint-Paul et ses points d'orgue;
mademoiselle d'Aguian; c'est miss Stéphenson, bien
d'autres encore, aux succès moins notables et moins
répandus dans la presse artistico-mondaine. Miss
Dainell et miss Louther, la baronne Scotti, madame Kireevsky, la baronne Auzon-Caccamisi, idole
de la reine Victoria; madame Ratisbonne et la
baronne Boissy-d'Anglas, dans les ariettes de Cha-

minade; madame de Tubino; madame Solman, exquise dans le genre boléro; madame Burrows et la baronne de Kerbrech, madame Sigall…… Que les oubliées m'excusent.

La musique instrumentale fait moins de renommées : il faut travailler davantage; on cite timidement le piano des princesses Brancovan et Bibesco, les arpèges de la vicomtesse Vilain XIV, le violon de la marquise de Sandoz, l'orgue de madame Poirson, les doigts de madame Jameson et de la comtesse de Chaumont-Guitry, la guitare de mademoiselle Chopmann.

Il y a aussi les petites exhibitions vocales organisées à la messe, le dimanche, dans les villes d'eaux; le curé les provoque pour la recette, autorise, malgré l'archevêque, les demoiselles à vociférer dans le chœur. Et c'est une averse de morceaux étranges, une débâcle d'*Ave Maria* et de *Rameaux* acidulés, glapis avec conviction aux accompagnements d'un harmonium poussif qu'écrasent les deux orteils féroces de la pianiste du lieu. O Widor !

A la mer, j'ai vu des spectacles terrifiants, organisés pour venir en aide au personnel de l'établissement des bains; ça partait d'un bon naturel, mais que faire en présence des huit mains de mesdemoiselles V…, X…, Y…, Z…, écorchant ensemble — ou à peu près — la symphonie en ut mineur. O Reyer !

L'art de la peinture a, malgré tout, la préférence. On se demande, à voir la quantité d'amateurs arrivés à quelques résultats, ce que les artistes peintres de profession peuvent bien faire de ce qu'ils produisent; on se demande qui peut acheter des tableaux aujourd'hui.

Depuis que la princesse Mathilde s'est mise à laver des aquarelles, feuille entière, que la reine Victoria s'est amusée à faire l'admiration des dames de la Cour à Chicago, peignant à l'eau, à l'huile, des paysages, des chiens, ses secrétaires ; depuis que la baronne de Rotschild s'est mise à taquiner le jaune d'or, sa couleur favorite, ce fut une pluie torrentielle d'huile, d'essence, de vernis, des orages de gouache, fusains et pastels.

Il fut nécessaire de fonder une société des « amateurs » où l'on expose des choses qui ne sont ni mieux ni plus mal qu'ailleurs. Et l'on voit s'étaler dans les galeries les plus chic, entre les Boudin, les Corot et les Carolus Duran, les produits de dimensions variables dûs aux brosses de madame la duchesse de Chartres, madame la comtesse de Sauvigny, mademoiselle de Caraman-Chimay, la duchesse d'Estissac. Le marché s'encombre des œuvres légères ou compendieuses de la princesse Bariatinsky, de la princesse Valdemar de Danemarck, de la duchesse de Vendôme, de la comtesse de Flandre de la comtesse de Greffulhe, de la comtesse de Mainville, de la baronne d'Alégny.

Que diable voulez-vous, qu'à côté d'un Gotha pareil, puisse vendre un pauvre bougre de rapin qui a du talent, mais qui signe Durand ou Dupaquet?

Puis des Américaines rigolo se sont découvert des dispositions pour le découpage des silhouettes en noir sur fond blanc.

La princesse de Galles, elle-même, avant d'avoir gravi une marche solennelle, exposa des œuvres de sa composition : des chaises et des tabourets qu'elle rabota en collaboration de ses fillettes. Naturellement, les ladies s'extasièrent et naquit le développement de l'art pratique — ce en quoi, d'ailleurs, elles font preuve du meilleur bon sens féministe.

Miss Sybill étudie d'arrache-pied la cordonnerie d'art, dessine et met au point des bottines et pantoufles artistiques; que cela est loin de la vulgaire savate en tapisserie!

Moins pratique, madame d'Uzès trouve le temps de réaliser quelques conceptions sculpturales : son poète Gilbert a déniché son coin à Fontenay-le-Château; sa *Notre-Dame-des-Arts*, parée de tous ses attributs, s'est accrochée à Pont-de-l'Arche.

La marquise de Lorne manie la glaise et destine à la cathédrale de Manchester la statue garnie de la reine Victoria, sa mère. La comtesse de Boulaincourt monte des fleurs artificielles, la comtesse de Miramon-Fargues brode.

Et ainsi se réalisent les conseils poétiques de M. Fournier-Sarlovèze :

Peignez, sculptez, lisez, chantez également.
Retrempez votre goût à des sources meilleures,
Et vous trouverez là plus de plaisir souvent
Que dans le potinage ou le thé de cinq heures,
En tout cherchez le beau et combattez le laid.

Remarque singulière en passant : les femmes, dont les doigts sont si souples, si adroits, dont les poignets sont si habiles, n'arrivent à faire que de très médiocres équilibristes et de mauvaises prestidigitatrices ! navrant.

En France, les mondaines délaissent plutôt l'art de la politique — une preuve de goût ! Et puis, tout le monde ne peut pas frayer chez M. Deschanel. A peine quelques salons politiques construits sur le modèle du salon de la comtesse de Beauharnais, cette noble policière à qui Napoléon faisait 30.000 francs de pension par an pour présider deux fois par semaine une table de douze couverts.

On conçoit que n'ayant à recueillir que des miettes du gâteau, elles éprouvent pour ce sport équivoque quelque dépit. Il y a lieu de les en féliciter, elles y perdraient leur auréole. Au surplus, leur action sur les hommes politiques s'exerce aujourd'hui par d'autres considérations qu'il y a un siècle ; la Patrie n'est guère plus souvent en jeu et il ne s'agit guère que de bureaux de tabac, de passe-droits, de faveurs, d'un financier à faire filer, d'une recommandation à obtenir, d'un créancier gênant à berner, d'un fonctionnaire à suborner. Les madames Roland de cette époque excellent en toutes ces ficelles.

A part les féministes fortunées qui préconisent l'art de former des congrès, des associations, voire même des complots monarchiques, ou qui, comme madame Schmid, organisent des garden-conférences dans leurs villas, comme la baronne Reille conduisent les manifestations religieuses, les femmes du monde ont le très grand bon sens de ne point s'enlaidir au contact des vilaines choses de la politique.

En Amérique, en Angleterre même, il en est autrement. Les grandes dames aristocrates s'enrôlent en des ligues diverses, agentes électorales passionnées, discoureuses à tapage, énergumènes de meetings. Londres possède les dames de la *Ligue*, comme Paris possède les dames de la Halle, également fortes en gueule pour l'écoulement des marchandises échauffées. La duchesse de Marlborough, la comtesse douairière de Mayo, lady Poltimore, miss Balfour, la douairière lady Westburn, lady Dunsdale, miss Nevill et tous les grands noms de la Grande-Bretagne manifestent publiquement, au moins une fois par an, leurs préférences sociales et politiques. Bien d'autres mondaines se font connaître dans ce féminisme militant, encourageant le mouvement de leurs fonds, de leur propagande, de leur voltigeante activité, telles lady Oberdeen, présidente des garde-malades diplômées; lady Carlisle, lady Dilke. La princesse Hélène, fille de la reine Victoria, dévore le royaume de son féminisme pieux; la princesse Wiszniewska préside la Ligue des Femmes pour le désarmement intégral avec la baronne de Suttner et madame Flammarion.

Le salon purement littéraire qui fit l'orgueil du début du siècle passé, est lui-même bien démodé. Malgré le flot envahissant des savantes, malgré les brevets, les beaux-esprits se sont faits plus nomades et répugnent à discuter en la prison classique des quatre murs des parlottes mondaines. Est-ce l'influence du développement des sports, de l'amateurisme et du système Sandow, est-ce la diffusion prolétarienne qui fit de ce jeu plaisir tombé dans le domaine public, est-ce le temps qui manque? On voit les antiques salons où l'on cause s'éteindre, somnifères et dégonflés, sans que des acquéreurs prennent la suite du fonds, au grand chagrin des Immortels sans prestige réduits à mettre leur prose au service de la *Patrie Française*, à rehausser l'éclat des mariages présidentiels, à déplorer la faillite de ces vélodromes de la pensée où s'égaraient, sous l'œil des femmes, les divagations les plus vaguement inutiles.

Après le salon de mademoiselle Contat, ceux de madame Aubernon de Nerville et de madame Beulé résistèrent quelque temps; ceux de madame la vicomtesse de Jauzé et de la vicomtesse de Germiny s'efforcent de continuer la tradition. Cependant le temple politico-littéraire de madame Adam est toujours debout — potager parisien qui se dessèche à la concurrence des thés de cinq heures chez madame de Marsy. Chez madame de la Tombelle, on déguste des romans où l'auteur se peint elle-même, et l'abbé-député Lemire s'abandonne avec une compétence inattendue à traiter à fond le sujet de « La Femme » dans les galeries somptueuses de madame la baronne Piérard. Peut-être, l'abbé-législateur arrive-t-il, à l'aide de projections lumineuses corsées, à prouver l'excellence de son système.

Notons, pour en finir avec ces crépusculaires littéro-bavardages, les salons bien parisiens de madame de Saint-Victor, où fréquentent des martyrs immortels de l'éternel Dictionnaire, de mesdames Hochon et de Caillavet.

En somme, toutes ces récréations sont passe-temps de femmes d'esprit et peuvent offrir un intérêt de culture et de décentralisation artistiques, quand elles sont conduites sans vanité et sans outrecuidance.

Les mondaines font aussi le Bien, en s'amusant : ventes de charité, bals avec buffets plantureux et charitables, représentations à bénéfices, réjouissances au profit des estropiés de la veine, spectacles dans l'intérêt des rachitiques ou des hydrocéphales, quêtes publiques.

Tout prétexte est bon pour paraître et rire en société; elles en découvrent de bizarres et d'inédites. Ici, en cette plage presque bretonne, il s'agit d'installer un abreuvoir public pour les chiens et les chats des environs; vite une soirée, où dans l'effarement des costumes d'été, on sautera, on dira des vers ou des chansons à faire hurler les bénéficiaires.

A Cannes, les fêtes de bienfaisance tombent comme grêle. En voici une, ma chère, qui ne fut pas démouchetée... Oui, ma chère, sous le patronage de la duchesse de Doudeauville, née Colbert; comtesse Chandon de Bréailles, baronne de Charette, princesse Czartoryska, comtesse de Guigné, comtesse d'Harcourt.

Et le programme! Savourez le programme, ma chère.

Tableaux vivants

Les tableaux, tous vivants, sont représentés par des dames et jeunes filles du monde.

Premier tableau. — Milton, d'après Munkacsy. Madame Hamon, madame Marche, madame la comtesse O. Brien.

Deuxième tableau. — Dante et Béatrice.

Troisième tableau. — Sapho, d'après Alma-Tadema. Madame Campbell, comtesse de Chabannes, comtesse O. Brien, baronne Baude, mesdemoiselles X.......

Quatrième tableau. — Chant du soir.

Cinquième tableau. — Sainte-Cécile.

Sixième tableau. — Repas champêtre.

Septième tableau. — La Ronde.

Huitième tableau. — L'Impératrice Joséphine. Madame la comtesse H. de Pourtalès.

Dans un autre ordre de préoccupations, la princesse Wiszniewska monte une comédie de Scribe avec mademoiselle Fould-Stirbey dans le rôle de Marguerite, au bénéfice de la Ligue des Femmes pour le Désarmement.

Ce sont les kermesses, les farandoles de la princesse Caroline de Bourbon et autres nobles dames, pour subvenir aux misères des localités qu'elles habitent.

Certaines font le bien avec le trop-plein de leurs fortunes : madame de Hirsch lègue une rente considérable aux pauvres gens; la duchesse de Trévise, la marquise de Saint-Phalle, la comtesse de Guesdon jettent les bases de l'association charitable des Femmes du monde ; la baronne Burdett-Coutts emploie son bien à aider les jeunes filles pauvres.

Les chiens, qui possèdent un abreuvoir à Dinard, exercent la sollicitude particulière des grandes dames ; à Londres, c'est la duchesse de Portland et la Reine qui font construire un hôpital ; c'est la baronne d'Herpent qui les dote d'un refuge-ouvroir à Levallois ; la comtesse de Samoïloff leur offrait le spectacle et le bal, ornés de bijoux ; madame Couover est l'amie des chevaux, et cette dame de Fribourg donne 15.000 francs pour tuer le bétail sans souffrance.

La marquise du Plessis-Bellière institue le Pape son légataire universel, tandis que mademoiselle d'Erlincourt, plus pratique, fonde la Maison du Soldat.

Les Galeries de la Charité sont à la mode; on s'y arrache les comptoirs. Environ trois mille fondations charitables vont pouvoir y tenir successivement leurs assises.

Rarement elles s'illustrent en faisant le bien pour lui-même; exceptionnellement altruistes, elles n'ont jamais l'occasion de connaître et de voir la souffrance. Et bien peu sont devenues célèbres à remplir ce devoir de pitié qui, cependant, leur semble réservé de préférence.

Citera-t-on cette princesse Victoria de Galles, la fille du prince de Galles, qui visite les quartiers sordides de la Cité et pénètre dans les taudis où elle paraît se plaire mieux qu'à la Cour? Est-ce la fille de lord Dufferin, lady Blackwood, qui, payant de sa personne aussi, visite les malades? C'est en-

core madame Furtado-Heine avec ses dispensaires,
crèches, villas d'officiers, legs princiers de plusieurs
millions.

Plus rarement encore les riches mondaines se
rehaussent par l'anonymat — aumônes généreuses
entre toutes qu'arrachèrent les ruines du bazar de
la Charité et le naufrage de la *Bourgogne.*

Tel est, rapide, le monde grand et demi.
Mélange humain de qualités précieuses et de tares
féminines, qui passe, bruyant, en cette vie où il
joue son rôle, utile en son luxe, nécessaire en son
insouciance des luttes réservées à d'autres, rouage
forcé d'une société dont il est l'*Inutile,* qui jouit et
qui paye, qui profite et gâche; égoïste, il absorbe
et renouvelle; joueur, il arrose; sceptique, il concilie; ignorant, il nourrit les médiocres; poltron, il
allume les téméraires passions. C'est la providence
des huissiers et des poètes, des morticoles et des
cuisinières, improductive.

Plus discrètes, plus naïves, plus mères sont les
bourgeoises — milieux plus tendres qu'abhorrent
les féministes — sœurs rebelles aux utopies qu'elles
refusent de connaître.

Le devoir et la maternité suffisent souvent au
bonheur de ces femmes. Elles sont le levier de la
vie de famille, le repos assuré de l'intérieur, le couronnement de la journée qui peuvent donner à
l'homme l régularité professionnelle, le calme et le
repos qui rendent durable la fécondité de son esprit, le contraste nécessaire à la véhémence de ses

productions, qui fournissent le but à atteindre dans l'existence, but sans lequel il s'abrutit dans l'absinthe, se détraque dans la noce.

C'est la bourgeoise que madame Debor, une féministe fort en colère, qualifie d' « agent anti-social au premier chef ». Une idée qui fera son chemin, car elle est impertinente.

Le danger que courent les bourgeoises est de se laisser trop souvent atrophier par un sens exagéré de l'économie domestique, absorber, si l'homme ne s'en méfie, par les préoccupations outrée du pot-au-feu et le tracas de la marmaille. Ce qui fait que des fantoches, aux types diversement grotesques, ont égayé la bourgeoisie féminine de cette fin de siècle, si différente pourtant de la bourgeoisie de 1830 et 1848.

Si ses instincts artistiques sont faiblards, la bourgeoise s'assimile facilement tout ce qui touche à l'ordonnancement domestique, imitative à l'excès; pleine de respect pour les fonctionnaires constitués, elle ignore les noms des ministres et vénère le curé; elle lit peu, se laisse diriger par la mode; coquette au dehors, elle adore chez elle rafistoler ses nippes et les user jusqu'à la corde, le matin, en frottant ses bâtons de chaises. Trompe parfois son mari, par besoin d'argent et pour se payer une toilette ou un meuble.

— J'ai trouvé cette occasion ! raconte-t-elle au bourgeois réjoui qui n'y voit que du feu.

Il paie la note, réjoui toujours, parce que sa femme a fait une bonne affaire : 50 pour cent au-dessous de la valeur, une vraie trouvaille dont l'amoureux a soldé la différence.

Sensée, positive dans tout ce qui est le détail de sa vie, elle devient confuse, partiale, s'en tient aux idées bourgeoisement reçues dans toute question qui dépasse la pratique usuelle des évènements; orgueilleuse pour ses enfants pétris de qualités qu'elle ne trouve pas chez les autres, elle tient à jouir paisiblement et à amasser pour eux de quoi en faire des êtres supérieurs à elle-même... et à son mari. De passions moyennes, de goûts moyens, d'une propreté moyenne, la bourgeoise, en mollusque placide, se déplace peu facilement, se séparant avec une peine jalouse des bibelots et de l'attirail qui constitue son hôme ; elle possède dans le fond des veines un peu de sang de concierge et ne déteste jamais la médisance moyenne.

D'une dissimulation et d'une jalousie moyennes, la bourgeoise d'aujourd'hui s'est cependant émancipée; ses mœurs moins pudibondes tiennent à l'éducation modernisée qui leur permet de tout voir et de tout entendre. Il n'y a pas si longtemps qu'un bourgeois aurait refusé de conduire sa femme aux music-halls, aux Tréteaux de Tabarin, au Moulin-Rouge. C'est admis.

Mais c'est l'armée de la Maison, qui fait de beaux enfants encore et les élève, les nourrit fréquemment de son sein, fait des hommes qu'elle livre à dix-huit ans tout armés, prêts pour leur pays, prépare des filles qu'elle n'abandonne dans leur gaucherie qu'avec la dot, lentement arrondie. C'est là qu'on rencontre des âmes charitables, au bien impersonnel : une bourgeoise, cette madame Boucicaut dont le nom s'attache plus aux bonnes œuvres qu'elle a laissées derrière elle qu'au bazar qu'elle a contribué à créer; une bourgeoise, cette madame Pollonais, philanthrope dévouée, médaillée de la Croix-Rouge, éducatrice d'enfants tristes ; une autre, madame Desbassyns, qui inventa les prix aux rosières de Suresnes, modèle adopté par les amateurs de parfums d'oranger. Une autre, madame Degrelle, met au monde quatre filles jumelles que Tarnier présente à l'Académie dans un même berceau — la faillite du mariage, ça?

Madame Alboni, grande artiste et bourgeoise entre temps, lègue aux écoliers de Paris une fortune de 2 millions, suivant l'exemple donné déjà par mesdames Guerrier, Rousseau, Hess, Bourgié. Des bourgeoises, cette anglaise, madame Fletcher, marraine de tous les enfants pauvres du village qu'elle habite ; cette courageuse madame Vincent, qui, avec sa fille, a opéré plus de quarante sauvetages.

Il faudrait citer toutes celles qui s'occupent des œuvres de bien : Madame Michel de Grandpré, fondatrice de l'œuvre des Libérées de Saint-Lazare ; madame Koppe, fondatrice de la Maison maternelle ; madame Kœchling-Schwartz, fondatrice de l'Union des Femmes de France ; madame Pauline Lalot, créatrice de l'œuvre des Loyers du quartier des Ternes ; madame Coralie Cahen, qui vient de mourir dans l'auréole de son patriotisme charitable ; madame Didier, qui ouvrit si largement sa bourse aux blessés et aux malades ; madame Dumont-Jallier, organisatrice d'une œuvre pour l'enfance ; madame Maxwell-Heddle, une canadienne qui laissa 10 millions aux asiles de nuit ; madame Gouin, qui leur donna 400.000 francs ; madame Béquet, fondatrice de la société d'allaitement maternel ; mademoiselle Palla, cette fille du peuple qui recueillit après la Commune les orphelins ; madame Georges Charpentier, présidente de la *Pouponnière* ; madame Couronne, qui lègue une prime aux mères fécondes ; madame Touzin, créatrice du *Souvenir Français* pour l'entretien des tombes militaires à travers le monde ; madame Belœil qui laisse un million à l'hospice de Neuilly.

Et combien d'autres !

« Agents anti-sociaux au premier chef ! »

Et ces choses étaient ainsi en France, sans bruit, sans réclame ; ces femmes vivaient avec la joie d'avoir conçu, exécuté quelque bien. Il a fallu que des esprits inquiets dénaturassent ces éléments simplistes et discrets ; il nous vient maintenant d'Amérique des importations d'agitées, des sociétés, des clubs qui s'étiquettent « Congrès des Mères », où les matrones éprouvent le besoin de pérorer sur les « moyens pratiques pour donner une éducation rationnelle aux enfants, leur inculquer de bonne heure des idées de propreté, à développer en eux les sentiments d'obéissance, de franchise, de modestie... »

Singulier procédé de congressistes à outrance employé par des duègnes bavardes pour donner à leurs filles l'exemple de la modestie ! J'imagine que pour faire des hommes, les mères d'Henri IV, de

Napoléon, de Littré et de Michelet n'eurent pas besoin de fréquenter les fédérations.

Toutefois, les mondaines et les bourgeoises ont commis, depuis le début de ce siècle, un grand crime : elles ont asphyxié l'Amour dans le Mariage.

Préoccupée de redorer un blason dans la jouissance du luxe acquis au commerce des denrées alimentaires ou des ventes de biens, la noblesse paresseuse a troqué ses titres contre le portefeuille; dans l'égalisation rapide de la société mondaine, soutenir l'éclat par le renouvellement continu des rentes a été la cause et la raison des unions financières. On s'est marié pour associer deux noms, deux fortunes, ou un nom avec la fortune.

L'Amour s'est désintéressé de ces chaînes conventionnelles. Puis la bourgeoisie, dans l'essor de son labeur productif, s'est habituée à la somptuosité et dans son horreur des unions libres qui défont ou compromettent le calcul des intérêts composés, elle s'est constitué une moralité étroite et avaricieuse; — elle a bientôt placé le cœur des filles dans leurs poches. Arrière les mariages qui ressemblent à des liaisons nées de l'Amour; place aux contrats authentiques qui décrètent la dotalité des affections, la société d'acquêts des attachements ! On guigne la position faite.

De bonne heure les filles sont mises en garde contre le séducteur du corps et de la bourse et ne sont lancées en liberté qu'avec le jeune garçon sur lequel les vues se sont portées. Ce sont les seules idylles permises aux enfants des villes — idylles séchées aux vents des calculs de probabilités. Encore sont-elles peu fréquentes. Par crainte de l'union sentimentale, on évite que les futurs se connaissent; mieux vaut compromettre les sympathies qui viendront ou non toutes seules, à l'aise, après, que l'union des caisses. Le mariage est l'établissement à commandite réciproque, association de capitaux et fonds de roulement. L'Amour est l'élément gênant, qui trouble les additions et vient dérouter les régimes et les contrats; — on s'aimera plus tard, au petit bonheur. Et les inconnus d'hier, unis dans les liens d'une affaire, associés par le lucre et non par l'entraînement des sens guidés par l'affection et l'instinct des compatibilités, ne se sont pas aimés, le soir des justes noces; ils ne s'aiment point au delà et bientôt ne s'estiment plus. Ils se sont payés réciproquement par l'apport de deux sacs destinés à enrichir les mobiliers et les garde-robes; ils ne se sont pas donnés l'un à l'autre comme deux êtres que rive la reconnaissance des amours libres échangées. Et le divorce est devenu la nécessité sociale, une liquidation après la faillite du mariage capitaliste.

C'est par ces fissures envahissantes que les idéologies féminines ont poussé leurs germes malsains, empoisonnant les fécondes ressources du cœur, consumant les élans de l'âme, profitant du désarroi et des désillusions pour jeter les semences de revendications vaines et contraires au bonheur. Car le bonheur n'est pas dans l'assemblage de bilans, de positions identiques par le revenu, pas plus que dans l'union sexuelle passagère. Il est pour tous, grands et petits, peuple et bourgéois, riches et pauvres, dans l'indissolubilité de l'amour libre, fécondé par l'estime des deux êtres unis, dans ce qu'on appelle la famille moderne et l'altruisme de ses joies. Le bonheur ne croît point — erreur bourgeoise — en raison des richesses qui créent les besoins; ils sont heureux ceux-là seuls qui, dans le mariage, dans l'union libre, fortunés ou travailleurs, ont su trouver l'amour pur et désintéressé, prélude physique et moral des estimes réciproques, l'amour qui fait voir la vie en rose, délivre de l'égoïsme insipide, de l'isolement, qui déprime l'âme, qui embellit ce qu'il touche et fait aimer l'existence, sans haine, sans envie, sans regrets.

L'Amour est la base, la cause, le moyen, le but.

Au reste, mondaines, demi-mondaines, bourgeoises, milieux où les théories féministes auront du mal à prévaloir. Elles n'ont pas le temps d'accorder du crédit à ces machines, ces blocs enfarinés; elles n'ont que faire de batailler, d'engager une lutte dans laquelle leur bon sens les avertit qu'elles n'ont rien à gagner, une guerre de concurrence à l'homme où elles risqueraient leur prestige et annihileraient leur puissance. Qu'ont-elles besoin des armes que fourbissent leurs sœurs amazones? Veulent-elles se rabaisser au rôle d'égales alors qu'elles manœuvrent si aisément et si diversement leurs supériorités?

Au demeurant, mondaines, demi-mondaines et bourgeoises tendent, en se rapprochant, à se confondre, à former la classe unique des femmes moyennes; les premières copient les secondes, les bourgeoises imitent les mondaines — tout ça se tasse insensiblement dans le niveau des vertus moyennes et des talents moyens, des élégances moyennes, des fidélités moyennes — femmes aux idées pratiques, fermées aux subtilités spéculatives, sans souci du passé ni de l'avenir, femmes de race latine sans latin ni grec dans leur sac, impressionnables aux choses du présent, pressées de jouir sans s'inquiéter d'analyser et de connaître le pourquoi des choses, imbues de conventions et de préjugés, mobiles et variables au gré des modes, fanatiques du luxe et du confortable moyen. Cette féminité moyenne gagne la province qui, chaque jour, se parisiennise davantage, devient artiste comme tout le monde à Paris et accueille les actrices.

Ainsi donc que dans les arts, les lettres, les sciences, tout s'égalise ici, naturellement, par la déclivité des mœurs.

VII

AVOCATES

Sous prétexte que les femmes ont le bavardage facile et la langue bien pendue, les intellectuelles dirigeantes ont imaginé de leur vouloir ouvrir la carrière du Barreau :

« Robe sur robe vaut », proclament-elles.

Et à la remorque de ces dames, résolus comme Barthole, un certain nombre de bons esprits ont entonné l'hymne à la conquête du droit de plaider. L'un d'eux, le député Dubois, leur a souhaité à ce propos une agréable réciprocité : « Puisque l'homme avocat porte la robe à la barre, pourquoi la femme avocat ne porterait-elle pas la culotte dans le ménage ? »

Mademoiselle la doctoresse Chauvin s'est fait en ce pays, qui fut longtemps considéré comme le nourricier des avocats, la protagoniste acharnée de la réforme; avec une certaine emphase le congrès de 1889 étudiait déjà la question.

Il faut reconnaître volontiers que l'ordre social n'est pas menacé par l'intrusion des femmes dans

la vie judiciaire et admettre que la présence de
quelques rares personnes à chignon dans le prétoire n'est pas de nature à troubler la paix publique
et l'harmonie du monde civilisé. Il n'y aura là que
de vagues exceptions, quelques sopranos parleurs
dont le grelot aigu n'augmentera ni ne diminuera
sensiblement le nombre des erreurs judiciaires. La
question est toutefois posée ; elle mérite qu'on l'exa-
mine sans trop rire, si l'on peut.

Donc, l'Ecole de Droit a ouvert ses portes aux
demoiselles que tente l'étude des Codes et des Pan-
dectes.

De bonne heure, elles s'en iront par les rues
Cujas et Soufflot étudier les *justes noces* et le divorce, rêver aux développements inattendus que
comportent les adultérins ou simplement bâtards,
pâlir sur les responsabilités du curateur au ventre;
puis, les mystères de l'attentat à la pudeur avec ses
perversions génitales, de l'outrage aux mœurs et de
l'excitation aux débauches mineures donneront à
leurs cervelles des sensations exacerbées. Et ce
sera, plus grave, le cortège des hypothèques avec
leurs purges, des contrats à la grosse, les devoirs
conjugaux expliqués, les paternités désavouées par
l'arithmétique des grossesses; ce seront les murs
mitoyens et les beautés du cautionnement, les assurances, la lettre de change et l'endossement, les
avaries et le jet.

Pratiques, elles voudront brasser leur stage, clercs
amatrices chez quelque avoué retors. Et pour tant
de vertus et de sciences, la Faculté leur octroiera
le diplôme, armé duquel elles vont prêter le serment

qui devra donner à leur voix la liberté, l'autorité, la force nécessaires à la dépense publique.

Pense-t-on qu'ainsi cuirassée la femme puisse faire un avocat ? Singulière idée et singulière conception du rôle social de la Justice et de la Défense en justice ! Le rôle de l'avocat est-il si simple que la demoiselle diplômée puisse le remplir ? Son action est-elle si bornée que, même mûre, la femme puisse l'exercer utilement avec la grandeur décisive qu'elle comporte ?

« La fonction de l'avocat est pénible, disait de son temps La Bruyère, laborieuse, et suppose dans celui qui l'exerce un riche fonds ou de grandes ressources. » Dans la société moderne le rôle de l'avocat est à la fois complexe et généreux, plein de responsabilités, périlleux ; à côté des vertus obligatoires telles que la fidélité et le dévouement, il doit posséder avec le sang-froid, l'endurance et la force indispensables aux luttes ardentes et longues.

Dans le duel judiciaire, les combattants doivent s'estimer avant de se frapper; ils sont indépendants et leur parole ne peut être étouffée. L'avocat est le drapeau vivant et sonore de toutes les libertés publiques et privées; sa voix est l'arme d'attaque et de défense que l'arbitraire et la tyrannie n'ont jamais brisée.

Fauché par les invasions, supprimé par la Révolution, rétabli malgré lui par Napoléon qui, dans sa puissance, voulut qu'on coupât la langue à l'avocat qui s'en servait contre son gouvernement, le Barreau de France mourut et ressuscita avec et pour la liberté qu'il défendit toujours au premier rang. Mêlé à toutes les luttes politiques et sociales, avant-garde du progrès et du droit, il a vu se briser les chaînes et le fouet des despotismes au choc de la vérité parlante, insoucieuse des dominations illégales.

Soutenir le faible contre le puissant, combattre l'erreur, faire triompher l'innocence, arracher aux convoitises déloyales les patrimoines de l'enfant, traverser le dédale des embûches tendues à la crédulité, sauver l'impuissance égarée, dissiper les apparences trompeuses dans l'éclatement de la vérité, fouiller dans l'âme vivante les causes de l'erreur et du crime, trouver les excuses et les tares d'irresponsabilité, sauver une vie de la ruine, rendre à l'existence l'être qui glisse à l'abîme, détourner les sentences qui tuent, donner à la richesse du pays les conseils qui la développent, et à l'épargne, les avis qui la fécondent — telle est l'œuvre sociale de l'avocat.

Pour la réaliser, il lui faut la force, l'ardeur, la réflexion, la connaissance de l'homme, plus encore que la science des textes dont l'application appartient aux tribunaux.

Et ce fut le génie des Berryer, des Chaix d'Est Ange, des Gambetta, des Jules Favre, des Lenté, des Lachaud, créateurs et interprètes, pionniers des intangibles libertés sociales et privées.

La nature de la femme est impuissante à mener une besogne semblable : 1° parce qu'elle n'a pas l'esprit d'initiative suffisant; 2° parce qu'il lui manque la résistance physique et l'autorité;

3° parce que son raisonnement est généralement faux et sa méthode nulle. Combien lourde et périlleuse est la tâche de l'avocat chargé de mener à fin un procès d'affaires. Une fortune est en litige, il s'agit de sauver le patrimoine d'un père de famille, de défendre l'existence d'une entreprise industrielle, de soutenir une société financière; l'avocat est désigné. Les rendez-vous se succèdent au cabinet du maître où les questions les plus diverses sont soulevées tour à tour; il diagnostique et prévoit, après le travail d'assimilation préliminaire; et l'esprit d'initiative lui trace la voie à suivre et le système à employer pour déjouer les calculs et les embûches, pour attaquer au point faible. Puis l'affaire suit son cours, telle une maladie dont les étapes sont précipitées ou normales; les détails s'amoncellent, les mesures préparatoires portent leurs fruits ou tombent sous la parade de l'adversaire; sans relâche il faut suivre les moindres mouvements et composer le dossier, qui, préparé habilement, puis étayé par une doctrine vigoureuse et une jurisprudence appropriée, passera sous les yeux des magistrats, revêtu des couleurs vibrantes de la plaidoirie.

Et le jour de l'audience arrive; la fortune, la vie peut-être du client est dans le plaidoyer qui va résumer, en quelques heures, le travail de longs mois, — résumé décisif d'où peut dépendre le sort du procès. Tout alors concourt au succès : l'attitude convaincue, l'exposé méthodique et sincère, le développement clair du raisonnement, la voix, le geste, l'autorité qui s'attache aux paroles et à la dignité de la personne, les conclusions logiques, la formule des arguments, l'habileté des répliques et l'à-propos des interruptions. Ce travail de l'audience nécessite, avec l'émotion de la responsabilité qui étreint, un concours considérable des forces physiques et intellectuelles combinées; il faut à la fois pour soutenir cette fatigue un larynx éprouvé, des poumons résistants, un cœur solide. La congestion guette l'avocat à la barre, la fluxion de poitrine le guette à la sortie.

La femme peut-elle diriger de pareils débats? Certes, le côté matériel des recherches, l'appropriation des textes, l'œuvre de la mémoire lui sont permis; l'ensemble de l'œuvre est interdit à sa faiblesse native. Maladive, la femme est inégale; son cerveau s'en ressent; nerveuse, elle a ses jours; sans qu'elle sache pourquoi, il est des instants où son raisonnement est inerte, écrasé sous l'instinctive poussée du sang; impulsive, elle comprend à demi; passionnée, elle est imprudente et n'entrevoit les solutions qu'à travers de vagues inspirations, de chimériques conceptions. Sans autorité pour la discussion dans l'intimité du bureau de consultation, quelle action peuvent produire dans la plaidoirie son visage et sa voix? Les ongles ne remplacent pas les arguments et l'obstruction criarde ne supplée point à la logique.

Quoi qu'elle fasse, la femme devient comique dès qu'elle aborde certaines questions trop graves; les mots sonnent creux sur ses lèvres et tout au plus n'inspire-t-elle que l'étonnement quand elle se mêle de disserter de questions abstraites.

Mais là où la femme est au-dessous de tout, c'est lorsqu'elle s'avise de raisonner. Son raisonnement est faux soit au départ, soit au milieu, soit aux conclusions; on dirait que le lien qui unit logiquement les idées se trouve à un moment quelconque coupé, détruit; sa pensée passe d'une idée à une autre par le hasard des associations mnémoniques; intransigeante dans l'erreur, elle s'y enfonce par entêtement, incapable de suivre la démonstration précise; elle s'agrippe aux détails sans intérêt pour les mettre en relief au détriment du principe, qu'elle perd de vue jusqu'à l'oublier, et se noie dans les bavardages qui sont chez elle une façon de butiner la surface des choses. Esprit faux, neuf fois sur dix, son flair l'empêche de réfléchir; elle se fie à sa nature impressionnable qui lui facilite sur tout des idées préconçues, au hasard.

La loi ne doit pas permettre que de semblables esprits se fassent les représentants officiels des intérêts du justiciable; la loi est égale pour tous, la défense doit l'être aussi, et la loi ne peut admettre qu'un plaideur soit officiellement mal défendu, même s'il le veut.

Que dire des procès où se joue l'honneur ou la tête d'un citoyen? Un homme est arrêté, accusé, jeté dans la pénombre d'une cellule, éloigné de tous, au secret, arraché aux siens et au monde, subitement. Un homme comme lui a reçu de la loi le pouvoir terrible de l'interroger, de le confondre, de le condamner. Les charges s'amoncellent sur lui et dans cette lutte dont on a si souvent et si juste-

ment dépeint l'inégalité, tout se retourne, s'inter-
prête contre lui, réponses maladroites ou silence
de l'aveu.

Un être seul accourt auprès de lui : l'avocat.
C'est le soutien qui va consoler, qui donne l'espérance, qui porte dans les plis de sa robe la liberté
entrevue. Il est plus qu'un confesseur, il est le
sauveur à la fois. Les secrets les plus intimes, les
plus effroyables lui sont confiés — poids qui soulage — pour qu'il s'en serve, manœuvre et les conserve ainsi qu'un dépôt sacré après le jugement.
Et ce sont les longues controverses chez le juge
d'instruction, adversaire redoutable armé du pouvoir discrétionnaire, confrontations, reconstitutions,
autopsies, analyses, expertises, etc. L'audience est
plus impressionnante et plus décisive; ici, tous les
moyens sont permis au défenseur, toutes les ficelles
sont bonnes pour arriver au but, tous les caboti-
nages sont permis, tous les entraînements feints ou
sincères sont honorables et toutes les ruses sont de
bonne guerre contre le Procureur.

On comprend dès lors que la voix, la prestance,
la physionomie, le geste aient devant le jury leur
valeur spéciale; l'œil fixe de Lachaud eut sa part
dans les succès du maître. Ici la logique n'est plus
toujours essentielle et le cœur du juré s'accroche
à d'autres ficelles; mais il faut la chaleur qui per-
suade, avec la bonhomie qui calme les effrois ven-
geurs, la conviction qui émeut et détourne les co-
lères, il faut l'action du mâle, la suggestion du
mâle qui entraîne le mâle et ne lui permet pas de
réfléchir, l'élan qui efface le sujet dans l'oubli mo-

mentané de tout ce qui n'est pas générosité et pardon.

Un assassin fut un jour convaincu de meurtre; à côté, d'ans une chambre voisine, se trouvait un homme que le Parquet poursuivit comme complice. Lachaud le défendit. À l'audience, des témoins affirmèrent que le bruit de la lutte dût être entendu à côté ; la condamnation menaçait d'être certaine. Lachaud plaida; son œil lui révéla que ses arguments ne portaient point ; cependant les jurés écoutaient, suspendus à ses lèvres. Subitement, il s'écrie : « Savez-vous, messieurs, quelle heure il est ? » D'instinct, tous les yeux se fixent à l'horloge qui marquait alors cinq heures et quelques minutes; et Lachaud triomphant : « Pas un de vous, poursuivit-il, n'a entendu sonner les cinq coups réguliers ! Vous étiez ici, mais vos pensées étaient absorbées par d'autres soucis. Quoi de surprenant que mon client, tout voisin qu'il fût de la scène du crime, n'aît point entendu ce qui se passait dans une pièce à côté?... »

L'homme fut acquitté.

Bien réglée, la tirade pathétique force souvent son but; encore faut-il qu'elle s'accommode avec tact et ampleur des lieux communs qu'elle fréquente d'ordinaire. C'est là qu'excellait le *père* Lachaud, c'est elle qu'ont rajeunie avec succès les Demange, les Danet, les Labori.

Imagine-t-on l'effet produit par les tirades de Charlemagne, le monologue de don Carlos ou la scène des Portraits d'Hernani déclamés par la voix d'une femme? Quelque chose comme l'air des Bijoux transposé pour contrebasse.

Le plaidoyer d'assises exige de telles qualités physiques et rend ridicules ou insuffisants, relègue au dernier plan ceux qui n'en sont pas doués; la responsabilité du défenseur est telle alors qu'il commet une faute en se risquant.

Que dire des procès politiques? Les excès de la grève défendus par une virago! Une pucelle soutenant Dreyfus contre les états-majors! La Haute-Cour serait capable de s'ériger en tribunal permanent, avec commissions de Pères Conscrits, comploteurs de procédures inattendues, aux prises avec les agaceries des successeurs de Berryer, de Jules Favre et de Gambetta.

Et c'est sous le prétexte de lui donner « l'égalité économique et d'être maîtresse de développer librement sa personnalité » que les parlementaires lui ont accordé le droit de remplir une fonction incompatible avec sa « personnalité ». Si théoriquement l'idée est agréable à soutenir à la tribune, chez madame Adam, entre le camembert et la mandarine, pratiquement l'exercice de la profession d'avocat est aussi impossible pour la femme que celle de l'officier de dragons. Peu importe qu'une loi l'habilite à plaider, peu importe une concurrence d'ailleurs insignifiante, peu importent les sophismes, elle se heurte au butoir de sa nature et, à part quelques causes d'exception, elle peut bavarder, non plaider.

Plaider? Il suffit d'avoir eu l'occasion d'en entendre une plaider sa propre cause. C'est l'entêtement aveugle noyé dans le gâchis ou le flot de paroles, l'horrible attitude du bafouillage, un bouleversement incompréhensif des arguments, un choix baroque de preuves, la discussion plongée dans l'inutile détail, obscurité des moyens, absence de méthode, quand ce n'est pas le mensonge voulu ou instinctif — bête noire du juge forcé d'oublier tout cela pour se réfugier dans les cotes du dossier.

Restent les journées passées hors du foyer. Les travaux du Palais exigent l'assiduité, les déplacements, les voyages brusques, les va-et-vient de couloirs — considérations générales que nous avons déjà envisagées.

Noterons-nous seulement certaines obligations, quelques pratiques de métier où la femme serait particulièrement grotesque. Jolie, sera-t-elle l'objet des mines tendres du magistrat galant — type *high life* du juge moderne? Et si elle cède, la balance ne penchera-t-elle point à gauche? Et le plaideur de droite! et la dignité du prétoire!

Puis quels scrupules confraternels lorsqu'il s'agira pour l'avocat mâle et bien monté de communiquer ses pièces à la demoiselle?

Et les situations intéressantes, les abdomens boursoufflés :

— Je demande la remise à quinzaine pour cause des nausées de ma consœur...

— Accordé, déclare le président... pour l'enfant! Conseillez les purgatifs.

C'est la suppression du secret de l'heure exquise!

Combien savoureux un dialogue de cette nature à l'audience entre le président, l'avocat et l'avocate!

— M. le Président, je demande la fixation pour plaider à quinzaine.

— Impossible! murmure l'avocate, je prévois pour cette date une impossibilité mensuelle.

— Accordé... pour la bonne règle! ordonne le Tribunal.

Et les fameuses réunions de colonnes où, dans le recueillement du stage, les maîtres expliquent aux jeunes les prescriptions professionnelles!

Quelles joyeuses parties de flirt avant l'ouverture des audiences et quelles parties d'écarté, à la buvette, entre deux causes! Et les détails obscènes du huis-clos, les pièces à conviction, les gravures à double détente, les initiations, les confessions intimes au faux jour des cellules closes, supplices avivés des prisonniers sevrés de femmes en de longs mois...

Et la coquetterie de la robe noire sur le corset, les platitudes et les redondances, les effets de toque sur les frisons, les bigoudis, les chignons.

Et les consultations falotes dans le cabinet de ces dames! Sans compter qu'avec la collaboration de secrétaires appropriés elles n'auraient rien à craindre des descentes de police. Le cabinet est inviolable. Quelles noces, messeigneurs!

Un matériel disposé permettrait d'étudier sur le vif les questions de plus haute pratique, telles que le point de savoir si l'adultère commis sur un mur mitoyen tombe sous l'application de la loi pénale pour le mari, ou encore les effets relatifs de l'impuissance sur le mariage et le divorce, l'étude comparée des linguistiques judiciaires, les conséquences du lapin judiciaire ou séduction par promesses fallacieuses. Sous l'œil de la patronne, qui n'hésiterait point, en cas de presse, à mettre la main à la pâte comme la femme de l'auvergnat hôtelier, on préparerait les dossiers et au besoin les chevets — succursales de l'Erèbe ou la traite des licences en droit g .d. g.

Dès lors très désignées pour le bâtonnat — bâtonnières, pourquoi pas? armées du bâtonnet de saint Nicolas, fameux doteur de filles.

Et le supplice du secret confié! Que sais-je encore? Le mari ou la camériste portant la *chemise* de madame, les conciliabules d'amies dans les parlottes, les échos rabelaisiens des Pas-Perdus, les blagues de vestiaire où l'avocat se soulage en remisant avec l'hermine, la langue de Cicéron.

L'avocate, fille de Saturne, remplacera-t-elle sur le siège le magistrat absent pour compléter le tribunal, substitution momentanée prévue par la loi? Dans le cas où l'avocat le plus ancien à la barre devra rendre la justice comme assesseur, la femme devra-t-elle décliner son âge et s'astreindre au même service? Quelques irréductibles admettent cela par la raison que les femmes jouissent de leurs droits civils. Les féministes eux-mêmes n'osent aller jusque-là et la Chambre des Députés a consacré ce manque de logique plaisante, créant ainsi des avocates incomplètes, décrétant des indignités sur la conformation des hanches.

D'autre part, elle se mariera difficilement — ça, c'est son affaire! Mariée, elle est soumise à l'autorité maritale et à l'obligation de suivre son mari. Or, ou bien le mari de l'avocate vivra, se croisant les bras ou soignant le ménage, du travail de son épouse, et sa triste situation rejaillira sur celle-ci, amoindrie aux yeux des confrères et de la clientèle; ou bien, le mari de l'avocate exercera lui-même une profession, et le foyer désert exigera la présence effective de la belle-mère ou d'un maître-d'hôtel — mettons simplement celle d'une bonne avec toutes les splendeurs du service librement intégral. Et les enfants? L'on voit mal l'homme exerçant un commerce avec le souci d'une pareille comptabilité en partie double, d'un train de maison à l'aventure. Et s'il doit se déplacer, l'avocate se pliera-t-elle au déplacement qui l'obligera à se faire inscrire dans quelque barreau hospitalier de province.

J'entends que les féministes répondent à ces nécessités de la vie normale et bourgeoise; ils disent que l'avocate, comme la sage-femme ou la pharmacienne, pourra vaquer quand même à la direction intérieure, compter avec la blanchisseuse tout comme une autre, descendre à la cave, vérifier le compteur et faire les lampes. Quelle apothéose! L'esprit masculin le mieux trempé serait incapable de transformations et de cumuls aussi complets. Laver le linge sale des clients et celui de la progéniture dans le même baquet, divorcer les uns et raccommoder les jupes, purger des hypothèques et des marmots constipés, s'attarder chez la modiste en allant chez Thémis, marchander des artichauts en revenant de la Santé, rédiger des mémoires et penser à commander de la bière et du coke, classer des pièces, en remettre aux culottes, démêler les chicanes et les tignasses, s'exposer aux audiences de nuit et faciliter au mari des épanchements régu-liers! Combien de françaises auront le courage d'affronter ces aventures.

Conseillons donc à ces personnes de rester filles jusqu'à ce que, dégoûtées du métier, elles jettent leur robe par dessus les codes et les balances.

Le Barreau est une profession d'un caractère quasi-public que la femme ne peut embrasser sans posséder une liberté complète, absolue, incompa-tible avec le rôle d'une épouse et d'une mère.

Quoi qu'il en soit, le Sénat a récemment ratifié le vote de la Chambre des Députés autorisant les femmes à conclure à la barre.

Il est fortement à craindre que ce nouveau « dé-bouché » ne soit qu'un leurre pour les quelques ambitieuses de la science juridique et de l'art ora-toire — quelque chose de bien plus illusoire en-core, de bien plus chimérique que les mirages qui font éclore les institutrices.

Certes moins nombreuses que leurs sœurs de l'en-seignement, les « maîtresses » feront moins en-core et se verront réduites à traîner leur voix la-mentable à la retape du plaideux au rabais. Res-sources pécuniaires? Les pauvres filles feront en ce métier une triste expérience et les infortunées ne mangeront guère tous les jours.

En province, rien de plus à faire qu'à Paris, même à Bordeaux, à Lille, à Lyon, à Nantes et surtout à Marseille. Quelques originaux s'amuse-ront à peine à confier leurs papiers et leurs secrets désirs à l'avocate — minces ressources offertes à son talent.

En résumé, si les femmes prennent ces nouvelles guitares au sérieux — ce qui n'est pas possible, la Française née maline — leur rôle est dès à présent borné aux bavardages inutiles chez les juges de paix, aux réclamations entre couturières et dames momentanément dans la gêne, en un mot à des bouts de proçaillons sans intérêt, à ces broutilles qui amusent le juge et se tirent à pile ou face.

Résultat pratique : des bénéfices nets, patente et loyer payés, pouvant varier de 400 à 800 fr. par an. Si l'on songe que sur 3.000 avocats parisiens inscrits au tableau, il y en a 2.000 qui ne gagnent pas 500 francs par an et 700 qui n'en gagnent pas 1.500.

C'est ce que M. Périller appelle « ouvrir un débouché nouveau ».

Toutes ces considérations ont jusqu'ici écarté, en fait et en droit, les femmes avocates du prétoire.

Le Parlement a décidé de leur offrir ce hochet et de bons esprits prennent la réforme au sérieux.

M. Marcel Prévost, bon théoricien psychologique, pense « qu'il est des douleurs physiques que certaines femmes ne confesseront jamais à un médecin; il en va pareillement pour certains secrets de la vie morale. Une femme n'avoue pas tout à un homme, même quand elle veut, même quand elle croit tout lui avouer. »

M. Marcel Prévost voit ces choses en dramaturge. Dans la réalité des évènements humains tels

qu'ils se présentent devant la justice des hommes,
ces états d'âme — extraordinairement rares — qui
ne se peuvent avouer à un homme, ne doivent
point être plus faciles à avouer à un être du même
sexe. L'âme en péril de mort se met à nu, comme
le corps, à celui en qui elle a confiance, et dans ces
cas suprêmes les sexes disparaissent. Et d'ailleurs,
ces choses que des consciences pudiques ne sauraient
révéler, comment et par quelle étrange anomalie
ont-elles pu les concevoir, les pratiquer ou les accomplir ? Et puis, ces révélations surhumaines
ont-elles besoin d'être absolument dévoilées à l'avocat qui devra les taire ou les voiler devant la Justice. L'expérience de la profession et l'assimilation suffisent à l'avocat pour pénétrer jusqu'où il
convient, s'arrêter où il faut.

« Réciproquement, continue le penseur subtil, il
y a des questions qu'un homme ne peut pas poser
à une femme. Il y a des rôles, en un mot, qu'un
sexe ne peut jouer qu'en travesti, et le travesti est
toujours gauche... »

Ici encore apparaît l'auteur dramatique dans
l'accoutumance de l'optique du théâtre. Si l'homme
ne peut poser à la femme certaines questions, comment le juge pourra-t-il résoudre le problème ?
Pour être logique, il conviendrait d'instituer une
juridiction féminine où la question serait posée,
ainsi que l'on disait dans le procès Zola. M. Marcel
Prévost n'ose affronter une telle responsabilité, car
lui mieux que tout autre a disséqué l'être femelle
et a vu ce qu'il y a dedans.

L'avocat, comme le médecin, s'il est consciencieux et n'a d'objectif que l'intérêt ou la santé de la cliente, peut tout demander, parce qu'ils sont tous les deux soutenus par la grandeur du devoir à accomplir, qu'ils sont blasés par l'habitude et le maniement des saletés, animales ou morales.

L'avocat et le médecin peuvent apprendre de la bouche d'une femme qu'elle est atteinte d'une maladie honteuse, car il s'agit uniquement pour l'un de la débarrasser du mal, pour l'autre de la délivrer de l'auteur. Et la femme peut tout dire, car elle est certaine que celui à qui elle avoue n'a point envie d'en rire et n'a d'autre but que d'enrayer dans le mystère les propagations des misères humaines.

Mais voyons ce qu'on en pense au delà de nos frontières.

Consultée déjà, la Cour italienne répondait ainsi :

« Attendu qu'il n'est pas besoin de mentionner le risque que pourrait courir la gravité des procès, si, pour ne pas dire autre chose, on voyait parfois la toge recouvrant les habillements étranges et bizarres que la mode impose aux femmes et la toque placée sur des coiffures non moins extravagantes; de même qu'il n'est pas besoin non plus de mentionner le très grave danger que courrait la magistrature d'être exposée à la suspicion et à la calomnie chaque fois que la balance de la justice pencherait en faveur de la partie pour laquelle aurait plaidé la femme-avocat. »

Ainsi furent écartées les foudres d'éloquence de mademoiselle Lydie Poët.

Lia Cour de Turin se rappelait évidemment l'aventure de Phryné devant ses juges. Et dire que sa sentence dépendit peut-être des dessous fripaillés de la postulante italienne!

La Cour belge ne fut pas plus galante pour mademoiselle Popelin et s'exprima de la sorte : « Attendu que la nature particulière de la femme, la faiblesse relative de sa constitution, la réserve inhérente à son sexe, la protection qui lui est nécessaire, sa mission spéciale dans l'humanité, les exigences et les sujétions de la maternité, l'éducation qu'elle doit à ses enfants, la direction du foyer domestique confiée à ses soins, la placent dans des conditions inconciliables avec les devoirs de la profession d'avocat et ne lui donnent ni les loisirs, ni la force, ni les aptitudes nécessaires aux luttes et aux fatigues du barreau ».

En Russie, après essai, on n'en veut plus depuis 1876.

Tous les côtés de la question paraissent envisagés sainement et humainement.

La Cour de Paris rendit un arrêt analogue dans le cas de mademoiselle Chauvin et cita à l'appui de sa sentence juridique une quinzaine d'infériorités légales résultant pour la femme d'autant d'articles du code civil. Mademoiselle Chauvin plaida elle-même la portée de son affaire; elle le fit sans ardeur et sans pose, non sans talent.

Que prouve ceci, disent les conquérantes de l'avenir; les avocates n'ont-elles point fait leurs preuves? Voyez l'Amérique et d'autres terres où le sexe plaide!

Et de fait, il existe des pays où quelques femmes exceptionnelles possèdent ce privilège, en usent même sans qu'on s'en doute.

La prophétesse Déborah et quelques jurisconsultes juives expliquaient la loi Talmudique, aux temps du peuple juif; les rabbins se pâmaient.

Phryné plaidait en Grèce, à sa façon, toutes voiles dehors, et avec elle les plus célèbres courtisanes joignaient le geste à la parole; on allait chez Thémis comme l'on va voir au Trocadéro la danse des ventres et la bousculade des sternums.

Quelques dames romaines, sous l'Empire, signalèrent la décadence du glorieux Forum. Une d'entre elles, Caïa Afrania, se fit expulser à la suite d'un petit scandale d'un goût moins artistique que le déballage phrynéen. Ce fut la date, à Rome, du dernier plaidoyer femelle; un historien leur donna le coup de grâce en son portrait de la plaideuse :

« A force de faire retentir les tribunaux d'aboiements inaccoutumés au Forum, écrit Valère Maxime, elle devint le plus fameux exemple de chicane que son sexe ait fourni. Aussi infligea-t-on, comme une flétrissure aux femmes acariâtres, le surnom d'Afrania. »

Nous aurons bientôt un tel spectacle et quelques surnoms à décocher.

Mademoiselle la chevalière d'Eon, dont le sexe parut énigmatique — comme toutes celles qui s'efforcent de singer le mâle — peut être citée comme intermédiaire, ainsi que la belle Novella Calderina qui au xiiie siècle gagnait toutes ses causes.

Mais, de nos jours, il faut avouer que leurs mœurs se sont prudifiées. L'Europe possède madame Akesson, une finlandaise d'un agréable minois; mademoiselle Nanna Berg pratique en Danemark; en Suède, mademoiselle la doctoresse Eschelsson est ornée de diplômes; madame Kempin-Spyri passa son doctorat en Suisse et a fondé à Berlin un cabinet d'agence d'affaires pour femmes, comme madame Pache à Leipzig; mademoiselle Mackenroth a fait connaître au monde sa première plaidoirie devant le tribunal de Zurich; mademoiselle Augspurg, tout en nez, s'efforce de conquérir la barre à Munich; une charmante et riche roumaine, mademoiselle Bilcesco; une seule Anglaise, miss Orme.

En Amérique, elles s'épanouissent et tracent; on cite madame Belva-Lockwood, candidate à la présidence de la République des Etats-Unis; miss Cronise et sa sœur, madame Lutes, dont le mari est avocat et sourd; miss Agnès Robinson, miss Mary Philbrook à New-Jersey; miss Clara Brett, trop jolie pour plaider au Canada; miss Godell, miss Hitchcock; madame Haskell, femme d'un attorney général; madame Foltz; une indienne bon teint, miss Cornélia Sorabji, s'est fait recevoir à Oxford et professe aux Indes; quelques Brésiliennes, les doctoresses Cosla, Maria de Vasconscellos, mademoiselle Coeho.

On raconte que quelqu'une de ces jurisconsultes reçut d'un plaideur aux abois ce gracieux envoi :

Charmant avocat, cher maître,
Heureux parmi les humains
Celui qui pourra remettre
Son affaire entre tes mains.

Ce sont les petits côtés du métier.

Il y en a comme ça environ cent cinquante sur cent millions d'habitants, réunies dans un club des femmes de loi présidé par miss Loew.

Or, tout compte fait, il résulte de l'état de choses actuel que trois Etats européens cultivent l'avocate: la Suède, la Norvège et la Serbie.

Dans notre doux pays, l'expérience va se faire, décisive. Pour le quart d'heure, sur cinq femmes ayant pris leurs inscriptions, deux seulement sont pourvues de diplômes suffisants. Aussi bien, l'écho de leurs premiers succès a-t-il franchi le prétoire de la Cour d'appel où madame Petit d'abord, mademoiselle Chauvin ensuite, prêtèrent le serment traditionnel. Succès de curiosités et d'étonnements! Une foule énorme les escorta dans le majestueux prétoire qui vit pour la première fois l'élégance de la toge taillée par le couturier à la mode, le scintillement des bagues aux doigts tendus, l'ondulation des coiffures pour l'apparat des cérémonies, tous les détails d'une mise en scène inconnue des juristes.

En vérité, beaucoup de bruit pour rien; car le barreau de Paris pensa que cette légère manifestation d'art ne tirait point à conséquence. Et, de fait, tout rentra vite dans le silence; l'on ne vit guère plus la toge du couturier à la mode et ma-

demoiselle Chauvin, d'une modestie très distinguée
d'ailleurs, n'eut point de concurrente assidue.

Est-ce là une preuve que dans les pays très peuplés, dans des contrées où les relations sociales,
commerciales, internationales, sont beaucoup plus
complexes, où l'organisation de la justice subit des
nécessités beaucoup plus compliquées, où les exigences sociales sont très différentes, où les bar-
reaux sont organisés et constitués sur des bases
légales, et fonctionnent comme auxiliaires d'un
rouage judiciaire public, il soit prudent de confier
aux femmes une mission où elles ne pourront
sauf exceptions, qu'être inférieures ou nuisibles?

Il en est de même en Amérique, où les territoires
sont divisés en Etats ayant chacun sa vie propre.
Peut-on comparer notre système judiciaire avec
celui de Rhode-Island ou de l'Ohio? l'organisation du barreau de Paris avec celle du barreau de
l'Illinois? Et cela sans parler des mœurs yankees
qui s'introduisent assez mal à propos dans notre
société mondaine sans qu'il soit besoin de les y
pousser sans discernement par une législation ultra-
snob.

D'ailleurs, ces mêmes pays qui éprouvent le besoin de créer des bavardes se méfient tellement de
la logique et des raisonnements de leurs citoyennes
qu'ils se gardent bien de les admettre à faire partie
d'un jury — même au Wyoming, l'expérience n'a
pas duré longtemps.

Au surplus, la loi n'interdit pas aux femmes de
présenter leur propre affaire. Sans être avocate,
mademoiselle Lacoste plaida sa cause à la Cour de

Cassation en 1807 ; miss O'Carrol fit de même contre la Ville de Paris il y a quelques années. La plaidoirie de madame du Gast contre M⁰ Barboux est la plus récente dans le genre retentissant.

À côté du ministère de l'avocat fonctionnent diverses professions placées entre les justiciables dont elles vivent.

Il faut s'attendre à voir surgir des liquidatoresses de faillites maniant le concordat avec la clôture pour insuffisance ; des femmes arbitres : c'est pour le coup que l'imprévu des décisions judiciaires prendra un essor bien moderne. Il n'existe sans doute point assez d'esprits aussi faux que masculins exerçant cette délicate mission, pour qu'on éprouve le besoin de la conférer à des esprits bien connus d'avance.

Et nous aurons, il faut l'espérer, des expertes en écritures, comme madame Adolphine Pape, à la Cour de Vienne, qui vint apporter l'autorité de sa science infaillible dans l'affaire Dreyfus.

Mais ouvrons une parenthèse.

Il est question d'instituer le jury mixte, composé d'hommes et de femmes pour juger les criminels des deux sexes. Et à ce propos, M. Marcel Prévost affirme qu'il est temps de rajeunir le jury masculin, vieux, usé, flême, ce jury mâle qui acquitte en cinq secs pour être libéré plus vite ; il affirme en psychologue avisé, que l'élément féminin sera le talisman, cette sève régénératrice, ce Duvet de Ninon effaceur de rides.

Allons-y donc pour les dames jurées, sentimentales, capables seulement de s'attacher aux détails

qui apitoient, sensibles. C'est alors que l'ère des
acquittements baroques va devenir plus prospère
encore, que les victimes vont devenir les véritables
accusées :

« Eh quoi ! vous demandez contre ce pauvre
misérable qui a scié son propriétaire en huit morceaux, pour ce pauvre diable qui a dévalisé la
caisse de son patron, pour ce claque-patin pitoyable
qui a pratiqué le coup du Père-François en une
heure de névrose nocturne, pour ce vieux cochon
qui, dans un instant d'irresponsabilité sanguine, a
violé cette ingénue, les rigueurs de la loi, la prison,
la réclusion, la mort ! Implacable et lâche société !

« Qu'était donc ce proprio rapace, assez auda-
cieux pour faire payer à son locataire, avec le loyer,
les impôts qui grèvent la propriété ? qu'était donc ce
patron, gras du sang de son caissier, repu du labeur d'autrui ? Qu'était ce noctambule vieux-mar-
cheur dans l'ombre des rues ? D'où venait-il ? D'où
sortait-il ? De quelque lupanar, sans doute !...
Qu'était cette ingénue de douze ans ? une petite
rouée instruite en quelque catéchisme ratichon... »

Et le défenseur n'aura guère qu'à jouer la vieille
guitare du sentimentalisme pour flanquer le dernier
coup à l'abominable victime dans le triomphe de
l'opprimé que torture le juge d'instruction et le
garde-chiourme :

« N'y pensez-vous point, mesdames les jurées...
S'il a coupé son propriétaire en quelques morceaux,
d'ailleurs peu nombreux, c'est que celui-ci était
coupable... Et puis songez à sa mère, sa pauvre
mère en larmes, à ces enfants sans pain, à cette

épouse qui porte en son sein l'image de mon client.
...Pleurez avec eux, mesdames, vous qui êtes
mères, sœurs, filles, vous qui... que... etc. »

Il est un autre écueil auquel il serait peut-être
possible de songer. M. Prévost, qui veut rajeunir
le jury n'a pas la prétention de faire siéger les
jeunes filles, les jeunes femmes en lune de miel, les
prudes demoiselles, les femmes à peu près honnêtes dans ces affaires scabreuses et malpropres
où se mettent à nu, dans le grand jour du huis-
clos, les vices, les débauches de satyres et les perversions du sens génital. Elles sont environ 30 à
40 pour cent ces affaires, dans les grandes villes.
Quelle utilité d'initier une jeune mère de famille
aux mystères de l'attentat à la pudeur en pisso-
tière et aux outrages aux mœurs d'un sadiste quelconque ?

Mais revenons à nos moutons.

L'huissière sera nommée au concours de laideur
et s'en ira flanquée des recordwomen — horribles
Erynnies — porter l'épouvante avec les protêts, expulser les pauvres diables et glapir, caméristes
d'audience, le sacramentel « Silence ! messieurs ».

Fille du Styx, huissière d'Atropos...

Aux dames-avouées seront réservées de plus nobles besognes ; chez elles, les consultations prendront l'ampleur des réceptions, élégants *five o'clock*
où le thé sera passé par un petit clerc stylé avec
aussi peu de procédure que possible. Les procu-
reuses modernes auront pour patronne cette excel-

lente madame Piloh, femme du Procureur du seizième siècle, dont la laideur fut mise en vers par
les poètes du temps et qui tint tête à Richelieu.

Les féministes ont pensé que, par pudeur naturelle, les notairesses auront moins que les notaires
tendances à lever le pied ; elles auront du moins
l'occasion de porter élégamment la culotte courte et
le soulier à boucle. Et ce sera plaisir de mourir
pour dicter ses dernières volontés à une tabellionne
aux mollets bien moulés sous le bas noir. Au surplus, des clercs avisés rédigeront les actes ennuyeux,
sociétés anonymes — choses que bien des notaires
à Paris dédaignent carrément. Les premiers types
de cette espèce ont apparu et font souche dans
l'Ohio. Au Massachusetts, miss Walton exerce en
qualité de « special commissioner » c'est-à-dire au-
torisée à enregistrer des dépositions, faire prêter
serment et dresser procès-verbaux.

Expertes dans l'art du bibelot, elles vendront
aux enchères à l'hôtel Drouot ou sur la place publique — nous tiendrons la chandelle jusqu'au dernier feu.

Un certain nombre de femmes sont déjà agentes
d'affaires; leurs officines sont très ignorées du public et leur action se limite aux conciliations devant
le juge de paix; encore se concilient-elles le plus
difficilement du monde et n'envisagent-elles les solutions les plus simples qu'à travers l'acrimonie de
leurs humeurs. En dehors de ces commissions à
3 francs la course, elles n'y connaissent rien et sont
le plus souvent gratte-papier ou préposées au gui-

chet de leur mari ; les conseils qu'elles peuvent donner sont aussi lucides que les mystérieuses combinaisons des tireuses de cartes ; elles préparent les petites canailleries, sans le savoir, d'instinct. J'en sais deux qui sont de braves femmes.

Quelques-unes s'occupent, comme Tricoche et Cacolet, de missions intimes et de recherches secrètes (?).

En résumé, la femme d'affaires, l'oratrice, la conseillère expérimentée et pratique n'est point de ce monde. Le « geste féminin » n'est pas celui de la tribune; il est dans la tendresse et le sentiment, — deux qualités qu'excluent la sécheresse des intérêts privés, la rigide abstraction des raisonnements et le scepticisme enveloppant du métier.

Qu'elles gardent leurs joyaux naturels et nous laissent le plaqué.

VIII

COMMERCE ET INDUSTRIE

Le commerce et l'industrie, dans des proportions différentes, s'accordent avec l'activité féminine. Ils divisent celles qui s'y adonnent en patronnes et ouvrières.

Patronnes, elles s'efforcent d'accroître leurs emplois, limités aux métiers compatibles avec leurs aptitudes restreintes ; leur cadre est brillant, mais étroit ; elles en sortent rarement, faute de l'esprit d'initiative et de la conception large des affaires. Superbe dans l'œuvre secondaire, dans la surveillance de détail, dans l'économie des moyens, la femme est ici l'incomparable lieutenant du chef d'entreprise. Ce que Jules Simon exprimait en ces termes :

« Il est deux choses distinctes : le génie commercial, l'esprit d'entreprise essentiellement masculin et l'économie domestique qui répond parfaitement aux aptitudes de la femme. »

Le génie commercial, en effet, est ce qui crée les grandes affaires, ce qui les développe par les créations d'addition, ce qui force les transactions et attire irrésistiblement le consommateur. La femme ne l'eut jamais, sauf bien entendu des exceptions toujours sous-entendues. Sa conception en affaires est étroite et mobile ; étroite, elle ne voit guère de loin ni au loin ; si elle prévoit parfois le résultat direct d'une combinaison, elle n'entrevoit jamais les résultats lointains et indirects pour lesquels elle ne peut se résoudre aux longs sacrifices d'argent ; elle ne connaît point la manœuvre du crédit, elle lésine sans s'en rendre compte sur des détails qui lui font perdre de vue le but à atteindre, en admettant qu'elle l'ait entrevu ; glaneuse sans répit, elle s'attarde aux broutilles sans s'apercevoir que le temps passé est perdu aux besognes importantes ; elle coupe le fil en quatre et rogne sur les portions en compromettant la clientèle ; elle s'abîme et s'entête à éplucher des insignifiances ; inapte à la spéculation, elle manque de cette audace utile au lancement des grosses affaires, fût-ce le cimetière pour chiens ; habile à encaisser, à déposer, elle se résout mal à effeuiller le carnet de chèques, à jeter les grandes semences aux sillons nouveaux ; elle tourne en abeille patiente, dans le cercle des chemins battus et ne se résout qu'avec regret à défricher.

Mobile, elle sait rarement s'attacher les dévouements aveugles qui secondent puissammment les grands chefs ; astucieuse, ses roueries sont cousues de fil blanc et ne s'adaptent qu'à de petites coquineries qui la réjouissent sans gros profit.

Elle est la reine des petits négoces et s'entend admirablement à tenir la caisse avec la comptabilité.

Son rôle s'exerce tout naturellement et avec succès dans les métiers de consommation et dans les métiers de luxe où son instinct excelle au goût des détails et au soin des infiniment petits.

Passementières, brodeuses, tout ce qui touche à la toilette est sa spécialité ; c'est là qu'elle est exquise et parfaite ; elle se trouve en son élément où l'homme respire mal, encore que certains travaux artistiques exigent sa hardiesse et son imagination.

Les halles, les marchés sont leurs temples ; nul être masculin et pataud ne s'aurait s'entendre mieux à rouler les ménagères qui résistent ; elles balancent avec souplesse le beurre et la margarine, encore qu'en ceci les expertises soient le monopole des palais masculins. Extraordinaires marchandes de poisson, elles ont un chic particulier pour rendre la fraîcheur apparente aux barbues, soles et limandes qui ont cessé d'être fraîches, à leur mettre du rose aux tempes, à les écouler avec un compliment :

« Va donc, eh morue, t'as pas besoin d'être sur le dos pour fouetter le pourri. »

Est-il spectacle plus appétissant, avant le déjeuner, que la charcutière aux poignets rosés, piquant le petit salé avec la queue de porc, luisante, émerillonnée, boudinante.

Roublardes marchandes à la toilette, conseillères expérimentées des débutantes en rupture d'amants, trafiquantes des reconnaissances du Mont-de-Piété, lot d'usurières brèche-dents, mais discrètes et sûres.

Et cette armée de menues mercières, papetières, des fleuristes à l'industrie gracieuse, nationale presque, des polisseuses et piqueuses, joviales et affairées ; fruitières à l'œil vif, tôt levées au carreau des Halles.

Voici les blanchisseuses, aux nageoires savonneuses, la joie des mi-carêmes tant qu'une Université, comme à New-York ne leur imposera point l'étude de la géométrie ; voici les boulangères proprettes, jamais à court de monnaie ; les larges charbonnières au reflet bruni de marron d'Auvergne ; les crèmières aux bidons argentés, teinturières, lingères, débitantes et préposées.

Tout cela frétille, s'agite, vit d'autre menu que de vanité avec moins de désillusions que de joies de vivre, dans le cadre assez large où le cerveau n'a pas besoin de rêves..... ou de cauchemars.

Les grosses industries, les importants négoces, sociétés anonymes, machines compliquées d'essors puissants sont l'apanage du génie masculin. Et cette vérité expérimentale ne se trouvera point controuvée par quelques citations de business women appelées par les hazard, les déformations exceptionnelles, à exploiter certaines maisons d'affaires considérables. Certes, il existe de par le monde une dame Sasson, de Bombay, qui centralise chez elle une grande partie des affaires de tissus Sudiens et Japonais, encore que sa maison de commerce ait été fondée par son mari. Mme Boucicaut, chez nous, sut profiter de la capacité et de la veine commerciales de son mari, et ce qui est mieux, sut se montrer généreuse et abandonner quarante millions pour construire un hôpital qui porte son nom. Mme Penman s'illustre quelque part à la tête d'une compagnie de tramway londonnien, tandis qu'une américaine, capitaine de vaisseau, navigue sur le Mississipi ; Mme Belamy-Sorer dirige à Cincinnati une fabrique de poteries importante ; Mlle Klauri Kert veille aux destinées d'un chemin de fer au Colorado, et Mme Potter-Palmer se fait nommer par le gouvernement des Etats-Unis, commissaire à l'Exposition Universelle.

Ces dames, au masque d'homme, ne sont pas nées pour être femmes, de même qu'une quantité de mâles apparents sont nés femelles — tel est l'argument qui se dégage.

Les grandes inventions industrielles sont dues exclusivement à l'imagination scientifique masculine. Et cependant, il faut reconnaître que depuis vingt cinq ans les femmes s'amusent à encombrer d'une façon particulière les registres des brevets : plus de 4000 ont été délivrés à des dames inventrices. Et quels brevets, bon Dieu ! Pour être impartial, il suffit de citer les principales découvertes dues au génie féminin.

Madame Darnet trouva une application du kaolin, Marthe Coston le langage des couleurs ; il convient de rappeler le télescope de Madame Maté et le bateau de sauvetage de madame Dean. L'une découvre un perfectionnement bien senti pour les sièges des fiacres ; Sophia Strauss invente un appareil de signaux pour bicyclistes ; miss Mackintosh, un mirifique incubateur pour les oies et canards, tandis que miss Robinson nous dote d'un pantalon commode pour le tandem ; cette autre perfectionne des ustensiles de coiffures, celle ci les boîtes à conserves. Que dire de miss Randall qui construit un appareil à décrotter, cette améri-caine un casque à pompiers, madame Gronwald un cure-dents parfumé, mademoiselle Fisher une fermeture pour water-closets. Si nous ajoutons à cet aperçu — le dessus du panier — les nombreu-ses teintures pour cheveux, les fermetures de cor-sage, les œillets pour chaussures, les pinces pour nappes, les lavabos, les porte-montre extensibles, la bêche automatique de mademoiselle Chargue-rand (année 1900), le système de table pour faci-liter les lavages et les injections de madame Gour-rier (1901), le perfectionnement dans les selles de madame veuve Harrison (1901), nous aurons une idée parfaite du cycle inventif et du genre de la découverte chez ces dames.

Qu'est cela à côté des créations gigantesques des Gutenberg, des Oberkampf, des Montgolfier, des Edison pour ne citer qu'au hasard ?

Point n'est besoin toujours d'être un savant pour posséder cet instinct inventif ; de simples ouvriers, des manœuvres l'ont eu qui l'ont poussé, presque sans livres, aux grandes solutions.

Un ouvrier, Robert, invente la machine à papier ; ouvriers, les Philippe de Girard, les Jac-quard, les Richard-Lenoir, les Francklin. Ce qui manque à la femme, c'est l'intensité d'observation, la continuité de l'esprit analytique. Le tour inventif de son cervelet s'exerce aux originalités de la toilette, du confort, de l'aménagement.

Par contre, elle ne le cède point à l'homme pour découvrir et mener à bien les coquineries. Escroqueuses, cambrioleuses même, aventurières, les criminelles dépassent en qualités spéciales la force brutale du mâle.

Si la force leur fait défaut pour accomplir le coup, elles ont un flair malsain développé, l'ingéniosité, le calme froid, la prudence, la patience et aussi la férocité des moyens. Elle est dans le crime une inspiratrice fameuse, comme en art.

Celle-ci se livre au cambriolage spécial des appartements de célibataires. Et si le tribunal lui demande pourquoi cette préférence :

« Ce furent, explique-t-elle, des amants de passage ; et je me suis payée moi-même parce qu'ils ont refusé de me payer ce que je valais. »

Et ça pose à la fois les victimes.

Très-suivie, l'industrie des voleuses de fourrures ; quelques-unes simulent, à l'aide de papiers et de chiffons une grossesse avancée et troquent tout ça contre des objets de valeur adroitement dérobés ; les bonnes âmes se dérangent pour ne les point heurter.

Une marquise de Knyff s'en prend aux bijoutiers, poussée par ce qu'elle appelle l'irrésistible élan de la monomanie.

Les voleuses de coupons de soie dans les grands magasins invoquent la cleptomanie des femmes enceintes ; il y en a d'une surprenante virtuosité qui jonglent avec la médecine légale.

La Brinvilliers, la Limouzin, la Bompard sont de célèbres types — plus récente madame Humbert.

Cette autre pratique le vol à la tire et tombe dans le sommeil léthargique chaque fois qu'elle est pincée : elle reste ainsi plus de vingt-quatre heures de suite. Dans les premiers temps, les agents pitoyables faisaient une collecte et la relâchaient ; puis, ils virent le truc, et comme ils la gardaient, elle se réveilla brusquement :

« Ça ne mord plus, alors ? C'est plus la peine de s'éreinter. »

La fausse comtesse Demortier, dépourvue de charmes et d'argent, découvre le moyen de séduire un brave homme de bourgeois riche (il y a cent mille moyens pour réussir), lui fait signer des reçus, rédiger un contrat de mariage et parodie, à Londres une cérémonie nuptiale. Et quand le bourgeois fut suffisamment pétri, elle fractura les coffres. Ce fut une des figures amusantes de la galerie des agences matrimoniales, ces laboratoires fantastiques où, grâce à des intermédiaires puissants — on y vit un jour un évêque *in partibus* — et bien payés, s'amalgament les produits les plus baroques.

Nini-sans-Dents égare ses mains dans les poches de ses amoureux et subtilise louis et billets dans un tour de cou spécialement agencé. Cette autre occupe les commis, tandis que ses enfants, bien stylés, chapardent aux étalages.

Ce cordon bleu, qui n'a jamais touché un fourneau, fait exécuter à crédit des plats très fins chez le pâtissier, captive l'estomac de ses patrons et file

avec les gages, le casuel et le découvert. Cette
nourrice, sans lait, supplée à la tétée tarie par un
poids équivalent, habilement dissimulé sous la balance du bébé.

Celle-ci, contrebandière, passe des diamants dans
les intestins de son chien qu'elle éventre à destination, et Mme Parmentier, la doyenne des pick-
pockets pratique des fissures dans les poches de
ses contemporains avec un art infini.

La liste des trucqueuses tiendrait un volume.

Mais laissons ces spécialités où les femmes n'ont
pas besoin de maîtres, pour revenir à des industries moins périlleuses.

Quelque soit leur effort, les femmes n'ont aucune aptitude sérieuse pour la grande industrie
de l'Agriculture — les bachelières ès-laiterie de l'institut de Kingston, expertes à fabriquer le fromage,
pas plus que les autres non diplômées, Certes,
bonnes manipulatrices pour traire les vaches, filles
de ferme opulentes, horticulteuses accortes, détesta-
bles maraîchaires, ennemies du melon, elles ne possèdent ni la force, ni la savante réflexion qu'exigent les subtils travaux de l'élevage et de la terre.

Lady Warwick eut récemment une idée tentative ; ce fut de fonder un collège d'agriculture
pour dames ; à Berlin, Mlle Castner fut en même
temps piquée de ce souci. La Russie songe au sexe
pour la culture potagère et parle d'ouvrir une école
à Moscou, féministe et supérieure ; la baronne de
Budberg délivre des diplômes.

Certes, c'est là du bon Florian, du Watteau pur

à mettre en bucoliques ; dans ces institutions qui ont du moins le mérite de favoriser le fonctionnement des poumons et des bronches, d'amener l'appétit beaucoup mieux que les somnolences à la Bodinière, on se résout plutôt à former d'habiles horticulteuses, comme à Swanley en Angleterre et dans les laiteries-écoles, à enseigner l'engraissage des volailles. C'est là le *nec plus ultra* de l'Agriculture en jupes courtes.

A vrai dire, quelques dames dirigent certaines exploitations privées ; on cite des Anglaises : Mme Howard pour ses élevages de vaches à Jersey ; miss Sprules qui fournit la lavande à Sa Gracieuse Majesté ; des spécialistes pour pommes de terre et tomates. Des françaises ont décroché des médailles. Aucune n'a le ressort, l'énergie et le fonds nécessaires pour diriger les grandes fermes, avec le personnel et la variété des productions qu'elles comportent.

L'école de Grignon ne compte point de pensionnaires dames.

A peine quelques vagues convaincues s'efforcent-elles, à Houilles, par exemple, de semer par le monde des graines d'Epimélides, nymphes des troupeaux et des fruits.

La carrière d'ingénieur tire l'œil aux féministes théoriques ; elles pensent que l'Ecole polytechnique et l'Ecole des mines pourraient ouvrir leurs portes à leurs ambitions. Pauvres imaginations qui ne doutent de rien et n'ont pas même le bon sens de consulter les statistiques ; un millier d'ingénieurs sort chaque année des écoles de Paris, de Marseille, de Lille et d'autres grandes villes de France. Deux dixièmes à peine se casent dans les ponts et chaussées ou les compagnies de chemins de fer, beaucoup végètent dans l'industrie avec des salaires inférieurs à ceux des contremaîtres ; la plupart ne trouve pas dans leur profession de quoi se nourrir. Au surplus, la profession est au-dessus de ses forces et la responsabilité qu'elle entraîne n'a d'égale que la vanité féminine.

On raconte qu'en Amérique, une compagnie de chemins de fer a confié la direction des travaux d'une ligne à une femme-ingénieur ; on prétend qu'en Extrême-Orient, le fait s'est reproduit. Excentricité ou snobisme, tout est possible et tout arrive ; ce n'est pas une raison parce que la femme-canon fait des exercices d'hercule pour que la génération qui vient s'entraîne à marcher sur les mains ou à soulever des auvergnats avec les dents. Néanmoins, deux cents femmes se parent de l'étiquette aux Etats-Unis.

Un commerce — plutôt un monopole — où la femme exploite avec succès ses aptitudes spéciales, c'est celui de son corps.

Ce sont les négociantes d'amour, industrie qui fleurit dans tous les centres et s'exerce diversement. Commerce de gros, sous l'œil paterne des préfectures ; offre cette particularité qu'il a boutique sur rue — élégance, solidité, bon marché — et comptabilité paraphée qui fait foi au tribunal de commerce.

Demi-gros, avec installations bourgeoises plus discrètes encore, entresols ignorés ou maisons entières cité d'Antin et dans le quartier, sous la patente des commissaires — le cauchemar des vingt-un ans révolus pour les marchandises fraîches et la joie des astronomes.

Commerce de détail qui revêt mille formes de négoces isolés, aux enseignes variées — prix fixe ou à débattre avec le consommateur, denrées de choix ou défraîchies par l'étalage — catégorie qui comprend la haute, la moyenne et la sale noce.

La première fréquente la finance et le Jockey-Club, donne des fêtes en ses hôtels, se cache derrière le cabotinage des petites scènes, conduit le luxe, prépare les fortunes avec les ruines, race des Blanche d'Antigny, des baronnes d'Ange, des Cora-Pearl, des Païva, des grandes amoureuses et aussi des petites Chabout qui parfois deviennent d'authentiques viomtesses. Quelques-unes étalent une liaison rigide, presque matrimoniale ave le millionnaire dont elles sont la maîtresse unique et l'ornement mondain ; à la Bourse on cote souvent la valeur du financier au luxe de sa compagne et les toilettes établissent les cours de la maison ; elles sont à peu près fidèles, de cette fidélité savante qui fait monter le prix des chutes. D'autres, moins vertueuses, avouent qu'il leur faut au moins deux amants à la fois « pour joindre les deux bouts ».

Blasons : *Honni soit qui mal éclaire.*

Et pour celles qui ont des lettres :
Non bis ni idem.

La seconde — les fonctionnaires — aux mailles plus larges. Méthodique, va le soir au Music-Hall, son bureau, chercher l'ami qu'elle emmène, suivant le taux, dans une chambre d'hôtel à cinq francs ou chez elle, en ses meubles ; a le chic pour dévaliser légalement le notaire de province en veine de faire une bombe à Paris ; bredouille, elle s'en va tenter la veine dans quelque taverne de nuit et ne se couche que lorsqu'elle est levée. Elle sont un bataillon dont le travail consciencieux et sans trêve s'exerce dans les pourtours des Folies-Bergères, du Casino, de l'Olympia, jeunes éternellement, chamarrées de nuances, hardies à l'ouvrage, de cette régularité bourgeoise qui fait les bonnes fins de mois. A, le jour, ses heures pour les abonnés ; provoque aussi par le mystère des annonces : « Modèle parfait, toute jeune et jolie, désire trouver séances chez amateur ».

Ou bien :

« Modiste gentille sachant son métier, voudrait commanditaire ; possède intérieur ravissant.

Suzanne de Breuil inaugure l'annonce à domicile avec notices et portraits à l'appui.

La plupart ont beaucoup de clients qui font queue dans les salons ; elles distribuent des tickets.

Blasons : *On loge à pied et à cheval.*

Au bas de l'échelle, c'est la racoleuse ou fleur de bitume — camelot femelle qui étale ses articles à sensations sur le trottoir et fait le boniment à l'oreille ; commerce plus dangereux qui nécessite l'aide d'un associé commandité, donne droit à un brevet administratif, et à des consultations périodiquement gratuites sur les bords de la Seine.

Enseigne : *Au respect de l'incognito.*

Tout ce personnel des industries sensuelles fait l'élégance des nuits parisiennes et des réunions mondaines publiques — c'est le demi-monde avec ses tares, ses nécessités et ses tristesses que la Parisienne, pour son excuse, sait envelopper du voile d'une gaieté généreuse, d'une large insouciance, d'un doigté merveilleux.

Et ce sont d'elles que rougissent les intellectuelles, passionnées pour d'autres exercices ; elles se liguent contre la prostitution, statistiquent les maladies contagieuses avec leur progression, étudient les habitudes des maquereaux, pénètrent dans l'intimité des harems à volets clos et s'indignent à la vue d'une consœur qui fait le turbin. Cette ligue, composée de dames respectables entre le deuxième et le troisième âge, se prononce contre la prostitution réglementée, d'accord avec la science du docteur Laborde ; elle s'insurge contre les inspections au speculum et les déballages périodiques du quai aux Fleurs où s'engouffrent à heures fixes capotes des fiacres à l'heure ou marmites à pied ; cite l'exemple de la Suisse et de l'Angleterre où la santé publique n'est pas pire qu'ici. Mlle de Sainte-Croix appelle les retroussées de la Préfecture les « marchandes des quatre saisons de l'amour » ; elle congresse à Londres, avec le pasteur Wagner, Joséphine Butler et Louise Michel, pour démontrer que la réglementation développe la criminalité. Madame Vincent, à la tête des Abolitionnistes,

fait le tableau de la dégradation qu'elle impute
à la perversion masculine, naturellement ; elle veut
l'égalité de la marchandise et du consommateur, la
liberté du transport et le libre échange du poison
de Vénus. Mmes Lajoye et Scheven voudraient mé-
nager la pudeur des filles soumises en les faisant
visiter par une doctoresse. On invoque le témoi-
gnage de Zola, de Jaurès, de Clovis Hugues et la
fédération porte partout ce qu'elle croit être la
saine parole.

D'autres se prononcent en sens inverse, contre la
prostitution libre, d'accord avec Bérenger le pudique, contre le racolage la nuit comme le jour,
contre les grands magasins d'exposition du blanc
et noir, réclament la fermeture du Moulin-Rouge,
la suppression de la grue mécanique à quatre
pattes.

Et les célibataires ? Que vont-ils devenir en
tout ceci, réduits à cette triste nécessité d'invoquer
le culte de Sodome et de Socrate, de se faire trap-
pistes ou d'enlever les épouses de leurs camarades.

La prostitution est une tare nécessaire à toute
société saturée de civilisation, au point que dans
l'antiquité, certaines lois la consacraient ; à Baby-
lone, le temple de Vénus fut reconnu d'utilité publique. Elle est la sauvegarde de bien des honneurs sauvés au prix du déshonneur de quelques
malheureuses au sens moral absent, nées sans courage et sans rentes ; elle est devenue en bien des
cas la garantie mystérieuse des bonnes mœurs.

Laissons donc à chacun sa liberté, même celle
du corps. S'il faut de la vertu, point trop n'en

faut en ce monde, qui n'aime plus les Pénélopes, déteste les tartuffes et les Parangons.

Ouvrière, son endurance est remarquable , son goût parfait, sa facilité d'exécution remarquable, son ardeur infatiguable .

Aussi bien l'action féministe trouve-t-elle en ce terrain un champ fort étendu sur les plates bandes économiques, industrielles et commerciales ; en ces sphères, son intervention humanitaire offre quelque utilité et la question de la femme dans le travail mérite d'être envisagée par tous les penseurs — même par les femmes qui font métier de penser pour les autres. Les propositions, d'où qu'elles viennent, susceptibles d'améliorer le sort des travailleurs — hommes ou femmes — sont dignes d'être étudiées avec passion ; il est rare que quelque solution acceptable ne s'en dégage et ne marque un pas dans l'évolution et dans l'affranchissement du travail social.

Qu'il s'agisse d'ouvrir des écoles spéciales à l'enseignement technique et professionnel, d'acheter des matériels, d'augmenter et de protéger les salaires de l'ouvrière, d'éloigner les concurrences pénitentiaires ou autres, de réglementer utilement et avec discernement les heures de travail, de régler la surveillance du jeune âge et l'apprentissage, de former des syndicats utiles à la défense des professions féminines, tout cela est digne d'intérêt, quelque soit l'affabulation tapageuse à travers laquelle s'agitent les congrès et s'exhalent les cahiers de doléances,

Toutefois, les chignons entraîneurs devraient savoir qu'on n'attrape pas les mouches avec du vinaigre et gagneraient en popularité d'avoir moins de fiel en mouvement — Dieu sait s'ils se privent d'être désagréables !

En 1892, s'est tenue en la placide mairie du quartier Saint-Sulpice, une réunion internationale féministe, suivie bientôt d'une fédération française des sociétés féministes s'occupant du travail. Il en est sorti la résolution suivante :

Accès aux femmes de toutes les professions et métiers, sans omettre les fonctions publiques et les services administratifs (toujours la marotte), salaire égal à capacité égale pour les deux sexes dans tous les métiers, minimum de salaire.

Le même programme fut adopté par l'Union Nationale des femmes travailleuses d'Angleterre.

Et toutes sortes de clubs féminins se sont formés, des meetings se sont organisés avec ordres du jour ne variant guère, préconisant les réformes générales et spéciales aux différents corps de métiers.

Les syndicats professionnels ont surgi. Les couturières, modistes, corsetières, lingères, coupeuses parisiennes ont leur chambre syndicale avec permanence régulière à la Bourse du travail ; de même, les blanchisseuses obtinrent un tarif obligatoire pour les patronnes ; le syndicat des dames sténographes s'illustre d'un bureau où les officières d'académie forment un bouquet de fleurs ; les sages-femmes ont leur chambre, tout comme les femmes de chambre, les cuisinières et les fleuristes. En province, quelques syndicats de dames de la Halle, de tailleuses, de lingères, de piqueuses ont vu le jour.

Mais d'ardentes citoyennes, Mmes Hubertine Auclerc et Bonnevial en tête, portent des paroles autrement entraînantes dans tous les centres de Dames Réunies.

Moins brillantes sont les sociétés de prévoyance et de secours mutuels pour dames et demoiselles de commerce — groupements destinés à les aider par des prêts d'argent, des secours pendant les maladies, à créer des pensions de retraite et à assurer les vieux jours.

Et tout cela se remue, pérore et ratiocine à la conquête de l'idéal bonheur promis à celles qui travaillent ; rien d'amusant comme d'entendre ces petites cervelles commenter les décisions du syndicat, l'avenir du bureau ou les comptes de la trésorière.

C'est d'autant plus gai que la galerie est mise au courant des petites querelles et des grosses espérances.

Quel régal d'apprendre, par exemple, que Mmes les ouvreuses menacent les directeurs de théâtre d'une immense levée de petits bancs :

« Quelle horreur ! ma chère ; je paie deux francs par représentation ! et je verse d'avance deux cents francs ! Quels voyous ! Tout ça pour gagner huit sous au bout de la soirée. J'en ai soupé...

— Moi, ma chère, je ne fais que trente sous ; oui, mais je n'ai pas les programmes.

En chœur :

« C'est nous qui *sont* les victimes, les responsables des pépins et des snow-boots d'un tas d'imbéciles qui se figurent que nous sommes payées pour ça. Faudrait-il pas être polies, par dessus le marché, offrir des coussins et réserver les meilleures places ! »

L'institution a cependant son utilité : elle favorise l'écoulement des pièces fausses dans l'agitation du vestiaire.

Demandez plutôt à l'ouvreuse du Cirque d'Été ce qu'elle perçoit chaque mois de pièces du pape.

Ce sont les trente mille demoiselles des magasins de Paris qui se plaignent de leurs varices. Elles en ont assez de rester debout au rayon pour servir la clientèle ; elles réclament l'égalité devant le comptoir. Des consultations d'éminents hygiénistes ont appelé sur ce point l'attention des législateurs ; de longues discussions se sont élevées sur le point de savoir si un tabouret pour deux suffisait ou s'il n'y aurait pas lieu d'accorder à chacune son fauteuil. L'affaire en est là.

Les servantes des grands bouillons font chorus et pétitionnent pour se reposer entre le hors-d'œuvre et le poisson. On parle déjà d'une invention intéressante qui permettrait à ces demoiselles de s'asseoir sur les genoux des consommateurs.

Par contre, les caissières, ces bustes animés, êtres bizarres, sans jambes apparentes, embusquées à jamais derrière l'empilement des soucoupes, déesses surélevées aux regards qui planent de haut sur les estomacs, moitiés de femmes sans formes basses, se plaignent de rester trop assises.

Les surveillantes d'étalages, les marchandes de

quatre saisons trouvent qu'il fait froid l'hiver, trop chaud l'été.

Quant à Mmes les cuisinières et Mlles les femmes de chambre, elles sont devenues, grâce à leur chambre syndicale, des personnages horripilants. A Berlin, elles ont des oratrices virulentes et des meetings. Partout elles postulent contre les bureaux de placement, citent leurs collègues d'Australie et de Philadelphie, doux pays où les citoyennes-domestiques sont payées à prix d'or, vont au bal et aux clubs littéraires de jeunes filles.

Chez nous, elles sont devenues insupportables, dénigrent les *boîtes* où la maîtresse se permet de surveiller la dépense, où monsieur possède des manies. Il faut entendre ça au sixième, un soir où ces dames et ces messieurs prennent le thé : «*Julie* — j'ai cru que mes singes ne me lâcheraient pas ce soir, les rosses. »

Hortense. — La mienne est au pussier depuis longtemps ; elle a ses affaires...

Marie. — Le thé est sur la table ; messieurs, mesdames, servez-vous du sucre... c'est ma provision de la campagne. »

Et la conversation s'engage, professionnelle.

Julie. — Avez-vous lu le journal d'aujourd'hui ?

En chœur. — Parbleu ! Le feuilleton de Dubut est épatant.

Joseph. — Et le môme Goupin avec la Vrille ! ce qu'ils sont rigolos tout de même.

Julie. — C'est pas ça. Vous n'avez pas vu le meeting de Copenhague.. Ils sont bath, là bas.

(Elle lit) :

« Le bureau a décidé de revendiquer :

« 1° Le droit de ne plus travailler après dix heures.

« 2° Le droit de fréquenter les écoles du soir et le théâtre instructif.

« Deux heures dans la journée pour faire la toilette. »

En chœur. — Bravo ! chouette !

Julie. — Tiens, v'là le pipelet... Une tasse de thé, père Pierre.

Pierre. — C'est pas de refus. Dis-donc, Marie, ton singe te fait donc battre les tapis ?

Tous s'esclaffent. — Ah, mince ! Combien as-tu pour le vin ?

Marie. — Dix francs, mais je n'en achète pas, je colle de l'eau dans leur bière.

Tous. — Bravo !

Hortense. — Ce qu'il nous faut, c'est le droit de recevoir des visites sans contrôle, militaires ou civiles ; j'ai lu ça... et dans un parloir approprié, avec abonnement obligatoire aux journaux et revues, bibliothèque des romans feuilletons, comme en Amérique.

Julie. — La chambre syndicale va examiner la taxe obligatoire du double sou au franc sur tous les achats d'entretien et de nourriture et le droit aux sorties du soir...

Joseph. — C'est pas tout. Il faut la viande rôtie à tous les repas, si on veut qu'on travaille... et le champagne les jours fériés.

Hortense. — Il est temps qu'on réglemente les

conditions du travail par un contrat et qu'on les sanctionne par une loi.

Pierre. — C'est tapé, ça ; qu'est-ce qu'ils foutent à la Chambre ?

Marie. — Avec le salaire progressif pour le travail de nuit.

Tous. — Les patrons sont des salauds !

Hortense. — Avez-vous lu le *Journal d'une femme de chambre* ?

Tenez, il y a çà ; je l'ai copié :

« Je dis que du moment où quelqu'un installe sous son toit, fût-ce la dernière des filles, je dis qu'il lui doit de la protection, qu'il lui doit du bonheur... Je dis aussi que si le maître ne nous le donne pas, nous avons le droit de le prendre, à même son coffre, à même son sang... »

Tous. — Vive Mirbeau... un rupin... un aminche... C'est Mirbeau qu'il nous faut...

Et avec ça, plus elles exigent, moins elles savent leur métier. J'en ai connu une qui ne daigne s'engager qu'à la condition qu'un piano soit mis à sa disposition, au minimum une heure par jour, afin qu'elle fasse ses gammes.

A Cincinnati, la *Housemads Union*, ou ligue des filles de maison, pose entre autres règles que « dans le service, les sociétaires ne devront pas souffrir des questions indiscrètes de la part de « madame » ; qu'avant de conclure, elles s'assureront que leur chambre présente toutes garanties de sécurité ; qu'elles exigeront le droit absolu de recevoir une fois par semaine, dans leur chambre, leur pré tendu, car, sans cela, elles risqueraient de ne se marier jamais. »

Si cela continue ainsi, les servantes sont destinées à disparaître ; elles verront alors si, obligées d'apprendre un métier d'ouvrière pour vivre, elles se trouveront plus heureuses et mieux nourries. Quant à nous, nous trouverons bien un moyen de les remplacer, comme chez Corvi ou aux Indes, par des chimpanzés ou des gorilles stylés et corrects.

Les dames du téléphone s'insurgent contre les dimanches de punition et le pointage des retards au bureau ; comme les musiciens d'orchestre, elles réclament le droit au remplacement — à propos, il est question de les remplacer par un appareil automatique qui ne couperait pas indûment les communications.

La hiérarchie masculine les horripile avec ce que leur pudeur dénomme la « promiscuité obligée des chefs ».

Tout cela s'imprime avec force commentaires dans des bulletins, des chroniques du mouvement social, des communiqués aux journaux qui les font passer à la quatre, entre les réclames et le courrier du cabotinage.

Ce sont des *appels pressants* « à la coopération, au groupement des individualités », des appels de fonds aussi.

Les couturières forment un atelier coopératif et lancent des obligations (?) de cent francs au reve-

nu annoncé de 3 1/2 pour cent ; elles compte
avoir un jour les reins assez solides pour faire aux
élégantes des crédits comme chez Paquin ou chez
Coralie et Cie.

Les caissières-comptables, les fleuristes et les
dactylographes s'entraînent et s'organisent.

Certes, les coopératives sont peut-être l'avenir de
l'organisation modernisée du travail ; en attendant,
elles offrent l'avantage de créer des sinécures pour
ceux ou celles qui les dirigent, toute une hiérarchie
de président, vice-président, trésorier, secrétaire,
employés de toutes sortes émargeant à la caisse
confraternelle et la dévorant au besoin.

D'autre part, les comités juponés propagent l'i-
dée de grève et préparent le fonds de réserve à
cette destination : « Camarades, vous songerez
qu'à Privas, ce sont exclusivement les femmes et les
jeunes filles qui sortent à cette heure le drapeau
des revendications sociales ! s'écrie le président du
comité de la grève du moulinage de soie. » Plusieurs ont éclaté ; en Amérique les bonnes d'enfants ont menacé les petits Bob d'une grève générale.

Mais, à côté du socialisme sonore et faux, un
socialisme réfléchi et clairvoyant s'occupe des problèmes parfois complexes de l'amélioration du travail de l'ouvrière. Est-ce en criant à la révolte que
peut se résoudre, par exemple, la question de la
réglementation des heures de journée ? Est-il si
facile de concilier l'intérêt des travailleurs et, somme toute, leur droit strict avec la protection de la

santé et le surmenage débilitant ? Il est aussi arbitraire de limiter les libertés du travail à une journée de huit heures qu'imprudent au législateur de laisser sans contrôle l'exigeance patronale. La théorie et la pratique ont en ceci chacune ses rigueurs qu'il n'est pas bien commode de codifier ; il est des concessions à faire de part et d'autre — témoins celles faites aux couturières de travailler la nuit pendant six mois de l'hiver. Pourquoi cette entorse à la loi pour celles-ci plutôt que pour celles-là ? Ce sont ces exigences qu'il est difficile d'imposer sans violer la liberté individuelle.

Que diraient les femmes de brasserie, s'il leur était imposé de se coucher à neuf heures du soir ? Et que disait Mlle Marguerite Durand, marchande gracieuse de féminisme, rue Saint-Georges, lorsque poursuivie par contravention aux règlements sur le travail nocturne, elle comparaissait en police correctionnelle ? Elle répondait que les nécessités de la composition de son journal exigeaient le labeur nocturne des typographes, et qu'au surplus, ses ouvrières ne se plaignaient point. Mais la loi qui n'est pas toujours élastique lui fit payer l'amende.

Quant à la façon dont sont constatées les contraventions par mesdames les inspectrices du travail dans l'industrie, c'est du délire. Exemple : Une terrible inspectrice, Mme veuve de C..., avait dans le nez la maison de couture des sœurs Boué ; cette terrible personne, détentrice d'une parcelle de l'autorité publique, imbue de l'élévation sociale de son sacerdoce, s'aperçut que les sœurs Boué faisaient travailler à la lumière. Pan-

doré enjuponné dressa procès-verbal et l'affaire eut
sa suite en police correctionnelle. Il faut goûter le
document :

« Nous, inspectrice du travail dans l'industrie,
avons reconnu ce qui suit : La porte qui conduit
aux ateliers du premier étage était fermée comme
d'habitude ; en entendant parler derrière ladite
porte, j'ai attendu qu'elle s'ouvre et me suis abste-
nue de signaler ma présence. Quand on l'a ouverte
pour laisser passer deux ouvrières, je me suis pré-
cipitée.

« Alors a commencé une vraie lutte : je prenais
la porte pour entrer, la bonne, qui avait ouvert la
porte aux ouvrières voulut me repousser dehors en
disant qu'elle avait l'ordre de ne laisser pénétrer personne. Mais comme la moitié de mon corps était
engagée, la bonne a été obligée de lâcher prise sous
peine d'écraser mon bras et mon épaule, qui ont
été légèrement froissés, mais je suis cependant entrée. Pendant ce temps, on avait éteint le gaz dans
les ateliers du premier et dix ouvrières se sont sau-
vées par le grand escalier, emportant leur chapeau
dans leur tablier.

« Je n'étais pas contente et j'ai forcé à réallu-
mer le gaz, et j'ai pu compter douze ouvrières qui
n'avaient pu se sauver. Quand j'ai voulu sortir
pour monter aux étages supérieurs, où l'on travail-
lait, je me suis trouvée enfermée. J'ai fait mettre
aux ouvrières leur chapeau et j'ai dit à la première : « On va m'ouvrir ! » M. M., directeur du
personnel de la maison B., qui était aux écoutes,
a fini par se montrer et m'a dit : « Ce qui n'est

pas vu n'est pas pris ; en justice, on n'admet que les choses vues. » Ce à quoi je lui ai répondu : « En justice, je dirai la façon dont vous vous y prenez pour empêcher l'inspectrice de faire son devoir. » M. M. m'a dit que si je faisais mon devoir, lui, il faisait également le sien. Je l'ai entendu qu'il faisait une scène à la bonne qui m'avait laissé pénétrer.

« Un domestique qui faisait le guet était monté derrière moi pour prévenir M. M.

« Heureusement, j'avais eu le temps de faire le siège de la porte et d'entrer. En la circonstance présente, M. M. est seul responsable des violences qui m'ont été faites à la porte par la bonne, ayant donné l'ordre aux employés et aux ouvrières de ne jamais ouvrir le soir à qui que ce fût, espérant ainsi lasser la surveillance de l'inspectrice. »

Inutile d'ajouter que le tribunal fit bonne justice en acquittant les sœurs couturières et en classant dans son musée des excentricités judiciaires le procès-verbal de l'inspectrice.

Notons en passant que les inspectrices gagnent au minimum 2,500 francs par an.

On pourrait faire les mêmes observations pour ce qui concerne la surveillance du travail des enfants. Sous prétexte de surveiller l'heure à laquelle on les couche, il ne faudrait pas pour cela fermer le Châtelet, renoncer à jouer *Œdipe Roi* et le *Malade imaginaire* ; qu'on fasse alors des rentes aux familles pauvres qui bénéficient des résultats de l'apprentissage de leurs enfants.

La législation peut se montrer à la fois philan-

trope et se tempérer par un exercice modéré et avisé du contrôle et de la répresssion.

Complexes aussi sont les questions d'hygiène,
d'assainissement ; les études approfondies sur les
habitations à bon marché, les constructions ouvrières destinées à faciliter le bien-être et le confortable des homes ouvriers ne peuvent soulever que
des encouragements.

L'Allemagne, dont le commerce est si prospère,
a marché dans la voie du socialisme fertile ; rema-
niant son code, elle établit l'article suivant :

« Le patron est obligé d'organiser et d'entrete-
nirles locaux de l'établissement, ainsi que le mobi-
lier et les instruments qui les garnissent, et de régler le mode d'exploitation et les heures de travail
de façon que la santé de l'employé soit protégée,
et qu'aucune atteinte ne puisse être portée aux
bonnes mœurs et aux convenances. »

A la bonne heure ! il appartiendra aux juges
d'appliquer judicieusement la loi dans les détails
infinis de l'application, sans qu'ils soient lies par
la rigueur d'un texte imbécile, inapplicable à tous.
Chez nous, on perd son temps à faire des lois pour
donner des tabourets aux filles lasses ou empêcher
les compositrices de travailer la nuit.

Beaucoup plus compliquées encore sont les questions de salaires. Les féministes, dans un bon sentiment, proclament comme axiome : « A travail égal,
salaire égal. »

Oui, certes ; mais à une condition. C'est que le
travail de la femme produise, pour l'employeur, le

même bénéfice que le travail de l'homme. Or, le résultat n'est jamais le même, précisément parce que les aptitudes et les forces physiques de la femme ne lui permettent pas de se consacrer aux travaux pénibles de la grande industrie ou de la grosse entreprise, que sa besogne ne peut s'appliquer qu'aux ouvrages de détail, au côtés sacrifiés, secondaires qui, dans l'œuvre commune, n'entrent que pour une faible proportion.

Là où sa production est égale, le salaire est égal. Dans la petite industrie, où la patience, la dextérité, l'assiduité font la production lente et régulière, son œuvre est puissante comme celle de la fourmi ; ce sont les petites industries aux petits bénéfices pour tous, — patrons et employés — le salaire est égal ou serait égal si l'homme s'y employait.

Un caissier, une caissière, c'est l'équivalence dans le produit — salaire égal ; un violoniste ou une violoniste d'orchestre, de même. Le découpeur et la fleuriste, le maçon et l'expéditionnaire de mémoire, c'est l'inégalité des productions — salaire inégal.

Et cette vérité ne tient pas au régime actuel du travail, au patronat ; elle ne cessera d'être obligatoire tant que l'exploitation industrielle et commerciale exigera l'association sous une forme quelconque du capital et du travail ; elle constituera une tare naturelle du prolétariat féminin, une tare génitale de l'inégalité physique en ce monde.

...Il est, d'autre part, un projet qui a pour but d'autoriser la femme mariée à recevoir, sans le concours de son mari, les sommes provenant de son labeur et à en disposer librement sans son autorisation. C'est l'idée fixe de Mme Deraisme et du groupe l'*Avant-Courrière*, cultivée par les fonds de Mme d'Uzès et les syllogismes de Mme Adam.

S'il est voté, c'est du coup la société conjugale anéantie dans le monde ouvrier. Du jour où les fonds sociaux, d'où qu'ils proviennent, ne sont plus aux mains du caissier unique, jouissant de la confiance, c'en est fait de la communauté : ce principe est rigoureux dans toutes les sociétés.

Dès lors, plus de budget, plus de contrôle — c'est le gaspillage inévitable, le régime d'une séparation de patrimoine où la femme n'est plus même obligée de subvenir aux besoins du ménage. Que deviennent les unions, les mariages ? Pourquoi s'unir ? Pourquoi l'ouvrier se collerait-il sur les bras une femme qui l'enverra au diable, sans devoirs au foyer, et des enfants dont il n'aura que le souci ? C'est une prime donnée à la faiblesse et aux entraînements de la femme. Pourquoi, au lieu d'apporter son salaire au ménage commun n'en ferait-elle pas profiter sa garde-robe, outillage d'un rendement plus lucratif et moins fatiguant ? Pourquoi, en tous cas, risquer d'être obligée de nourrir un homme qui tombe malade ou sans emploi ?

« Il est difficile de prévoir, dit M. Lepelletier, les conséquences de la diminution des mariages dans les milieux ouvriers ; mais on peut affirmer qu'elles seront funestes pour la population, la moralité, la richesse, la prépondérance et la vitalité de la nation française. »

Cet avis est plus sage que le vœu de Mme Schmall qui espère qu'avec leur argent les travailleuses formeront des ligues pour réclamer l'abolition de la puissance maritale.

Plus de temps et d'ardeur pourraient être consacrés aux réformes mieux entendues. Que les humanitaires s'efforcent d'ouvrir et d'organiser des ateliers professionnels analogues à celui des blanchisseuses de la place Monge. Les ouvrières y trouveraient un abri, des cours professionnels gratuits, la possibilité d'acquérir des notions pratiques et, ce qui est mieux encore, des outils, un matériel mis à leur disposition, un atelier de chômage avec la liste des places vacantes.

Que les philanthropes s'y prêtent et envoient de l'ouvrage à l'atelier professionnel !

C'est ainsi qu'une femme de mérite, Mme Delfau, a ouvert à Alger un atelier d'apprentissage pour la fabrication des tapis.

Que les gens riches consacrent une part de leur trop-plein à des fondations analogues à celle de Victor Modeste ! Ce généreux donateur a voulu qu'un prix de mille francs par an fut versé à l'ouvrière, mère d'enfants légaux ou naturels, habitant tel quartier depuis six ans et vivant de son salaire.

Qu'on organise, ainsi qu'à Londres, des cuisines municipales rétribuées où les *lady-cookes* prennent et exécutent les commandes — et que ce soit bon !

Qu'à l'exemple de la duchesse de Sutherland,

les dames du monde diminuent le cycle de leurs visites inutiles, forment des associations ayant pour objet d'améliorer la condition des femmes en recevant chez elles le produit du travail, en s'occupant de l'écouler avec l'estampille de leur aristocratique intermédiaire.

Que ces mêmes dames protègent d'une initiative efficace les expositions d'œuvres feminines, concourent personnellement ; les dames de Hollande ont eu cette initiative lors de l'Exposition de la Haye, ouverte avec succès sous la présidence de Mme Gœkoop ; de même les Bordelaises récemment.

. Que les patrons se réunissent pour fonder dans leurs corporations respectives des sociétés de secours, telles que la Société de couture fondée par M. Worth, la Société des fleuristes parisiennes dirigée par un commerçant dévoué, etc.

. Que les villes facilitent de leurs budgets.

Que les patrons se montrent équitables et sans âpreté au gain ; qu'ils n'hésitent point, dans de larges mesures, à étendre la manne récoltée par la main d'œuvre de leurs collaborateurs, à rénover le patronat, à transformer ses rapaceries ; qu'ils créent des participations dans les bénéfices et au besoin des associations analogues à celle qui enrichit l'entreprise de peinture Leclerc. L'association est le levier de l'industrie et du commerce modernes ; l'égalité dans l'association du capital et du travail est la base équitable, inévitable du contrat moderne ; elle est le but où, bon gré, mal gré, le patronat devra émousser ses prétentions surannées, plus pratique, plus fécond qu'une socialisation théorique des produits naturels et des outils de travail.

Qu'ils élargissent et réglementent, avec le concours de l'Etat, les assurances obligatoires contre les accidents ; qu'une loi moins étroite applique ses bienfaits à tous les accidents du travail, sans savoir si l'ouvrier travaille au moteur ou de toute autre façon, aux exploitations agricoles et forestières ; que les indemnités soient plus complètes et mieux réparties.

Pourquoi le consommateur, celui qui fait travailler, ne participerait-il pas au paiement d'une prime équitablement représentative du préjudice causé ? Le consommateur, en effet, qui profite du travail, comme le patron, bien qu'à un titre différent, qui commande le travail à son goût et pour sa satisfaction, qui en jouit dans tous les cas, doit garantir dans une certaine mesure les risques encourus par le professionnel qu'il emploie indirectement. Que ce professionnel soit charpentier, mineur, mécanicien, cordonnier, peu importe ; chacun profite en ce monde du labeur de celui qui travaille, chacun doit, dans la mesure de ses moyens, payer la casse, l'usure permanente et temporaire.

Il serait équitable que le contribuable payât une proportion de la prime prévue par la loi.

Nous avons indiqué déjà cette théorie qui aurait l'avantage, non seulement d'augmenter les chiffres d'indemnités aux sinistrés, mais de réduire les primes élevées et les risques de ruine qui pèsent uniquement sur les industriels, gros ou petits.

C'est l'intervention de la Société dans le respect de l'intérêt individuel, dans l'exercice appliqué du droit sacrifié de l'individu, une des formes du socialisme humanitaire pratique et légal, du socialisme d'Etat dans la législation sur l'assurance ouvrière, obligatoire contre les maladies, la vieillesse et l'invalidité du travailleur.

Donc, de par leur constitution, les femmes sont cantonnées dans un nombre restreint de commerces et d'idustries compatibles avec leur faiblesse organique.

Elles s'efforcent aujourd'hui de se déployer en des métiers réservés à l'énergie et à la force masculines. Cette tendnce du sexe à porter la culotte et à développer ses biceps nous repousse aux sources de la civilisation primitive, aux temps et aux contrées ou les ouvrages pénibles étaient l'apanage des femmes asservies, ceci pour le plus grand repos de leurs époux, contemplatifs aux bras ballants en des attitudes dolentes.

Il faudrait entendre leurs cris, s'il pouvait être question de revenir à ces mœurs qui, en somme...

Mais, comme il n'est pas du tout question de revenir à ces mœurs, elles crient tout de même, par esprit de contradiction. Elles trouvent que les métiers de dames n'offrent point de débouchés suffisants.

Servantes, modistes, institutrices (1), employées

dans les manufactures, tailleuses, sages-femmes, bouquinistes, tenancières d'hôtels, infirmières, piqueuses, confectionneuses, brocanteuses, sténographes, pianistes, ouvreuses, parfumeuses, que sais-je — elles ont d'autres rêves ; elles ont l'illusion d'empiétements, une sorte de fascination de métiers mâles, de professions dures.

Elles se sont dit qu'après tout une anglaise exerçait bien depuis trente ans le métier de fossoyeur en un cimetière de Londres ; que certaines maquignonnes conduisent à peu près les tramways et les fiacres aux Etats-Unis ; elles citent le cas de miss Lilian Small, gardienne de sémaphore au cap Cod, celui de Giovanna-Gérace, la femme brigande qui sollicite les bourses avec les vies dans les terrains vagues de la Sicile ; miss Bagwill, jockey à Chicago ; miss Ada Hammond, la femme commissaire-priseur de Londres ; miss Rose Sturgeon, postillon de l'Orégon et miss Allen, garde-chasse montée à Wyoming ; la femme-canon ; l'aimable embaumeuse de New-York, Mme Hamon ; le corps des pompières de Nasso (Suède) et des débardeuses de Nagasaki ; elles exultent aux cas de Mlle Whorak, chéfesse de gare sur une ligne autrichienne, de miss Leathers pilote ; elles n'oublient point les factrices rurales à cheval du Texas, ni la dame qui conduit le train express en West-Virgina.

Et puis après ?

Le champ n'est-il pas suffisant à leur activité et pensent-elles gagner leur vie à décharger des bateaux, dans le pavage ou la couverture ? A moins qu'elles ne préfèrent encore les ballades des gardiens de la paix, les descentes du commissaire de police ou qu'eles s'établissent scaphandrières, gabeloues, professeurs de billard et de boxe, archevêques ou croque-morts.

Fi l disent-eles, métiers de force musculaire que nous méprisons ! Pour nous, c'est la pensée qui dirige le bras, l'adresse qui conduit les doigts ; l'homme, la brute, est le manœuvre auquel nous devons venir en aide, que nous reléguons aux pires catégories d'un travail à l'infini divisé, dompté, mis à la portée des énergies moyennes. Et dans cette division du travail, nous choisirons le labeur facile, ne laissant définitivement à l'homme, la brute, que la partie trop péniblement matérielle pour nos forces souverainement intelligentes.

C'est un moment de folie douce à passer.

Ce qui les tente beaucoup, c'est l'Administration ; nos coûteux bureaucrates leur ont tellement vanté les suavités du rond de cuir, les discrétions du guichet, la régularité du traitement, ils ont tellement triomphé de la légende des hémorroïdes, qu'elles ont acquis un goût prononcé pour les emplois publics.

Il faut avouer que dans bien des bureaux elles remplacent avec un certain avantage le masque jauni et calamiteux du monsieur que nous payons pour se montrer désagréable ; elles paraissent plus empressées et moins tristes. Il est vrai que l'expérience est encore nouvelle et qu'il convient d'attendre la seconde génération : nous verrons si c'est le métier qui veut ça, et alors, ce sera horrible.

Pour l'instant, voici les femmes installées aux postes, aux téléphones, dans les compagnies de chemins de fer.

Moins grognonnes dans le service avec le public, elles assurent la manœuvre des lettres chargées et des mandats avec régularité et élégance ; elles ont parfois leurs nerfs avec les abonnés, font la mine aux étrennes — c'est plutôt gentil.

Depuis que l'administration a pourvu les facteurs de byciclettes, le spectacle de nos campagnes serait avivé par le tourbillon des jupes facteuses. Et le costume des petites télégraphistes ne serait pas moins suggestif — girls messengers de Londres.

Cependant, ces dames de la poste exhalent des plaintes déjà ; les buralistes, surtout, à propos du contrôle, du surmenage, du faible salaire, des erreurs que compense mal la vente des timbres. Ces récriminations rappellent à propos celle de cette receveuse pleine de pudeur qui refusa de transmettre le télégramme d'un gendarme à son brigadier. Ce même gendarme sans pitié qui, témoin d'un certain tapage, en avait été *si* tellement scandalisé qu'il n'hésitait point à le qualifier de « nocturne », avisait son supérieur des circonstances dans lesquelles il avait assisté « incognito » à un outrage aux bonnes mœurs ; il croyait devoir mettre tous les points sur les i et envoyait électriquement ces mots : vu distinctement dans luzernes...

La dame du bureau s'indigna. Mettre le mot! Jamais. Les doigts ne pouvaient se résoudre à manœuvrer le bouton conducteur. Pandore fut obligé de traduire ça par le système planétaire de Mademoiselle X... » Total : six sous de plus et la prime. Malgré cette concession, la pudique receveuse — buraliste est froissant — porta plainte à l'administration, laquelle en référa au ministre, lequel lança à tous les procureurs de la République une circulaire où, après avoir indiqué les faits, il concluait en ces termes : « Je vous prie de vouloir bien adresser à tous les officiers de police et brigades de gendarmerie les instructions nécessaires pour que, toutes les fois qu'ils devront faire usage du télégraphe, ils apportent un soin tout particulier dans la rédaction de leurs dépêches. Ils devront notamment, lorsqu'ils seront appelés à fournir par télégramme des renseignements sur un délit intéressant les mœurs, se borner à signaler la nature de l'inculpation en indiquant que des détails plus explicites suivent par le prochain courrier. »

Depuis ce jour, il est établi à l'usage des gendarmes des cours de métaphores.

D'ailleurs, la circulaire a porté ses fruits ; ces demoiselles refusent aujourd'hui la transmission de tout terme gaulois, de toute pensée lascive, collent des pains à cacheter sur les dessins grivois et aux endroits équivoques — l'aventure est arrivée au peintre Boutet. Plus de buralistes, rien que des

Hildas « au pâle sourire » sur le roc inaccessible entouré de grillages.

A part ceci, manipulantes ordinaires dont les doigts plus nerveux que ceux de l'homme sont moins habiles et commettent plus d'erreurs.

Au téléphone, les femmes sont bien à leur place : elles ont l'occasion permanente de causer du matin au soir. Elles se plaignent même de parler trop, et de fait, leur besogne est énervante et abrutissante au milieu des appels furibards et nasillants. Chaque employée donne une moyenne par jour de deux cents communications, ce qui représente chaque jour deux mille fois le mot *allô* craché à un client qu'elle ne voit pas ! Il est vrai qu'elle use du droit de l'embêter, de lui couper le fil ou de le mettre en rapport avec un créancier.

Les femmes sont très employées dans les compagnies de chemins de fer, depuis les bureaux de contrôle jusqu'aux cases des gardes-barrières. Elles ont accès au ministère de l'Intérieur : infirmières et mouchardes y émargent. Elles trouvent des ronds de cuir au ministère du Commerce sous la protection de M. Millerand, des Finances, à la Marine, à l'Assistance publique. La Banque de France en emploie environ trois cents en différents services : les dépôts, l'imprimerie, la comptabilité, la vérification des billets ; elle les paye suivant les stages, de douze cents à deux mille cinq cents francs.

M. Germain, cédant au désir de sa femme, les a fait venir au Crédit Lyonnais ; des administrations ont imité, pas autrement fières ni satisfaites de leurs services, pour caser des protégées.

Mais, sauf au Kansas, les fonctionnaires dames payées par l'Etat n'existent point encore, exceptions faites pour quelques inspectrices des prisons et du travail, quelques administratrices des bureaux de bienfaisance et des surveillantes de dispensaires qu'on ne remplacera pas après leur mort.

Telle est donc, en ses grandes lignes, l'esquisse de celles qui travaillent de leurs mains, gagnant un salaire mérité. Deux cent cinquante mille ouvrières s'emploient ainsi dans les établissements commerciaux de Paris, sans compter les enfants : toute une population de cigales et de fourmis qui trime et trouve le temps d'être pimpante et gaie. Rien de pittoresque comme de les voir, à midi, trotter, échevelées, bavardes, dans l'encombrement des faubourgs et des boulevards, en quête de la côtelette panée, des frites que les plus calées s'en vont savourer à la gargotte, que les autres rapportent à l'atelier et arrosent, rieuses, d'un Château-la-Pompe octroyé à discrétion. Le dimanche, c'est la liberté, la sortie des nippes, les envolées vers Suresnes ou la Porte Jaune, les soirées en famille — celles qui en ont — ou au Moulin de la Galette, tout un mouvement de jupes insouciantes, anémiques et laborieuses, abeilles ignorantes de l'ennui, gentiment vicieuses sous le ruban clair et la chemise rude, mères fécondes qui fournissent des rosières à Nanterre, des muses à Montmartre.

Leur vie est aux mains du patronat, sous la protecttion insuffisamment réglée d'inspectrices et d'inspecteurs municipaux, soumises encore à un régime qui se transforme par degrés et qui voit s'égrener les abus qu'il engendre.

Elles ont pourtant l'amour de leur vie libre et l'orgueuil de leur perfection professionnelle ; si elles naissent, vivent, meurent comme l'églantine qui s'étache à l'ombre des grandes murailles, elles ont du moins l'âme simple, exemptés encore des vanités envieuses et des désillusions cruelles.

A plaindre, certes, elles le sont comme tous ceux qui sont obligés de gagner leur vie. Il ne faut point exagérer, et elles se plaignent moins que ceux ou celles qui vivent de se plaindre du sort des autres.

Ecoutez ce qu'une d'elles écrit en réponse aux gémissements littéraires :

« ... Les ouvrières ne sont superficielles et bruyantes qu'en apparence, non au fond. Il est certain que lorsqu'elles sortent de leur captivité, l'effervescence de la jeunesse se manifeste d'autant plus bruyamment qu'elles ont eté longtemps contraintes. Leur liberté passagère les grise ; mais ce n'est chez elle qu'une attitude momentanée — et il est bien rare, il est même inexact que, sur trois ouvrières il y en ait deux qui aient recours à un appui étranger pour vivré. Prenons la généralité, et comme moyenne, trois sujets, trois ouvrières sortant de leur travail. La première est mariée, et c'est simplement son mari qui l'attend ; la seconde est une jeune fille, dans sa famille, qui est honnête et n'a pas besoin, du reste, d'appui étranger; quant à la troisième, celle-là a un ami qui l'aide ou qui ne l'aide pas — car il faut encore constater que l'ouvrière est peut-être une des seules jeunes filles chez qui l'on trouve encore et souvent l'amour désintéressé, l'amour pour lui-même, exemple qui n'est guère suivi par les classes dirigeantes, chez lesquelles ce sentiment est souvent un calcul !

« D'où il résulte que, sur trois personnes, deux sont honnêtes et une seule représente la mauvaise fraction ; et c'est déjà beaucoup.

. . . .

« ... Je dois aussi déclarer qu'il n'existe pas de *première main* gagnant moins de 4 fr. 25, et, que la moyenne du salaire est de 4 fr. 75 ; donc, sauf la jeune fille seule à Paris (pour qui le péril, certes est grand), l'ouvrière honnête, soit mariée, soit dans sa famille, peut vivre du fruit de son travail, et combien en voit-on soutenir leurs parents âgés ?

« Je viens donc, au nom d'une des corporations les plus courageuses qui existent vous demander de vouloir bien insérer ces lignes où je déclare et soutiens que les ouvrières sont beaucoup plus honnêtes qu'on ne veut le croire ; et, c'est sur leur demande que je viens vous prier de leur faire ce petit plaisir.

« Je vous prie d'agréer, monsieur, l'assurance de ma parfaite considération.

« UNE ANCIENNE OUVRIÈRE. »

Jenny, Louise, l'ouvrière française est la Flore de ce pays, au front joyeux, la déesse aux lèvres souriantes, aux mains pleines des grappes fraîches de fruits et de fleurs.

Aussi, bien peu s'expatrient.

Et cependant, la femme du peuple, la française est par excellence, la merveilleuse colonisatrice ; son corps frêle résiste mieux que tout autre aux climats durs, son organisme lui permet d'être mère sous tous les ciels, même les moins cléments, au mépris des fièvres et des épidémies qui passent à côté d'elle.

Néanmoins, elles résistent aux promesses lointaines, aux tentatives dont quelques sociétés de colonisation s'efforcent de faire les frais ; l'émigration n'est point leur idéal ; elles préfèrent l'atelier, le sous-sol étouffant, sans air, sans lumière, et possèdent une insurmontable nostalgie du bitume.

Les avantages de la colonisation séduisent plutôt les Anglaises ; miss Ross les embrigadent en masse pour la recherche à travers le monde de maris et d'emplois ; elles écoutent d'une oreille attentive les propositions des entraîneuses, croient aux promesses de concessions éloignées, aux espoirs charmants du colon entrevu.

Mais chez nous, les femmes sont méfiantes, et l'Etat ne se montre sur ce point ni généreux ni précis. Les conférences de M. Chailly-Bert sur la colonisation féminine auraient pu porter des fruits moins secs, si l'Etat avait voulu assurer à celles qui s'en vont des avantages réels, un foyer, un emploi déterminé avec un travail fixe. Elles sentent que l'émigration n'est qu'un piège, une sorte de traite de blanches qu'il s'agit d'envoyer au mâle, au colon qui manque de femmes, sous le soleil desséchant de là-bas, et dont elles deviendraient les esclaves.

Et, rebelles aux croisades grandiloquentes de Mme Pognon, les petites abeilles ont préféré les frites au saindoux de la rue Saint-Denis aux agapes à l'huile de requin du Congo.

Il semble donc que le commerce important, l'industrie, l'agriculture, la colonisation soient réservés, pour ce qui est de la création et de la direction, au génie commercial et inventif de l'homme.

« Le commerçant, écrit M. Hanotaux, est aujourd'hui un créateur... le commerce demande une individualité forte, de l'initiative, du coup d'œil, du sang froid. »

Qualités absentes du logis cérébral de la femme,

IX

ÉDUCATION

Une dame posséda, dit-on, un encéphale pesant onze cent soixante grammes ; qu'il vous suffise de savoir que cet encéphale, égal en poids à celui de Gambetta, lui servit à fonder un beau jour une Société pour l'Instruction *intégrale* de la femme, c'est-à-dire l'instruction identique à celle que reçoivent les enfants du sexe masculin et l'appropriation à toutes les fonctions masculines.

Depuis cette fondation encéphalo-comique, l'instruction intégrale s'est vue consignée comme un précepte dans tous les cahiers de revendications.

On ne peut nier que ce soit là un succès !

Chaque année l'éducation féminine s'intégralise de plus en plus ; on peut dès à présent prévoir l'époque où les hommes n'auront plus rien du tout à enseigner à leurs dames. Chaque année, l'instruction officielle, les programmes d'éducation des filles deviennent, d'une intégrale fluente, plus complets et plus chargés, formant ou déformant l'esprit des mioches qu'on pétrit dès les premières layettes pour le diplôme — programmes qualifiés d'*androgynes* parce qu'ils se moquent des mœurs, de la mission, de la spécialisation sexuelle.

Et pourtant, quelles différences naturelles entre les enfants de l'un et de l'autre sexe ! différences qui ne sauraient échapper qu'aux idéologues coriaces, diversités d'essence, d'organisation, de complexion qui naissent avec l'espèce, se développent et grandissent, se manifestent en toutes occasions de l'existence, indéfectibles, que, seule, peut arriver à masquer aux yeux publics, l'hypocrisie fardé d'un intellectualisme abstrait.

Prenez deux enfants en bas âge, par exemple : dès qu'elle sait babiller, les instincts de coquetterie éclatent chez la fillette en mille circonstances ; dès lors ses jeux seront bientôt différents de ceux du garçonnet. Tandis qu'elle s'affublera de bouts de chiffons, choses reluisantes, vêtira sa poupée, le frère jouera au fouet, aux choses qui font du bruit ; inhabile, avant même de parler, son cerveau rudimentaire s'intéresse au ménage, à l'ordre qui y règne, à la disposition des objets et aux soins particuliers qu'on y apporte — souci très nul pour le petit mâle. La précocité aux choses de la maternité se perçoit chez elle dès l'âge le plus tendre ; survient-il un bébé dans la maison, la fillette n'aura pas la moindre répugnance à embrasser le nouveau-né, aux chairs rouges et molles ; l'autre recule d'abord, hésite, surpris, un peu dégoûté, embrasse du bout des lèvres. Elle s'intéresse de suite à tous les détails, loin de s'agacer des cris du bébé ; alors que les langes mouillés le dégouteront et que les odeurs l'engageront à s'en aller, elle, au contraire, d'instinct saura bien vite, en son observation précoce, distinguer si le petit profite ou s'il est dérangé.

Ces différences natives se développent bientôt dans leur intensité, l'esprit prendra sa forme distincte de même que le corps; de bonne heure les qualités physiques et intellectuelles bifurqueront en deux sentiers parallèles auxquels la loi du monde a fixé le même terme sans traverser les mêmes écueils ni les mêmes fleurs.

Pourquoi donc l'Ecole devenue trop féministe, tend-elle à déformer ce que la Nature s'est plu à faire, à transformer les destinées, à confondre les chemins que la loi naturelle a voulu plus doux, aux pieds plus tendres de la femme, à niveler en une sorte d'hermaphrodisme inhumain des cerveaux composés pour s'agréger en d'étroites soudures, à brouiller les essences destinées à s'aider par une action commune et des moyens différents, à faire des rivaux qu'un destin factice entraînera aux disputes, aux vengeances, sacrifiant le plus faible inévitablement, à créer des intégrostomes en place de belles filles.

Ce qui nous occupe est bien au dessus des questions de laïcité; les réformes de la loi de 1880 furent utiles, les avantages sont sérieux et les lycées de jeunes filles n'effraient plus personne; peu nous importent les enseignements donnés par des curés, des nonnes, des maçons, quart d'orthodoxes

ou autres : à chacun ses préférences et ses convictions. Ce qui est tout, ce sont les menus d'études.

Certes, il convient que la femme ne demeure
point ignorante des progrès de la science, d'autant
que ses applications vont lui fournir le bien-être.
On comprend que l'électricité, voire même son po-
tentiel, ne lui soit pas totalement étrangère, ne
fût-ce que pour faire bonne figure dans une automobile ou rafistoler le courant interrompu. Toutefois, la connaissance scientifique doit être appropriée au caractère peu spéculatif, mal abstrait du
crâne femelle ; le côté pratique doit dominer et
la théorie rester simple.

Que peuvent faire, en effet les malheureuses, de
certaines études bizarres, sciences naturelles, physiologie, y compris les expériences sur les gre-
nouilles, arguties de la linguistique, du grec, du
latin ou de l'histoire des Mèdes? Que signifient
des sujets de composition où l'on demande à
une jeune fille de quatorze ans d'expliquer « *comment les deux règnes de la nature animale et végé-
tale agissent l'un sur l'autre* », ou encore ce
qu'elle sait de J.-J. Rousseau comme philosophie
et de Madame de Sévigné comme écrivain, ou
même de décrire « *l'attitude d'un sous-officier arrivant en garnison à Béziers* » (sic).

L'enseignement secondaire et ses brevets inutiles
sont stupides. La multiplicité des choses dont on
bourre les cervelles ne développe dans l'esprit des
filles aucun goût sérieux pour quelque branche que
ce soit, leur mémoire exacerbée ne le meuble que

provisoirement d'un tas de formules, épaisses ingestions qui les préparent au sommeil lénitif de l'oubli ; l'Ecole est devenue l'accumulateur pour examens brevetés, sans garantie du Gouvernement, alors qu'elle devrait, selon l'heureuse définition de M. Lavisse « s'appliquer à donner par des moyens simples une idée philosophique, inspirer l'envie d'aller plus loin, ouvrir à l'esprit une perspective indéfinie. »

Goûtez ces menus servis aux tables de tous les marchands de soupe officielle : grammaire, grammaire comparée, littérature grecque, latine et française, histoire, géographie, mathématiques, physique, chimie, algèbre, géométrie, cosmographie, mythologie, histoire naturelle, langues vivantes, droit usuel et constitutionnel, droit des gens, physiologie, philosophie, danse, économie domestique, hygiène. On n'a oublié que le grec ! Si j'avais voix au chapitre, j'ajouterais la psychométrie. Quant au jugement, au bons sens, l'Ecole s'en moque comme d'une passoire, si bien qu'après avoir reçu la graine saine et féconde, après avoir souillé la fleur, elle rend un fruit soufflé, sans saveur, sorte de melon poussé en serre, mal mûri, gonflé et molasse.

L'imagination est refoulée, tout équilibre est rompu sans utilisation autre qu'en vue d'une incommensurable vanité, un aplomb de cabotine, le pédantisme et l'irrespect de la famille.

Que voulez-vous que puissent devenir chez leurs parents ou dans un ménage, des filles capables de traiter des sujets du goût de ceux-ci ? « Comparer les civilisations de l'Egypte et de la Chaldée, dire celle que vous préférez et indiquer les raisons de vos préférences » (lycée de Lille) — c'est stupide à en pleurer.

Et cet autre, à disserter sur cet aphorisme : « l'homme n'est ni ange ni bête et le malheur veut que qui veut faire l'ange fait la bête ». Je ne sais si le texte a été fourni par une femme ou par un homme, mais c'est plutôt bête qu'angélique.

Et celui-ci : « L'autorité en matière de langage s'attache toujours au prestige social et politique ».

Encore : « Etudier la quatrième Provinciale comme si c'était une comédie(?) » — (lycée de Nice).

Sarcey en citait un autre : « Que penser du vœu d'enrichissement pour la langue que portait Fénelon devant l'Académie ».

Sarcey déclarait que sur dix sujets littéraires ainsi posés, il ne serait pas capable d'en traiter trois.

Même guitare en physique, en géométrie dans l'espace, en algèbre !

Et ce sont ces choses que des mères de famille, soucieuses de voir briller la batterie de cuisine et le linge sans fissure font apprendre à des filles qui se fichent d'elles dès qu'elles s'imaginent savoir quelque chose.

Quant aux connaissances utiles, il en est à peine

question sur le papier — on a honte d'apprendre la couture ou la coupe et l'assemblage des vêtements.

Ne parlons pas de l'enseignement primaire où l'on remarque la prépondérance des cours de civisme et des notions scientifiques et littéraires. A huit ans !

Quant à l'enseignement supérieur et normal, il exagère naturellement les inepties apprises par cœur dans l'enseignement secondaire ; il multiplie les formules, entasse en masse et prépare la grande mixture finale. Il fait des doctoresses, des agrégées, des professeuses, celles dont M. Manuel disait : « L'Etat est tellement honteux d'avoir déversé une telle quantité de phénomènes sur le territoire qu'il en est arrivé à prévenir lui-même les élèves qu'elles s'arrêtent dans leur essor savant et qu'elles n'aient point à compter sur lui ». Malgré cela, le ministre ne sachant comment endiguer le flot, a pris le parti d'envoyer des circulaires qui doivent être affichées dans les lycées et destinées à éloigner les jeunes élèves des bienfaits morbides de l'enseignement secondaire ; ce repoussoir se manifeste sous la forme de tableaux portant les noms de toutes les diplomées, agrégées ou admissibles sans emplois.

Rien n'y fait — ça marche, l'huile s'étale et les méthodes prévalent.

Sous prétexte de culture éthique et de dignités à conquérir, on s'applique à leur inculquer des choses qu'elles ne peuvent s'assimiler, des vertus qui ne peuvent se développer dans leurs cerveaux plus que les mamelles sur la poitrine des hommes.

On veut à tout prix, uniformément fourrer dans la tête des filles la rigueur du raisonnement, l'usage de l'attention, l'abstraite impartialité, le « goût exigeant de la vérité. »

Chimères qui consistent à vouloir faire des supériorités et non des femmes ! quelques supériorités ne feront point les règles et celles qui seront restées sur le terrain, en arrière, auront du même ocup perdu les beaux joyaux de leur nature femelle. Vouloir faire des virtuoses, c'est condamner les quatre-vingt-dix-neuf centièmes au sacrifice, à la médiocratie stérile, au désespoir, aux désillusions.

« Cette préoccupation, disait Paul Bert, de préparer la femme uniquement pour les soins du ménage, et n'en faire que l'éducatrice des enfants, la servante de l'homme, n'est autre chose qu'une des formes de l'égoïsme masculin. »

Il n'est question ni d'en faire la servante, ni de la préparer *uniquement* pour les soins du ménage et c'est rapetisser gratuitement la destinée grandiose de la femme.

« Sa destinée, continue-t-il, sa mission n'est pas de faire le bonheur de l'homme, c'est de faire son propre bonheur. »

Oui certes ; et il s'agit de voir où est son propre bonheur ; s'il est dans l'isolement individualiste ou dans l'association de deux mouvements connexes en vue d'un bonheur commun, de deux pôles qui ne produisent la force que par leur jonction.

Et notez qu'elles ne trouvent plus à se marier, à ce point que de graves esprits se préoccupent hardiment de rechercher les causes de cette mise en quarantaine et ses remèdes.

La cause, c'est que l'institutrice n'est guère une femme de foyer et que les gens qui s'assemblent en mariage ou en équivalent, cherchent à vivre chez eux, tout bonnement, dans une égalité intellectuelle de bon aloi. La pédagogie s'adapte mal aux soins du ménage et des enfants; la femme qui rentre de classes, toute empreinte de l'auréole de l'autorité ou bien éreintée de la besogne, est hors d'état de surveiller l'économie domestique et ses infinies exigences. Maîtresse d'école! institutrice libre! mauvaises résonnances pour le jeune homme qui veut se ranger gaiement.

Et elles s'en allaient, 40.000 institutrices en rupture de pédagogie, déambulant, Larousses errantes, il y a dix ans, à la recherche d'émonctoires au trop plein de leur érudition ratée. 67.000 plus heureuses avaient trouvé de vagues places.

En Angleterre, 124.000 étaient occupées ; on en comptait 156 mille en Amérique.

En Allemagne, pour résister au flot, on exige pour les institutrices un «certificat de maturité (?)»

Les chiffres ont aujourd'hui doublé ; les inoccupées ne se dénombrent plus.

Ce qui n'empêche pas les femmes d'enseignement de briguer l'entrée au Conseil supérieur de l'Instruction Publique — à l'instar de leurs sœurs littéraires pour la société des Gens de lettres. Quelques-unes firent partie de la ce docte Conseil, sorte de tribunal régulateur nommé par le Président de la

République ; elles n'y tinrent pas longtemps et les concurrentes à l'élection ne se mettent point facilement d'accord.

Aussi bien, n'est-il pas surprenant de voir, en ce pays, les conséquences du nivellement cérébral de la femme, de son détachement aux choses d'intérieur, de la dispersion des fortes en thème armées pour le disputer à l'homme, le rival, des raisonneuses au cœur et à l'imagination et aux membres desséchés. En Amérique, c'est le divorce inévitable, dans les proportions fantastiques de un sur sept mariages à Chicago, de un sur neuf à Connecticut et en moyenne, ailleurs, de un sur vingt unions.

En Angleterre, c'est l'alcoolisme chez la femme ; à Londres, dix mille femmes sont arrêtées annuellement, saoûles sur la voie publique ; c'est douze mille à Glascow ; à Dublin, les policemen passent leur temps à ramasser les ivrognesses ; à Manchester, dix mille femmes sont enfermées par an, les ivrognesses notoires sont légion.

La prostitution est encore un vaste refuge pour les jeunes femmes qui ont appris à comparer les civilisation d'Egypte et de Chaldée et n'ont pas appris autre chose de plus pratique. Les plus laides se placent en qualité de bonnes d'enfants.

A Chicago, les femmes instruites, mais disponibles, sont devenues si nombreuses que le Gouvernement s'en est ému et cherche ce qu'il pourrait bien en faire. Une d'elles, Miss King, a eu l'idée de grouper autour de son panache toutes les vacantes de bonne volonté et de les transporter à Klondyke où les colons manquent de femmes. Elle appelle ça l'Alaska Gold Club — sorte de bureau de placement à l'usage des chercheurs d'or en rut. Au moins elles vont devenir utiles à quelque chose et faire quelque bien.

Chez nous, elles contribuent, comme écrivait Maxime du Camp, à « élever le niveau des filles entretenues »; beaucoup se déclassent tout à fait, rarement joyeuses à la façon des bonnes filles que la noce a prises sans illusions, toujours misérables, fatiguées des luttes vaines, de la solitude qui torture ; parfois elles échouent, après les jeûnes prolongés, aux mains calleuses d'un sauveur qui les repêche dans leur orgueil misérable. Libre ! Certes elle ne l'est plus lorsqu'aux exigeances de la vie, elle s'est butté sans trouver en soi les trésors des ressources féminines que la science ou les humanités ont dissipé sans profit; elle ne sait plus même se servir de son corps pour la fête; l'étude a déformé ses traits, sa gorge, fait tomber ses cheveux — Blanchettes ou filles de M'. Dupont, clientes des Filles Repenties, dames Bovary que réclame l'hôpital quand ce n'est pas l'institutrice Louise Masset, pendue à Londres, pour avoir tué son enfant.

Telle est la réaction à outrance contre les mœurs antiques où la femme était la fille de son mari, la servante, où le Code de Manou la déclarait impure et lui défendait l'étude de la philosophie et de la science. Telle est la réaction contre les mœurs de l'aurore de ce siècle : la fille de 1830 « cette chose à ressort, inerte, qui n'ose ni agir ni penser, cette chose artificielle, sans réalité, sans couleur, sans personnalité propre; cette chose insaisissable, qui n'est rien, ne sait rien et qu'on appelle une demoiselle à marier ».

La *demoiselle à marier*, de Scribe, ou même l'oie blanche ! Epoque où s'exhale l'horreur de la femme qui sait :

> *Soleil qui luisarne au matin*
> *Enfant qui est nourri de vin*
> *Et femme qui parle latin*
> *Ne viennent pas à bonne fin.*

Epoque aussi du féminisme naissant, le féminisme rigolo de la lionne qui « laisse au sexe fort le poids des affaires et le maniement d'une autorité blanche, ne demande que la facile liberté de partager les plaisirs, les usages, les façons, les allures, les travers, les ridicules et les grâces de l'homme élégant... pour le reste, qui ne demande pas mieux que de rester femme avec des franchises illimitées. »

Réaction violente et maussade qui s'efforce de faire le malheur de la femme en la poussant à ce que sa langue pédante appelle l'instruction intégrale. C'est pour la mieux appliquer, plus intégralement encore qu'elle a découvert l'éducation mixte et nous a fait éclore le Robin des bois de Cempuis, inventeur barbu du néo-malthusianisme, ou art de ne plus faire d'enfants. Invention fameuse expérimentée sur des orphelins, *in anima vili ;* Cempuis fut le type de l'école mixte et le triomphe du mélange des sexes, le baquet où bar-

botent mâles et femelles dans la coéducation de
tout.

Les féministes adorent ça, coéduquer ; il ne ra-
tent pas de citer à l'appui du système pittoresque
de la baignoire pour deux l'exemple de la ver-
tueuse Amérique, le collège de Galesburg, aux
États-Unis ; les mœurs y sont pures, affirment-elles
et les hommes « s'affinent au contact des filles...
beaucoup de mariages se décident au collège... par
contre le vice règne dans nos internats... ce qui fait
l'inquiétude en matière sexuelle, c'est l'ignorance ;
supprimez-la, vous supprimez l'inquiétude. » Ce
qui revient à dire qu'il est urgent d'enseigner aux
jeunes élèves les trente-deux positions avantageuses
pour réussir dans le monde, sinon c'est l'Hamlé-
tique inquiétude des solitaires nuits — là où il n'y
a de l'inquiétude, y a pas de plaisir, comme chantait Milly Meyer.

On racontait aussi que la coéducation avait pour
effet de donner aux garçons de bonnes manières et
aux filles de l'indulgence. Irons-nous chercher en
Amérique nos modèles du savoir-vivre moderne ?

Tels sont les arguments de quelques moralistes
des deux sexes : Stuart Mill, Mmes Leroy-Allais,
Kergomard. Sarcey, au cours de ses averses d'eaux
ménagères qu'il intitulait modestement « grains
de bon sens », en pinça pour la coéducation; déjà
le lion était devenu vieux, et cela n'avait pas d'importance, mais il ajoutait en un relent de coulisses:
« Est-ce qu'un frère a jamais de mauvaises idées
avec sa sœur ? »

Cet homme gynécole avait, par moments, des grains de bon sens particuliers ; parce qu'un frère et une sœur n'ont point ordinairement de désirs mauvais, en résulte-t-il que ceux qui ne sont pas frères et sœurs, sauf dans le catéchisme, ne puissent en avoir ?

O les raisonneurs trop mûrs qui perdent jusqu'à la mémoire des vibrations !

Laissons Sarcey et ouvrons sur l'échantillon créé par Robin le premier journal venu (Octobre 1894). On écrit sur Cempuis : Alimentation insuffisante, surmenage, coups de bâton, privation de soins, punitions révoltantes, procédés barbares ; on parle de tripatouillages financiers et pornographiques, des déshabillages en commun dans les piscines ou au bas des falaises de Mers : à tel point que l'établissement sombre et que Robin se retire avec une jeune disciple, désabusé, tenter une expérience nouvelle en Calédonie. Il y réussit mal d'ailleurs et la jeune élève ne revint pas.

Ecartons ces extravagances, peu communes ; si l'Amérique les revendique, c'est que les pudeurs anglo-saxonnes germent à des fumiers moins chauds que chez nous. Encore n'est-ce pas certain et le collège de Galesburg n'est-il qu'une exception ; s'il est vrai que des mariages s'y décident entre deux classes de langues vivantes et que les fiancés attendent patiemment l'heure légale des enfants, c'est que peut-être les élèves de Galesburg sont choisis dans quelque importation de la Chapelle sixtine.

Car enfin il ne faudrait point prendre à tort et à travers ses modèles dans la race anglo-saxonne. Il semble au contraire que les petits Anglais formés dès le biberon à l'excroissance des biceps et des thorax, aux développements musculaires et aux exercices de force soient plutôt enclins à mépriser les câlineries, les grâces blondes et les tendresses enfantines des babies. Ils ont de bonne heure le sentiment de leur force et font vite sentir aux plus faibles la brutalité de leurs poings et de leurs coudes — ne fût-ce que contre les femmes des Boers.

Si nos écoles ne sont pas devenues mixtes — sauf pour les bambins à la primaire — elles sont du moins devenues des nids à bas-bleus. Il n'est plus de jeune bourgeoise qui ne possède son « premier degré ». Le pire, c'est que la monomanie de l'instruction officielle a envahi les populations à demi-aisées des villes et des campagnes, les fonctionnaires, les petits bourgeois et le petit commerce; l'ouvrier lui-même ou l'ouvrière a une tendance à rêver les succès scolaires pour ses enfants. Envoyer les gosses à la classe, leur trouver des dispositions surprenantes, se pâmer aux éloges du maître, rêver de faire des sujets ou des savantes, les pousser comme elles disent, cela est le mal qui gagne les mères quand elles ont la tentation de penser que le bonheur est ailleurs qu'au foyer, quand un amour maternel trop ardent les égare en des sphères de rêves entrevus à travers l'auréole du lycée, mystérieux génécée.

L'Ecole et ses programmes offrent moins d'inconvénients pour les filles des riches ; la fille du riche est généralement paresseuse, coquette, rebelle aux sentiments d'émulation qui mènent au surmenage ; plus attentive aux mondanités que les filles pauvres n'ont pas eu l'occasion de connaître, les réflexons studieuses lui échappent. Au reste, les familles fortunées préfèrent les *Oiseaux* où les filles cultivent l'art d'agrément, plus sceptiques à l'endroit des brevets officiels; elles craignent les fièvres cérébrales et redoutent que l'enfant prenne par trop le goût des classes; on songe à la lancer d'autre façon. Aussi bien le féminisme n'est-il point un péril pour celles que guignent les échauffements de la vie mondaine, les cours de danse où la chaise classique est remplacée par le rasta en chair, le casino avec ses petits chevaux, son baccarat et ses bals où les cavaliers se recrutent dans l'incognito des offices.

La manie de l'instruction intégrale a causé bien d'autres ravages en dehors de l'Ecole; c'est pour s'intégraliser et devenir l'égale que la femme pratique la bicyclette. Le vélocipède fait partie de l'éducation d'une fille qui doit savoir ramasser des pelles et descendre les côtes sans frein; devenue démocratique, la bicyclette figure au programme de l'instruction élémentaire. De la sorte, les femmes seront en mesure de suivre leurs anciens seigneurs et maîtres aussi loin qu'ils auront la fantaisie d'aller, de s'assurer par une escorte pneumatique des espaces franchis et des lieux explorés par ces messieurs; elles s'imposent, malgré l'embarras qu'elles procurent, les repos qu'elles exigent à chaque borne kilométrique, les poussées de sueur qui rouillent le guidon; dédaignent les propos familiers qui les saluent au passage ou circulent sur le diamètre du pétard et du mollet.

Quelle atroce torture pour un époux conciliant de sentir le ridicule de sa compagne gigotante, cette brave femme si rayonnante et si paisible, d'apercevoir les ricanements de gens pas méchants dans le fond qui s'arrêtent pour la regarder passer, essoufflée, sorte de tomate congestionnée volante!

Parfois l'époux conciliant se fâche et lance aux rieurs le juron du galant paladin de la rue des Archives :

— Tu ne t'es donc pas regardé, eh, tourte!

Et il disparaît, soufflant après sa tomate volante.

La bicycliste suit son homme pour faire comme lui, pour être avec lui — rasoir pneumatique — à sa proie rivée. Ferrée sur les formes diverses du cyclisme, de l'amateurisme, du tourisme, elle s'intéresse aux records, lit le *Vélo* et se mitonne pour l'avenir des réjouissances internes.

Ces choses nous viennent d'Amérique avec beaucoup d'autres sports où les jeunes personnes excellent à l'entraînement — tennis, pockey, crocket — superbes occasions pour exhiber des chemisettes brodées aur couleurs crues et des jupes plus courtes qu'une mélodie de M. d'Indy.

Encore la culotte de la bécaneuse est-elle moins seyante que la jupe, mais lui donne-t-elle une tournure mi-dégingandée d'animal non classé, entre mâle et femelle.

La vicomtesse Habberton n'eut probablement pas la primeur de cette aventure qui dut arriver à bien d'autres roturières. On raconte qu'arrivant, exténuée, poussant à grand peine sa machine, nuance fleur de brique, dans un village voisin de Londres, elle avise la salle commune d'une auberge où le garçon, pris de frayeur, refuse de la servir; mourant de faim, crottée jusqu'aux cils, elle supplie le patron qui consent à la nourrir en un coin enfumé, tableau qu'on cache aux estomacs de la clientèle. Rentrée à Londres, l'aristocratique personne eut le toupet de porter plainte, de faire un procès qu'elle perdit d'ailleurs.

A part cela, machine trépidante merveilleusement adaptée à l'effet d'aviver les solutions amoureuses des flirts en détresse.

Bien que la bécane soit le sport favori de la reine d'Italie et fût longtemps le supplice de Tantale de la jeune reine de Hollande, le genre s'en est popularisé à ce point que l'automibilisme l'a détrôné, du moins dans la classe riche. L'automobile fait aujourd'hui partie de l'éducation et du brevet supérieurs. Aussi bien, les motowomen se sont mises à piocher la mécanique, préparant avec frénésie les examens nécessaires pour devenir chauffeuses. Témoin madame Suzanne Gobron, qui revendique la détention du record sur route en une promenade de quatre à cinq mille kilomètres en un mois.

C'est à l'heure, une distraction de gentilhomme, quoiqu'en dise la duchesse d'Uzès et sa définition de l'automobile : « une victoire *démocratique* (?)

ou l'équipage à la portée de tous » — ce qui ne l'empêche pas, martyre démocratique, d'écopper 5 francs d'amende pour vitesse excessive. Avec son succès écrasant, ce fut la grande usine à bancroches et culs-de-jatte. A part les lunettes et masques de casseurs de pierres, les femmes en automobiles sont encore moins grotesques que les cyclewomen.

Plus sportif et plus noble est l'Alpinisme, inauguré par la hardiesse de mademoiselle Henriette d'Angeville, il y a quelque cinquante ans, suivi par mademoiselle Paillon et madame Workman. Les dames sont au Club alpin tout aussi bien utiles qu'un prie-dieu à la Bourse, et j'imagine que les pics découverts par la princesse Mathilde, la baronne de Rothschild, la reine Marguerite d'Italie ou mesdames Liégeard et Vallot ne dépassèrent guère l'imprévu des farouches explorations du Righi et du Pilate. La reine des Deux-Siciles nous apprend qu'elle a visité les cîmes du Tyrol; la princesse de Lobkowitz a fait trente-huit ascensions pénibles; mademoiselle Anrora Herzberg naquit sur une des cîmes élevées des Alpes et madame Hélène Kuntze visita la Jungfrau, la Dent-Blanche et le Mont-Blanc. Saussure fit moins d'embarras mais fit, certes, de bons élèves dans l'art d'escalader les superlatifs.

Encore plus nobles, quoique encore mineurs, sont les sports qu'on nomme football, la joie des rebouteux; le golf — nouveau jeu de la pomme où il s'agit, à cheval, de mâcher dans un fruit qui nage en un baquet sous l'œil de jeunes Eves émoustillées — arrivages d'Amérique et d'Angleterre, avec matches nationaux et internationaux où figurent les noms illustres des comtesses de l'Aigle et Pillet-Will; le cricket, le tobbogganing; et encore ce hight-kicking, jeu de filles qui consiste à lever la jambe à la hauteur du nez de son partenaire.

Tout à fait nobles sont le yachting et le grand sport des chasses à courre où brillent équipages et livrées. Les laissé-courre de la duchesse d'Uzès, présidente aussi des pêcheuses à la ligne, sont aussi renommés que le vocabulaire pittoresque où l'entraîne sa fougue cynégétique. Le dernier cri est l'ascension en ballon — la conquête des nues !

La boxe a ses ferventes : déjà madame Judic, madame Amel décochent agréablement le coup de poing. Le tir a les siennes en des sociétés féminines organisées à l'américaine.

En tout ceci, la femme brille par sa faiblesse : Atalantes modernes, maniaques d'une outrancière locomotion, elles demeurent battues par Hippomène — toujours.

Mais c'est la fièvre des joies extérieures, aux allures libres, aux déhanchements masculins qui entraîne désormais la jeune fille et son bagage cérébral mal équilibré hors des plaisirs moins intégraux de la maison, qui l'emporte au vagabondage des salons et des routes départementales, masculinisant costume et langage, sans vergogne pour l'expression, sans pudeur des mots crus — exosmose capricieuse qui la pousse à la rue — ce que Marcel Prévost appelle si justement le « krack de la pudeur ». Elle repousse ce respect que l'homme avait jadis de sa faiblesse, dédaignant l'urbanité du vieux-jeu, le baise-main du siècle passé, la délicatesse qui n'est plus que l'arriéré des badernes; sa poignée de mains à dévisser les bras sent la pratique des haltères; ses pieds à l'anglaise se sont aplatis pour la vadrouille; sa poitrine s'est fait plate à l'empesage des chemises écourtées et sa taille s'est carrée.

Riche, elle court les conférences et les salles de rédaction, remue ciel et terre pour se faire imprimer quelque chose en payant; sans rentes, elle court le cachet, traîne ses jupons et ses bas qui vrillent à la poursuite d'une place de gouvernante ou autre. C'est la bohême des lettres.

Parfois elle réussit grâce à l'homme; il est fréquent qu'elle en profite pour l'attaquer.

Et sans cesse les lycées de jeunes filles se multipliaient... ils pullulent. Plus de soixante, y compris les établissements assimilés, non compris les institutions libres, se sont en France peuplés de filles de petites bourgeoises — graînes de déclassées si le bon sens des parents ou la paresse ne les arrête point à temps. Nous en avons cinq à Paris, dont l'un est placé — étrange ironie — sous le patronage de Molière!

Il n'est point guère de contrée, jusqu'à la principauté de Monténégro, qui n'ait éprouvé le besoin de s'en offrir un, avec admission des élèves appartenant à toutes les classes. Quelques municipalités résistent encore, celle de Breslau par exemple, où, en revanche, les meetings de protestation soulèvent des tempêtes et des télégrammes féministes de France. A Kœnigsberg, la société des femmes remuantes a ouvert les *gymnasielcurse* pour l'enseignement secondaire et le baccalauréat. Les internes d'un lycée quelconque d'Angleterre cultivent avec Milton le dressage des chiens — le club des chenils. En Russie, les gymnases, ou établissements identiques pour filles et garçons se développent au détriment de l'enseignement primaire; ils ont porté de tels fruits que le gouvernement fut, il y a plusieurs années, contraint de prendre une mesure plus radicale que notre affichage des diplômées sans emploi; il ferma tous les cours d'enseignement supérieur. Un seul subsiste : celui de l'École de médecine. La Chine elle-même s'est payé le luxe de faire des institutrices et des médecines en une école supérieure ouverte à Schangaï sous la protection du vénéré Confucius.

Inutile d'en citer d'autres; on en a mis partout à l'essai : c'est un déluge annuel de savantes momentanées et de névropathes qui nous menace.

Un peu de statistique pour Paris : 130 étudiantes en médecine par an, plus de 200 littératrices en herbe, 20 pharmaciennes, etc.

Est-ce donc là ce que la raison commande de faire de nos filles? N'y a-t-il point de place pour les femmes futures entre le Code de Manou, la famille romaine, la fille de 1830 et le bon sens moderne? ne pourrait-on pas, au lieu d'intégraliser sottement, spécialiser les programmes, les harmoniser avec les facultés féminines, les rendre utiles à l'avenir auquel elles demeurent destinées,

réduire les connaissances sauf à les rendre plus
solides, apprendre moins et savoir mieux, fortifier
le jugement, développer l'imagination, les soutenir
dans la vocation réfléchie d'épouses et de mères?

Il ne serait pas mauvais de stimuler le goût de
l'éducation professionnelle et multiplier les écoles
spéciales à cet enseignement; alors que l'Allemagne,
l'Autriche, l'Angleterre développent chaque jour les
moyens propres à divulguer cette instruction pratique, accordent des primes aux familles et aux
élèves, réunissent dans des écoles largement ouvertes la technique des métiers et le bagage d'instruction élémentaire strictement nécessaire, ici nous
faisons comme à regrets quelques rares pépinières
d'ouvrières.

Cinq ou six à peine sont ouvertes aux Parisiennes
au goût si délié, à l'adresse si délicate, à l'ardeur
légendaire; l'école Elisa Lemonnier, la plus ancienne aujourd'hui remplacée, celle des rues de Poi-
tou, Bouret, l'école Sophie Germain, celle de la rue
de la Tombe-Issoire ne contiennent qu'un nombre
restreint d'élèves auxquelles d'actives surveillantes
enseignent avec la cuisine et la pratique du foyer,
les métiers de modistes, lingères, brodeuses, couturières, fleuristes, repasseuses, avec les connaissances
appropriées, le dessin, le modelage, la comptabilité, la peinture industrielle. Ecoles gratuites qui
font l'honneur de la Ville de Paris, sont un bien-
fait aux pauvres à qui elles procurent l'existence
libre avec les encouragements de Caisse d'Epargne!

De nombreuses et profondes réformes sont nécessaires : le nombre des métiers enseignés est in-

suffisant; les arts industriels et décoratifs y devraient être poussés plus loin, ouvrant aux jeunes filles du peuple un horizon plus large avec la création d'ateliers où elles pourraient pratiquer les leçons reçues — ateliers analogues à l'Ecole Bernard-Palissy où les garçons peuvent utiliser leurs connaissances en céramique, peinture décorative, sculpture sur bois, verrerie et émail. La Ville de Paris pourrait élargir les conditions d'entrée et les délais d'apprentissage, élever le taux des subventions ou reporter sur l'enseignement professionnel une partie des fonds affectés à l'enseignement secondaire, faire un personnel sinon plus dévoué, du moins plus habile, multiplier les bourses, créer, comme à Bruxelles, la « pédagogie maternelle » où les enfants conduits dans les crèches apprennent les soins de l'hygiène. Imitons nos voisins en leurs préoccupations de suprématie industrielle. Combien nos filles sortiront de là bien armées pour la lutte, la vie ardente; combien préparées au travail qui rend, à l'économie domestique qui conserve, prêtes à recevoir les enfants qu'elles seront capables d'élever, à seconder l'homme dans une communauté féconde où chacun procure son revenu, véritable égalité des sexes dans la valeur du capital et l'importance du produit.

Et puisque le féminisme nous abasourdit de ses cris à la liberté et à l'affranchissement, ne sont-ils point là? Maladroits qui voulez affranchir d'entraves chimériques ou bienfaisantes des femmes qui ne sont ni plus ni moins enchaînées que

l'homme, qui sont faites pour traîner leur chaîne

de vie au même titre que l'homme auquel elles s'attèlent pour tirer moins fort ! Maîtresses d'elles-mêmes, oui certes, maîtresses de leurs destinées — prenez garde que l'outrance d'indépendance n'amène le vagabondage, que la licence n'amène l'abandon.

A l'une des distributions de prix de ces écoles ménagères, un conseiller municipal s'exprimait ainsi :

« Vous saurez vous tenir au foyer en femmes d'ordre et en femmes expertes; n'avez-vous pas appris que les soins du ménage sont d'une très haute importance, puisqu'ils concourent tous à créer et à conserver la santé, le bien-être, sources de joies dans la famille; faire le vulgaire pot-au-feu, le bien faire, c'est fortifier la santé des siens; faire de sa maison un centre attrayant, c'est donner à son mari, à ses enfants, une impression d'ordre et de bien-être intime qui concourt à la santé physique et morale de tous. » La grandeur et la raison d'exister de la femme sont là, n'en déplaise à madame Louise Debor, qui appelle ça « gouverner avec le confessionnal et réduire par la cravache .»

Et si nous demandons à cette dame très férue de culture, comment elle entend sauvegarder les notions naturelles du devoir et donner en même temps à la femme le bonheur chez elle, elle répond ceci : « La fin de toute éducation, sans distinction de sexe, doit être de favoriser l'épanouissement des virtualités supérieures... la possession de soi est le devoir primordial, le don de soi ne saurait être qu'un devoir subséquent. »

Voilà qui est limpide au moins, lumineux d'intellectualisme et d'un joli galimatias.

Mais voulez-vous savoir ce qu'elle fait du mari, l'intellectuelle qui *favorise l'épanouissement de ses virtualités?* « Elle sait le rôle de chacun dans la famille; aussi n'a-t-elle point la sottise de s'irriter que son mari, qui assure la prospérité *matérielle* de la maison par une lutte constante et pénible, ne puisse, faute de temps et de la disposition d'esprit nécessaire, la suivre dans ses occupations intellectuelles et lui donner la réplique. » Ça y est! le gâteux ou la brute qui ne la dérange pas dans cette réplique qu'elle court chercher ailleurs qu'à la maison. Au moins, cette moraliste, si ce n'est pas naïveté, est d'une franchise qui fait rêver.

Que les mères tendent à d'autre but que la *possession du soi;* qu'elles s'appliquent plutôt à faire de leurs filles des corps musclés, des complexions solides, soucieuses de leur donner de l'air, du soleil et du mouvement : l'École viendra plus tard, à petite dose, graduée avec la croissance; qu'elles rejettent les études complexes et les programmes abstraits, le surmenage qui déforme et aussi ce « typhus » des examens, selon l'heureuse expression d'un médecin; qu'elles réservent ces misères pour les garçons des villes dont c'est la destinée de s'étioler, pour ces cerveaux marqués pour le lourd fardeau des luttes modernes; qu'elles s'efforcent de faire non des péronelles, mais des femmes qui aient un jour la gloire de donner à leur patrie autre chose que des béjaunes fatigués de naissance, des dégénérés, comme dit le docteur allemand Max Mordan.

Par elles, l'homme peut naître sain et l'avenir d'un être dépend presque exclusivement ,de sa constitution — l'avenir des enfants, disait Napoléon Ier, est l'ouvrage des mères — qu'elles sachent que nos filles nées dans la ville et pour y vivre, rivées à l'atavisme, condamnées à pousser en serre aux excitations factices du monde aggloméré, ont besoin, plus que les filles des champs et de la mer, du baume calmant du foyer, de l'intérieur et de la famille. Il leur faut de l'oxygène et ce sont celles-là dont on développe les germes natifs de névrose, en forçant leur nature, en les contraignant au nervosisme de la pensée. Prenez plutôt dans les campagnes de la chair à modeler vos savantes; elles du moins ont la charpente assez forte pour résister !

Mais peut-être en mourraient-elles... comme les autres !

X

FEMME FUTURE

Le vingtième siècle naissant nous annonce la réunion du douzième grrand Congrès international des Femmes et l'Exposition universelle de leurs œuvres.

En effet, le mouvement a porté quelques fruits dans le monde. Il a fait une femme bien différente de ce qu'elle était jadis; est-elle mieux ou plus mal? Toujours est-il qu'elle n'a point atteint, paraît-il, sa formule et sa forme définitives.

La femme future nous menace d'être *intégrale* — tous Auvergnats. Et, déjà, Octave Mirbeau nous raconte qu'il en a rencontré une, une avant-courrière, une dame qui revendique le sexe de l'homme :

« Je ne cesserai l'agitation, lui a-t-elle révélé, que le jour où les femmes pourront, enfin, porter non seulement les culottes viriles, mais ce qu'il y a dedans. »

A la place de l'éminent écrivain, je tâcherais de la présenter quelque part, à l'Académie de médecine, à Rodin, à la Bodinière, à la foire aux pains d'épices, quelque part — cette dame n'est point assez connue, réellement, pour le progrès.

Eh bien! puisque les filles et les femmes modernes tiennent absolument à devenir des grotesques ou des êtres insupportables, en route pour l'émancipation! Ça va devenir facile à une époque où l'on achète à crédit, payables à la petite semaine, des séjours aux bains de mer et aux villes d'eaux, ainsi qu'une machine à coudre ou une armoire à glace. Les excentricités de toutes sortes ne sont plus l'idéal de quelques agitées, d'exceptionnelles qu'à chaque époque on a vu s'affirmer, objets de surprise et sujets de barnums. La femme du jour et de demain, énervée de sports, dépourvue des séductions câlines, brutale à l'américaine, s'étudie à devenir l'être froid qui s'entraîne à la lutte, s'isole du contact féminin; son imagination se glace au matérialisme de la vie affairée, vide de résultats; elle nous prépare une génération d'efflanqués, d'insexuées pour qui le mâle ne sera plus que l'inférieur, dans une révolte de suprématie idiote, un orgueil de domination baroque.

Ce ne sont plus seulement les allures dégagées d'outre-marines qui plaisaient aux familles, dégourdissant les filles, leur donnant, avec l'aplomb, l'initiative. La pente les a entraînées, la liberté devient licence, c'est le krack de la pudeur dont parle Marcel Prévost — toute une armée de quart de vierges, poseuses dégingandées, aux pattes de canes, supputant avec l'avant-train des fiancés, les avenirs financiers, les amortissements de leur capital, les tirages fictifs et l'imprévu des héritages à terme.

Ce n'est plus seulement le costume qui s'intégralise, c'est la robe qui s'allonge en fourreau vengeur. Jadis quelques notoriétés pensaient attirer l'attention, l'admiration publique des épiciers en s'affublant, au mépris d'une prohibition de l'an IX, de costumes masculins; Georges Sand eut cette faiblesse; Marc de Montifaud, Léonide Leblanc, Rosa Bonheur, trouvaient drôle de se promener en veston; Sarah Bernhard exhiba le costume d'Aiglon; madame Dieulafoy croit encore étonner les badauds par des gilets spéciaux.

Aujourd'hui, le féminisme a triomphé plus largement. Elles portent couramment la culotte du cycliste, le col droit, les chemises empesées, la cravate Le Bargy, le pardessus mastic et mastoc; elles montrent de revendicatrices ampoules au maniement de la canne anglaise, tandis que les Anglais cachent leurs doigts sous la fourrure des manchons.

Ecoutez ce que pense madame Sarah Graud, une romancière anglaise, de la femme nouvelle :

« La femme ancienne n'a aucune notion du Progrès. Elle n'est pas habituée aux procédés employés par les femmes nouvelles de découvrir les plaies de la société, pour diagnostiquer ses maladies et leur trouver un remède; elle est rebelle à cette croyance qu'il y a, dans les hommes et dans les femmes, un mieux illimité à développer. »

Telles seront les préoccupations de la femme future : diagnostiquer les plaies de la société! Singulière conception, gaie surtout !

Elle est obsédée du désir d'être quelqu'un, atteinte d'une rage d'égalité qui confond les notions

les plus simples de la communauté d'existence,
hantée de la monomanie de servilité, de despotisme.
Elle pense qu'assez longtemps elle a cédé, bercée
d'illusions qui l'ont rendue trop heureuse ; elle fait
quelques concessions pour que l'homme les lui fasse
toutes; c'est la revanche du Malabar, un pays où
les veuves s'immolaient sur la tombe d'un mari dé-
funt. Tracassée par cet esprit mesquin, taquin, qui
lui est propre, qui est, en quelque sorte, en sa neu-
rasthénie spéciale, psychologue vaniteuse, elle est
devenue hypocrite, bazardant les pudeurs ignoran-
tines, sentimentale par calcul, soupesant tous ses
devoirs, conjugaux et autres, et surtout ses droits.
Elle discute de tout, entre hommes, où l'on met le
le doigt sur les plaies — pour les « diagnostiquer »
et rentre au salon sur la conclusion moderne :

« La Ferme... »

Les nerfs, perpétuellement surchauffés, exaltés,
ont aigri ce qui reste d'inspirations généreuses, de
sentimentalité douce, étouffé le peu de bon sens
dont elle était pourvue; c'est la névrose envahissante
du cœur et de la raison qui intoxique le caractère,
tracassier et lunatique.

La poursuite de l'égalité des sexes, en dehors
des rivalités de l'accoutrement, a déjà détruit ce
qu'on appelait, il n'y a pas bien longtemps encore,
la galanterie française — c'est du fossile aujour-
d'hui. Si la chose n'a pas tout à fait disparu, elle
a changé d'appareil et le mot a changé de signi-
fication.

L'homme galant est devenu le « marcheur » qui
se divertit pour la cochonnerie; l'homme galant

avec les femmes est celui qui casque largement, le généreux; il réussit, Gontran moderne, en caressant les femmes de métaphores symboliques : mon *rat bleu*, mon *fourneau rose*, ou tout simplement mon *cochon;* et il paie bien, en faveurs ou en argent.

C'est l'anti-lapin.

L'homme galant cède sa place en omnibus et s'immobilise sur la plate-forme pour surveiller la descente et emboîter le pas. Une femme debout ne cède jamais sa plate-forme à un fumeur savoureux d'un bon cigare.

Et l'on s'arrache les bras — bonjour, cher! — on salue les filles, à l'officier. Car elles aiment en hommes qui ont fréquenté la Sorbonne et savent la *théorie du Baiser,* aussi bien que Vanor, honteuses d'une gracilité qui fut leur arme puissante, joyeuses d'un bon-garçonnisme dont elles ressentirent pourtant les conséquences au Bazar de la Charité ou sur la Bourgogne — qu'elles se défendent dorénavant avec leurs coudes et leurs poings. Chacun pour soi et au plus fort.

Et il les faut entendre apprécier certaine ligue que des hommes ont formée, à Buénos-Ayres, pour soutenir, malgré elles, les traditions du respect aux femmes.

« Les associés se sont engagés à éviter tout ce qui peut en public porter atteinte au respect dû à la femme. » Titre : La légende des Défenseurs du Beau-Sexe.

Hidalgos! s'écrie madame Savary.

Une virulente psychologue souhaite jusqu'à la disparition de l'amour, car « l'amour que l'homme a pour la femme est encore une façon de protéger celle qui veut être son égal. » Ce qu'elle doit être toc, la psychologue!

Toutes veulent la liberté absolue de l'union conjugale, consentie sans témoin ni autorisation, rompue sans formalité, par la seule volonté d'un des contractants. Certes, les unions libres peuvent être aussi respectables que les unions administratives; ce n'est pas une raison pour déclarer la banqueroute du mariage et de la famille. Et d'ailleurs, dans l'un ou l'autre cas, ce qui les embête, c'est la fidélité et la fécondité.

La fidélité? Vertu antique bonne tout au plus aux civilisations naissantes, tyrannie contre-nature qui n'a pas d'exemple dans le règne animal, qui n'a d'autre intérêt que la quiétude vaniteuse du mâle! La fécondité? Vieille guitare qui n'a cessé d'être la loi chez les sardines et les harengs, préjugé qui coûte trop cher à une époque où tout est encombré, où Schopenhauer, après Malthus, a démontré que vivre n'en valait pas la peine, et où la science des alcôves a vulgarisé les procédés infaillibles pour n'avoir pas d'enfant qui déforme et retient au logis.

C'est évidemment pour se renseigner sur la marche à suivre qu'elles ont créé les clubs, les cercles de dames. Invention américaine — toujours — le club est l'asile de nuit et de jour d'énervées en bonne fortune, et même de celles qui n'en ont pas eue ou qui brûlent d'en goûter.

Au delà des mers, à Boston, à Chicago, à New-York, dans tous les grands centres, ont poussé les *homes* pour femmes sous la direction précieuse de la matrone, les associations de dames et jeunes filles sans foyer avec hall pour la comédie, les *unions* où l'on doit déposer en pénétrant, bijoux et valeurs à la gardienne. Les Etats-Unis possèdent plus de cinq cents machines semblables groupant plus de soixante-mille apocalyptiques — ce qui ne les empêche pas de faire des lois contre le flirt.

A Berlin, un club fameux pose comme condition d'admission le port du costume masculin — vision qui rappelle la descente de Bullier, un soir de mi-carême.

Les mondaines pur-sang ont aussi leur Jockey-Club, sans déguisement obligatoire, sous la direction d'un comité recruté dans la Haute Société.

A Paris, nous jouissons du « Cénacle » fondé par madame Gravetot, du côté de Montparnasse. Le *Ladies Club* du boulevard Malesherbes est beaucoup plus chic; créé par madame de Marsy, il offre le confort des moquettes et l'imprévu des baccarats; on y donne des fêtes, comme à l'*Epatant*; on lance des ténors et l'on admet, par exception, les soirs de gala, certaines personnalités masculines convaincues et bon teint.

Nous ne parlons pas, bien entendu, des clubs cloîtrés par le fanatisme où l'infécondité exhale le parfum de pratiques religieuses, ni des clubs aux volets demi-clos où la même infécondité s'écoule au tout à l'égout, au parfum des pratiques laïques.

Les clubs ou cénacles sont une démonstration de l'activité vivace et productive de féminisme, modelés sur cette association des Veufs, à Dresde, destinée à procurer aux célibataires ou pseudo-célibataires en congé, les distractions qui manquent à leur situation lamentable.

Et le mouvement féministe s'accentue ainsi, la vérité est en marche.

Les gens de Montluçon ne promèneront plus sur l'âne légendaire le mari battu et content, mais la femme naïve et confiante, convaincue d'avoir abjuré la culotte. Elles rêvent de devenir magistrates et facteuses, dans leur ferveur grandissante de revendications sociales, de porter les basanes de l'artilleur dont elles n'ont plus le flair et de pincer les oreilles de Jules. Elles voudront et les droits et aussi les devoirs : le métier militaire ne les effraie point.

L'antiquité n'avait-elle pas ses Amazones, Gorgones tannées ? Béhanzin n'avait-il pas sa garde du corps, ce harem des Amazones du Dahomey, cuirassées au vulgaire, docile aux pelotages du monarque bien monté ?

De nos jours, les vocations sont rendues beaucoup plus réalisables, grâce au concours de la science chirurgicale : opération très en mode et d'un usage journalier.

Le goût de l'uniforme clair a fait toutefois un certain nombre de héros féminins qu'il faut bien reconnaître, pour être juste.

Sans parler de Jeanne d'Arc, gloire surhumaine guidée par une lueur céleste, ni des Jeanne Hachette, des deux Jeanne de Montfort et de Flandr (prénom décidément militaire), nous avons eu sous la première République, des femmes à poigne : Angélique Duchemin, sergent en 1793, puis sous-lieutenant et chevalière de la Légion d'honneur; madame Pochelat, une canonnière au tir avisé; mademoiselle Quatresous, soldat de la République. Ce fut madame Sans-Gêne, la femme du maréchal Lefebvre, qui, tout en prenant des leçons de menuet chez la Vestris et des leçons de déclamation chez Talma, engueulait à propos le premier Consul; ce fut Jacqueline Robins, dont la statue se dresse à Saint-Omer.

Ce furent Virginie Ghesquière, dit le Joli-Sergent, qui prit la place de son frère dans les rangs du 27° de Ligne, sous Napoléon; Marie Schellinck, qui reçut une demi-douzaine de coups de sabre à Jemmapes; la veuve Perrot, cantinière aux campagnes d'Algérie, la lieutenante Brulon sous le premier Empire, Annette Drevon, dame de la Halle devenue cantinière aux zouaves.

En 1870, nous eûmes des femmes pleines de courage et d'action : Juliette Dodu, condamnée à mort et graciée par Frédéric-Charles; mesdames Jarrethout, la mère des Volontaires, cantinière aux Francs-Tireurs; mesdames Cros, Calvet; mesdames Petitjean, Philippe, Eugénie Renom, cantinière à la Garde nationale; madame Mercurin; madame Viallard, qui nous réchauffait au 131° de Ligne de ses champoreaux soignés, chevalières de la Légion d'honneur; Augusta Colas, une actrice, blessée à Avron; madame Nemann, Marie Cosne, receveuse des postes; la marquise de Ganville, et quelques autres.

Glorieuses exceptions qui furent moins des femmes que des prodiges de passion patriotique.

Bien plutôt par fantaisie que par amour du pays s'enrolèrent quelques Américaines lors de la récente guerre avec l'Espagne. On vit des phénomènes bizarres. Dans le pays où foisonnent les associations, sociétés de tempérance, végétariennes, shakers, les sociétés d'amour pur, de non-résistance et autres conventions burlesques, on devait assister à la création d'une ligue des *American Women's Patriotic :* miss Nelly Ely, lieutenant-colonelle; miss Saint-Clair dans la marine, miss Hilda Clarek, porte-drapeau; miss Wittington, capitaine des miliciennes de l'Arkansas.

A Washington, elles s'enrégimentèrent, équipées jusqu'au chignon, en des costumes coquets de Penthésilés modernes, que le high-life de l'Oklahama commandait chez Paquin et rue de la Paix — tout un assemblage de ce que Séverine appelait les panachardes et les matrones militaires. Quelqu'un réclama, à l'époque, la formation du noyau des femmes-torpilles, très appréciées pour filer vingt milles à l'heure.

Lady Sarah Wilson fut prisonnière des Boers qui, généreusement, la rendirent aux envahisseurs. Et cette guerre du Transvaal souleva des héroïsmes féminins; à Prétoria, deux mille femmes boers s'enrolent dans un corps de tirailleuses pour la défense du sol, tandis que l'admirable générale Botha se voit obligée de se retirer en Hollande, forcée par la nature.

Soulignons en passant ces prodiges de courage qui défendent notre thèse; le patriotisme, chez la femme, est une forme de l'amour du foyer et de l'instinct maternel; elle aime sa patrie d'autant plus ardemment qu'elle aime sa famille et, comme la lionne, devient capable de toutes les outrances pour défendre ses enfants. Sans foyer, sans enfant, que lui fait un sol qui ne l'attache pas?

En temps de paix, nous jouissons de l'armée du Salut avec promenades de jupes et de casques flasques sur les boulevards.

Donc le mouvement féministe proclame le droit pour les femmes de faire du service militaire régulier. Aussi bien, le grrrand Congrès de 1900 devait-il étudier le détail de l'embrigadement des dames garde-champêtres, réglementer la question des factionnaires et le très-délicat problème des casernes mixtes intégrales. Le temps leur a fait défaut.

On espère que les cuirassières et les lignardes pourront défiler, comme clous, à la revue de 1908. L'année suivante on applaudira les gendarmes et les gabeloues. Puis, à l'instar des colonelles allemandes, la présidente de la République commandera le régiment des sapeurs; la femme du premier ministre marchera en tête du 1er Chasseurs à pied, tandis que la légitime du Président du Sénat conduira les Saint-Cyriens et que l'épouse du président de la Cour de Cassation paradera devant le régiment des chasseurs alpins. La reine Victoria fut bien colonelle, et la reine de Hollande l'est encore!

Nous aurons l'intégralisation des luttes à mains plates pour femelles; déjà les antiques salons du faubourg Saint-Germain rajeunissent leurs réjouissances en des corps-à-corps aristocratiques, sous l'œil du turc Karah-Ahmed et de Joseph le Mastoc. Nous possédons des boxeuses anglaises et nationales qui luttent pour la suprématie du poing et du chausson.

Le vingtième siècle nous offrira de même les femmes-curés, des rabbines et des pastoresses. Celles-ci exercent déjà en Amérique et l'Angleterre accepte la clergywoman. Ce en quoi, d'ailleurs, ces nations n'ont pas l'honneur d'être si devancières, puisqu'il existe depuis longtemps dans l'Inde des prêtresses, dont l'une reconstituait naguère à la Bodinière l'ancien rite Isiaque, avec le chahut sacré devant la statue d'Isis ; depuis longtemps fonctionnent les femmes fakirs qui mangent de la porcelaine pilée, assaisonnée à la benzine.

Indépendamment des 1.500 pasteurs qui soignent les âmes américaines, Madame Eddy a fondé sa secte aux environs de Boston avec une méthode de guérison *métaphysique* radicale pour faire claquer rapidement et sans douleur. Cette dame qui se croit l'ange de l'Apocalypse, estime que notre corps n'existe pas et que si par hasard un individu souffre de l'estomac ou possède les oreillons, il faut traiter le cerveau et le convaincre que la souffrance est une « illusion ». Madame Demarez a fondé une succursale, place Malesherbes.

Par contre et dans les mêmes parages, Madame Schimmelmann, comtesse allemande, et mademoiselle Gorthon, prédicateuses grandiloquentes, font les délices des âmes pieuses et concurrence au Père Didon.

Et l'on assure que le Pape, pour l'an prochain, est disposé à nous envoyer une bulle étonnante, destinée à l'éclosion des femmes-curés et confesseuses pour les deux sexes ; on escompte dans les hautes sphères dirigeantes une recrudescence fantastique de bénéfices.

Mais ce ne sont pas là les seules surprises de l'intégralisation.

Sans parler des exploratrices capables de suivre la voie tracée par les correspondantes du *Morning-Post*, par madame Isabelle Massieu, Madame de Mayolle ou Mademoiselle Alma Keldseth une intrépide marcheuse à pied, sans parler des escrimeuses comme Mesdames Gabrielle et Astie de Valsayre, on nous promet l'Académie des Femmes.

Au seizième siècle, quelques poétesses firent jadis partie d'une Académie mixte qui ne tarda point à s'en trouver encombrée. Le projet sera repris, mais exclusif et réservé aux Immortelles.

Il faut à l'Académie somnolente du pont des Arts une concurrence qui secoue sa torpeur ; et ce ne sera pas trop de quarante femmes pour arriver à un résultat. Pour éviter la confusion on parle déjà d'un costume jaune avec, en guise de bicorne, le petit phrygien coquettement juché. Et ce sera charmant, le défilé des deux assemblées les plus

littéraires de France, organisées pour le quadrille
final à l'issue des funérailles nationales.

Nous les verrons aussi courir les grandes épreuves de Longchamps, monter en steeple aux concours
hippiques. Nous aurons des sociétés en commandite
formées en vue de « perpétuer le célibat », la société des *Florifères* dont parle Madame Camille
Pert en son roman de mœurs ; les statuts en sont
préparés déjà par un groupe de blanchisseuses hol-
landaises qui font vœu de « ne jamais consentir à
aucune liaison amoureuse, si passagère fut-elle » et
posent comme condition d'admission que, les candidates devront « être jolies et bien faites », Toutefois, on n'ira pas jusqu'au sacrifice et les moyens
d'infécondité seront perfectionnés.

Ainsi qu'ont fait déjà quelques dames sensées,
les femmes devront se passer de toute collaboration
masculine — on collera sur les façades le fameux
« n'achetez rien aux hommes ». Une société s'est
formée ; ses membres s'engagent à rédiger leurs
dernières volontés en ce sens que, pour rien au
monde, elles ne consentiront à être portées en terre
par des bras d'hommes. Dans le Nord, à Avesnes,
ces membres sont intransigeantes sur cette revendication posthume ; elles ont failli se battre avec
les gendarmes.

Moins macabres, d'autres raseront les statues
des illustrations masculines ayant fait leur temps,
pour les remplacer par des blocs de dames illustres — il y en aura pas mal. Et l'on verra les jar-
dins s'embellir des formes de madame Schmall, les

carrefours s'orner de l'académie de madame Auclair, les squares se décorer des bandeaux de Maria Deraisme; les lignes plastiques de madame Pognon s'étaleront sur un socle monumental ; la toge de mademoiselle Chauvin, le bistouri de madame Krykous se dresseront vis-à-vis des lunettes de miss Klumpke et du bréviaire de la maréchale Booth.

Mais voici que la métaphysicienne Clémence Royer s'est indignée des formules bourgeoises — Madame, — Mademoiselle — dont on a continue d'affubler les femmes et les filles :

« Quel besoin, écrit-elle, peut-il y avoir qu'une femme porte un écriteau sur le front pour informer le public qu'elle est ou non mariée ? »

Puisque, après la galanterie, doit disparaître la simple politesse sans importance, les femmes mariées ou pas, vieilles ou jeunes, porteront leur nom de famille précédé du prénom ; on dira : la Royer, la Maugeret.

Ce sera tout ensemble simple et de bon goût. Naturellement, la loi sur la recherche de la paternité sera votée à une grosse majorité et fonctionnera — rarement, puisqu'avec soin elles éviteront la progéniture dégradante — des officières ministérielles assermentées seront chargées des recherches lorsqu'un procès-verbal de constat n'aura point accompagné l'acte lâche; on prouvera la paternité tant par titres que par témoins, comme on dit au Palais, et il suffira de deux témoins n'ayant pas tenu la chandelle pour nous coller sur le dos ou sur les bras des paternités bizarres. On se servira de tous les moyens de preuves : pièces à conviction, rayons X, phonographes rapporteurs, lits enregistreurs et téléphoniques.

« Art. 2. — Seront toutefois exemptés des responsabilités paternelles les gens dont l'infirmité sera notoirement constatée par un tribunal arbitral de contrôleuses ou les vieillards âgés de plus de quatre-vingt-neuf ans.

Un décret d'administration publique choisira les contrôleuses, de préférence payant patente. »

Les dames qui, sous la République de Venise, ne devaient pénétrer dans une salle de spectacle que masquées, auront le droit de porter des chapeaux de dimension à toutes places et même d'ouvrir leurs ombrelles pour embêter les hommes qui se trouveront immédiatement derrière leur dos.

La ligue pour le désarmement international qui compte actuellement quelques humanitaires triées sur le volet et quelques pavillons des Halles Centrales, aura réussi à réduire à l'état de souvenir le port du sabre et du fusil. Seules les femmes s'octroieront des permis de chasse pour anéantir les lapins et autres nuisibles.

Naturellement, toutes les places, fonctions publiques, corps diplomatiques, parlements, seront occupés par les femmes ; les hommes en seront rigoureusement éloignés.

La peine du fouet, que l'Amérique du Nord, en un moment d'illogisme, vient de rétablir contre les voleuses qui y pullulent, sera appliquée à toute ten-

tative de rébellion par la main de la doyenne du
Syndicat des cochères de grande remise.

Quant au costume féminin, une voyante bien
informée nous le décrit « plus varié qu'aujour-
d'hui ; le corset — le nouvel abat-ventre — sera
brûlé en place publique, comme auteur des tumeurs
et des cancers. La robe n'aura pas de plis et dépassera à peine le genou ; chaque femme suivra
d'ailleurs son goût naturel et les nécessités de ses
occupations. Le maillot sera toléré, l'été, à la condition qu'il soit accompagné d'une coiffure appropriée et de bottines montantes. Quant au costume
masculin, il devra rester décent, sauf arrêtés spéciaux émanant des autorités locales. »

Au reste, le grrrand' Congrès de la rue de Paris
s'est occupé, durant de longues heures, de ce palpitant problème ; il a décidé que le « costume féminin devait être et n'être qu'hygiénique ». Su-
prême et consolante découverte qui doit, en sa
tombe, faire tressaillir Oberkampf et de joie, les
marchands de flanelle !

Sans tarder, Madame A. de Peschof a constitué
un Comité, à Paris, pour étudier la réforme et rédiger le manuel de la philosophie du costume ; ce
comité s'est déjà prononcé contre le corset qui rend
les jambes grêles, les chapeaux qui atrophient le
crâne et les talons de bottine qui protègent la culture intensive des oignons.

Pour renchérir sur les hardiesses des filles du
pays de Jonathan qui trouvent de bon aloi de sortir tout nu des patés qu'on apporte sur la table,
spectacle appétissant fort apprécié de la plus haute

société, nos demoiselles futures n'hésiteront plus à tirer leur coupe dans le bassin des Tuileries, les soirs de musique militaire.

On ne s'étonnera plus de voir une grande dame, la comtesse Wyanoff si l'on veut, sauter dans les bras de son valet de chambre ; les amoureux n'auront plus besoin de s'expatrier pour cacher leurs indécences.

Au surplus, Madame Néron ouvrait récemment un concours d'amatrices sur le point de savoir quel modèle il s'agirait de donner aux demoiselles du siècle qui s'ouvre. On ne se mit point d'accord et pour cause — si l'un proposait la Vierge, Edmond Rostand proposait Manon Lescaut ; si Georges Ohnet lançait la Mère des Gracques, Reyer indiquait Agrippine ; on vit le nom d'Héloïse et celui de madame Denis, beaucoup citèrent madame Cardinal, tandis que quelques psychologues s'égaraient sur madame Putiphar. Toutes les opinions furent logiques dans le désarroi des conseils aux jeunes.

J'avoue ma préférence bien marquée, pour cette commère de Markleville, petite ville d'Amérique, qui porte le nom de Madame Lewis. Madame Lewis a un mari qui s'attarde à boire ; lorsque la douce et charmante personne le rencontre en tête à tête avec un wisky quelconque, elle l'empoigne par le cou, s'assied, couche l'homme sur ses genoux, le déculotte et lui administre une correction exemplaire et publique. Quand Madame Lewis juge que le rouge de la honte s'est suffisamment emparé du visage de son buveur de mari, elle le remet debout, le prend par l'oreille gauche et le conduit par devant les terrasses des buvettes, en laisse. -

Madame Lewis a fait école dans ce pays; trois autres commères font à leurs hommes la même conduite, indépendamment de Madame Nation qui se borne à démolir les devantures des cafés et bars.

Voilà le modèle, puissant et sain, la matrone forte, aux mamelles austères et respectueuses!

Et l'on pourrait, sans risquer d'être excessif, plaisanter longtemps sur ce que paraît devoir être la virago future, si le mouvement féministe continue et ne s'enraye pas de son propre poids d'inconséquences baroques.

Au train où vont les mœurs féminines, au train où la poussent les morbides excitations, la femme, si le sens commun ne l'arrête point sur la pente où glissent sa fragilité et sa suprématie, est destinée à subir bientôt la réaction violente du fort dont on abuse, la décomposition sociale ambiante, en une décadence générale dont elle supportera sa part de conséquences.

L'excès d'une vie en dehors, aux entraînements précoces d'une éducation intermédiaire, aux illusions qui créent des horizons vagues d'émancipation inutile, aux vanités d'une science imaginative et théorique, appelle irrémédiablement les chutes dans l'isolement, les désillusions qu'éclaire, un jour — trop tard — une connaissance trop âpre de la vie, l'éclatement des chimères prises pour des conceptions réelles, le temps et la jeunesse perdus en orgueils tôt comprimés et vaincus. La fille du peuple cherche en vain à s'échapper de sa sphère si l'homme ne vient pas à son secours et ne la hisse point, grâce au nœud indissoluble qui l'attache à lui, à des horizons plus doux et plus libres ; ouvrière, livrée aux seules économies de ses privations quotidiennes, elle devient difficilement la petite bourgeoise, débarrassée du patronat qui sèche vite les germes féconds de l'initiative privée, délivrée des inquiétudes du chômage, des risques qui obsèdent.

Certes, les conditions actuelles du travail ne sont point éternelles; les syndicats, la solidarité, les coopératives, les associations, les ateliers corporatifs sont autant d'essais loyaux propres à briser certaines entraves qui font l'exploitation arbitraire des individualités, les spéculations injustes sur les forces humaines, dans la lutte contraire des salaires et des abus. Certes, les efforts d'un socialisme sérieux et soucieux des libertés de chacun ont amené et amèneront encore des progrès considérables sur la liberté du travail, la réglementation des labeurs, les travaux aux pièces, les inconvénients mélangés aux avantages des apprentissages illimités, la surveillance paternelle des faibles, aux prises avec les difficultés de la vie. Mais les tendances du travailleur sont plus hautes et l'énergie individuelle est seule capable d'apporter le bonheur avec l'indépendance limitée: la société de l'homme et de la femme est à elle seule la panacée qui guérit de la misère et de la faiblesse de l'isolement. Les lois sont peu de chose pour le bonheur individuel ; elles réglementent les masses entre elles pour la marche organique des sociétés ; les mœurs sont tout pour le rôle de chacun dans la possession continue du bien-être et du bonheur sur terre. Et la société de l'homme avec la femme est naturellement instituée pour créer avec la base même du bonheur, les conditions qui doivent le rendre durable et fécondant. L'homme est le plus fort, dès lors il peut davantage et plus longtemps ; il est désigné, par la loi naturelle des choses, à être la tête, le chef muni, non pas d'une puissance autoritaire, d'une suprématie irritante, mais du pouvoir bienveillant et doux qui sied à la force et qui donne l'ordre dans la famille et régit l'harmonie du foyer. Puisque la société des deux êtres est nécessaire, il faut que le faible s'en accomode dans l'intérêt de son bonheur — chose facile quand l'amour et l'estime président au rouage. Il n'existe point de société sans chef ; elle serait l'anarchie et la dissolution prématurée avec la ruine et la diffusion des forces amoncelées.

Parvenue, grâce à l'homme, à une condition plus douce, moins soumise au pouvoir direct de l'étranger, la bourgeoisie voit son bonheur éclore sous la poussée de la famille, aux tendresses du foyer. Qu'est-il besoin pour celle-ci de féminisme en armes ou en dentelles ? Qu'est-il besoin des exhortations à l'indépendance alors qu'elle doit son bonheur, accessoire indispensable, à la direction du chef qui l'aime et qu'elle aime. Travail à l'atelier, travail chez elle, économie partout, qu'a-t-elle besoin de démolir une organisation qui lui procure la joie de vivre et l'espérance de prospérer ?

Que lui importe de savoir qu'en droit, le mari

à qualité, chef de la communauté, pour renvoyer la domestique? S'indignera-t-elle d'une théorie comme de tant d'autres sans application pratique, dans un ménage dont elle a la direction de tous les instants? s'irritera-t-elle de quelques concessions à faire à l'homme, énervé du labeur quotidien, inquiet d'une affaire, préoccupé passagèrement? n'a-t-elle pas mille moyens que sa nature subtile lui offre pour tourner les petites difficultés intimes et remporter des victoires faciles, sans heurt et sans froissement?

« Toujours céder, proclament les féministes, est indigne de la liberté, de l'égalité de la femme ». Qu'importe de triompher par une concession, lorsqu'il s'agit de détails sans importance pour la grandeur du but final, de futilités d'amour-propre. L'homme n'en fait-il point de concession chez lui? il les fait presque toutes au détriment de quelques-uns de ses goûts, de ses tendances. Pas plus que la femme, il n'a le regret de s'en repentir.

Et les choses marchent ainsi, pour l'exemple et l'éducation des enfants qui croissent, joyeux, dans un milieu sain où l'avenir leur est préparé, facilité avec la conscience du devoir accompli, sans sacrifice de part ni d'autre, normalement, humainement.

Ainsi ont compris la vie à deux des femmes de bons sens dont l'esprit cultivé et bien portant, ont, malgré la direction de leurs travaux libéraux, résisté aux fureurs des émancipatrices. Nous avons cité Georges Sand ; c'est Gyp, toute envolée d'apparence, qui considère le mariage comme la grande sécurité de la femme, loin d'être sa captivité. C'est

Madame Lampérière, très malmenée par ses consœurs, qui eut peut-être le tort de vouloir fonder une ligue antiféministe ; la ligue est partout et point n'est besoin de statuts — l'indifférence suffit. C'est madame Arvède Barine qui plaint et nargue les agitées du mouvement et pense, avec talent, que la Française n'a rien à gagner à tenir tête à l'homme dans la lutte pour l'existence. C'est Séverine elle-même, bien que Frondeuse, mais trop femme pour s'user à des visions grotesques.

Bien d'autres pensent avec le commun des mortels que le geste viril et haïssable chez la femme au même titre que le geste efféminé chez l'homme. Elles pensent que le travail salarié de l'homme et le travail de la ménagère sont équivalents d'importance, de grandeur et de profit, qu'ici-bas chacun a son rôle et qu'une existence a peine à le remplir utilement jusqu'au bout, que la femme a dans les ressources de sa nature des débouchés suffisants à son activité et son droit de vivre, sans empiéter sur ce qui dépasse ses forces et ses capacités, sur le domaine réservé à la nature plus rude et plus puissante de l'homme.

Elles pensent avec Jean-Jacques-Rousseau, que « c'est de l'observation des devoirs réciproques et conformes à la nature de chacun que dépendent les succès de la mission sociale que les époux ont à poursuivre. Les collaborateurs sont égaux ; il y a parité de valeur entre eux dans la coopération, mais cette valeur résulte de qualités différentes.

« De cette société résulte une personne morale dont la femme est l'œil et l'homme le bras, mais

avec une telle dépendance l'un de l'autre que c'est
de l'homme que la femme apprend ce qu'il faut
voir, et de la femme que l'homme apprend ce qu'il
faut faire.

« Dans l'harmonie qui règne entre eux, tout
tend à la fin commune; on ne sait lequel met le
plus du sien, chacun suit l'impulsion de l'autre,
chacun obéit et tous deux sont les maîtres. »

Quant à nous, donnons à cette tentative qui n'a
d'autre prétention que d'être une promenade à travers l'œuvre féminine, la conclusion qu'elle comporte.

En aucun genre, la femme n'a fait grand ; ses
produits en art, en science, en industrie ne sont
que des denrées de contrebande entassées, des bri-
bes glanées, parfois habilement choisies et triées ;
son œuvre n'est point originale et nous la voyons
partout et toujours emprunter, traduire, démar-
quer. Elle ne crée rien de vaste, elle ne généralise
pas, elle n'a pas l'esprit d'entreprise. Quelques
assemblages d'idées banales heureusement combi-
nés, donnant l'illusion du neuf, quelques rudesses
singeant l'originalité, des bizarreries provoquant la
surprise donnent parfois, aux périodes d'improduc-
tion, aux temps des vaches maigres, l'illusion d'une
personnalité ; les naïfs, les adulateurs, les snobs,
s'étonnent, complimentent, applaudissent et s'é-
crient : Cette femme est quelqu'un.

Non ; à part de rares prodiges, exceptions ou
merveilles sur terre, elle n'est personne. — elle est
femme, incomplète, instable, impuissante. Son pro-

duit disparaît avec la mode qui l'a fait naître, ne laisse derrière lui qu'une trace fugitive que le premier génie venu dissipe ainsi qu'une fumée, une ombre qui n'a pas même fait tache ; gracile, délicate, légère, gracieuse, l'œuvre de la femme est dans ses doigts, non dans la tête ; elle est l'inspiratrice, l'exécutante parfois — jamais la créatrice du monument ou du chef-d'œuvre ; c'est l'hermaphrodisme dont parle Dumas. « Les femmes, écrivit Joseph de Maistre, n'ont fait aucun chef-d'œuvre dans aucun genre... elles n'ont inventé ni l'algèbre ni les télescopes, ni le métier à bas ; mais elles ont fait quelque chose de plus grand que cela. C'est sur leurs genoux que se forme ce qu'il y a de plus excellent dans le monde : un honnête homme et une honnête femme ».

Le développement outré de l'instruction, l'accumulation des connaissances humaines dans sa cervelle, l'exercice poursuivi de sa mémoire changeront-ils sa nature et sa destinée ? Notre conclusion est qu'il est aussi impossible de modifier l'essence d'un organisme, la moelle d'une organisation comme l'être humain que de greffer des artichauts sur un prunier. Vingt, trente siècles ont donné la mesure de la production féminine ; l'effémination moderne et future n'y pourra rien changer ; la femme est condamnée à suivre et à copier le mouvement du mâle.

Un journal racontait que l'empereur Guillaume II consulté sur la question, répondit : « Les femmes n'ont qu'à s'occuper ici que des quatre K :

Knider (les enfants), Küche (la cuisine), Kirche
(l'église), Kleider (les vêtements) ».

C'est leur attribuer déjà plus de besogne que les
boutades de l'humoriste « la femme est un être
qui s'habille, babille et se déshabille » ; mais c'est
cependant la limiter despotiquement. Il ne convient
plus de la reléguer et de la spécialiser de parti pris;
capable d'une assimilation vive et élégante, la culture de son esprit peut parer encore l'ornement
de son corps. Mais il faut que la parure soit dis-
crète et n'écrase pas l'ensemble ; elle est l'inutile
qui rehausse de quelque éclat et qu'on enlève la
nuit, au déshabillé qui proclame la sincérité du nu,
dans le triomphe de la nature brutale.

Chaque être est marqué pour une spécialité, une
aptitude spéciale, la femme comme tout ce qui vit.

Or sa spécialité, sa destinée vraie est celle dont
parlait de Maistre.

« La femme fait la maison », dit un proverbe
indien. Elle fait des enfants, elle fait des hommes,
des peuples.

N'est-ce point une aptitude suffisante ? N'est-ce
pas la destinée divine ? N'est-ce pas le rôle énorme
du créateur, de la Nature dans ce qu'il a de plus
mystérieux et de plus sacré ? Qu'elle tende, développe et exerce vers ce but ses facultés de fille, de
femme ; plus elle les élèvera, plus la nation elle-
même s'élèvera haut.

Et que peuvent faire à l'encontre, les dépits de
celles qui ne peuvent faire des hommes ? Que
sont capables de faire les évolutions psychiques et
que nous chante cette conférencière, Madame Eli-

zabeth Renaud affirmant que la femme du vingtième siècle sera « internationaliste et le principal
facteur de la fraternité des peuples. »

Son aptitude, son souci, à la femme du vingtième siècle, ce sera comme pour la femme de tous
les siècles, de trouver le bonheur dans l'Amour et
de conduire ses enfants dans la vie, forts pour
l'attaque et la défense.

On lui demandera pour cela d'envoyer au diable
les théories et les idéologues.

Sous le bénéfice de ce souhait, la femme du
siècle qui s'approche ne différera pas des autres,
leurs devancières.

« La Société s'appuie sur la famille, la famille
sur l'amour, donc tout procède de l'Amour » écrit
Michelet.

L'amour — tel est le critérium, le point de départ, le but, le moteur de tout ; l'amour, c'est la
nature, c'est la vie, c'est la cause, la raison de tout
depuis le commencement de ce monde jusqu'à l'éter-
nité.

Mais voilà le danger qui gronde ! Nos féministes veulent par les puissances de leur cerveau, de
leur raisonnement, démolir une loi qu'elles trouvent
dégradante pour leur suprématie, leur orgueil ;
elles veulent déplacer la base et le champ d'action
d'une force colossale et consentent à nous confectionner pour l'avenir féministe un amour plus intégral, plus mathématique, plus scientifique :

« Il y aura moins d'amours vulgaires, dit l'une ;

car les femmes ayant l'esprit plus large, plus
éclairé, jugeront mieux l'idole que depuis si longtemps elles affublent de qualités de vaillance et
d'intelligence, qu'elles croient être si supérieure !
Alors elles s'éprendront moins du bellâtre fat et
prétentieux, du faiseur de belles phrases si creuses
et si égoïstes à l'examen ».

Et puis, comme cette dame croit que c'est arrivé,
que d'ailleurs, par tempérament, elle préfère le
peu et le bien fait à l'abondance grossière, elle
ajoute :

« En ceci, la qualité suppléera avantageuse-
ment à la quantité » ; c'est ce que, dans l'avenir
féministe on appellera le raffinement à la portée
de toutes.

Une autre nous annonce que « l'amour au cœur
de la femme ne diminuera pas, mais il sera *affranchi...* le jour où son inaction, sa coquetterie et son
ignorance seront remplacées par le travail sérieux
et par l'instruction, son âme s'élèvera... Oui, c'est
la femme nouvelle qui délivrera l'Eros enchaîné de
l'intérêt, de la tyrannie masculine, de la dissimulation et de la débauche.

C'est sur l'Eve nouvelle qu'il compte venir ré-
gner sur la terre... Le baiser de la femme nouvelle
sera un baiser pur et non pas un moyen d'existence ».

Certes, voici un tableau plus ou moins appétissant et une vision qui se concilie mal avec le vœu
plus terre à terre du grand Congrès, de tarifier le
travail de la femme dans son ménage. L'amour

affranchi ? Quel sujet à méditer pour les dessus de pendules futurs.

Quoiqu'il en soit, les rationnelles nous menacent de ce qu'on a appelé « l'éclipse de l'amour » ou nous prédisent l'amour dans la tête avec une supputation mieux ordonnée, plus géométrique, avec une résultante plus intellectuelle, l'amour *intégral*.

Il en sera de leurs menaces et de leurs prédictions comme de ces utopies rêvassées par ces esprits métaphysiques qui vivent ailleurs que sur terre, ces rêves creux qui s'évanouissent à la première occasion, de ces théories vaniteuses faites pour le commerce de la librairie.

Cette loi immortelle du bonheur dans l'Amour, localisé dans l'amour, cette loi issue de l'humanité, reprise par les messies succesifs ne doit pas tomber en désuétude, parce que le vingtième siècle n'apporte point d'idéal nouveau.

Les livres juifs l'enseignent, la Bible la pose à chaque page et nous présentent la femme comme l'inspiratrice et le soutien de l'homme :

« Quand la mort enlève une femme à son mari, celui-ci perd la lumière de ses yeux, et le monde n'est plus pour lui que ténèbres ».

« Si ta femme est petite, penches-toi pour lui parler, et ne fais rien sans son conseil ».

Pensées antiques d'une philosophie et d'un charme dont la femme, loin de rougir, devrait s'enorgueillir comme d'une puissance infinie.

Le double élément créé par la Nature, mâle et femelle, est fait pour former une force unique, se complète l'un par l'autre : cœur et cerveau, raison

et imagination, effort et flair, amour et justice —
c'est la force de création universelle.

L'amour, faire l'amour et la cuisine d'amour est
pour la femme le but unique, l'unique idéal, immuable comme sa destinée. Qu'elle aime et ne fasse
que cela — du moins elle le fera bien ; car, créées
pour aimer et être aimées, toutes sans exception,
ont le goût, l'art subtil et la science profonde du
motif avec ses innombrables développements harmonieux et logiques.

La femme ne se fatigue pas d'aimer, comme
l'homme. Qu'elle aime donc toujours et partout,
toujours prête ; heureuse en faisant des heureux,
les loisirs seront féconds, son labeur supportable,
ses nerfs adoucis, sa vie occupée. L'amour est le
sixième sens de la femme, plus riche que nous ;
il n'est jamais l'écueil, comme pour nous ; il est
l'antiseptique de la gangrène intellectuelle.

« Allez, disait Georges Sand ! là où il n'y a
pas d'amour, il n'y a pas de femme. »

Et tant expertes à le manœuvrer sous les formes variables qu'il revêt ! qu'elles aiment avec leur
corps ou leur âme ou leur tête ; que leur amour
soit divin ou charnel, platonique ou sensuel, con-
jugal ou volage, mais qu'elles aiment et que leur
cervelle ne s'égare à autre chose !

N'a-t-elle pas, en travail d'amour, toutes les vertus ? Pusillanime et lâche, elle devient par
l'amour capable de tous les courages, de tous les
héroïsmes — dévouements surhumains des aman-
tes et des mères. Médiocre et illogique, elle devient

intelligente et créatrice quand elle aime et son esprit avisé découvre des trésors ineffables pour chérir. Et suffisamment absorbante est l'occupation d'aimer ; c'est le levier du monde, l'énergie des affaires, le ressort des passions ; il est le moyen d'arriver, le but, le couronnement des choses et des actes.

Là est aussi la véritable égalité, chacun des protogonistes s'engageant à procurer à l'autre un volume de bonheur et de voluptés égal, sans tricherie, sans abus de confiance.

Aimons toujours et tout le temps, et le plus tard possible ; cet art est hérissé de difficultés, d'imprévus, de découvertes et de plus en plus rares se font les virtuoses interprètes des concertos d'amour. Que la femme s'y exerce, chair à aimer, jeune par l'exercice des sports appropriés et l'hygiène à haute dose qui font des corps et des formes ; qu'on l'y exerce et qu'on l'initie de bonne heure aux mystères dont la nature, les bêtes, les plantes lui fournissent des exemples à chaque renouveau ; qu'on ne cache rien à la jeune fille de ce qu'elle peut connaître dans le règne d'amour des êtres qui s'unissent, aiment, fécondent sous ses yeux ; qu'elle sache et qu'on lui enseigne, sans voile hypocrite, les leçons de choses et qu'elle comprenne le travail créateur de la Nature.

« Nous ne sommes pas assez profondément convaincus, écrit Deschaumes, de l'importance qu'il y a à savoir faire très bien l'amour. Le hasard est notre seul maître... grattez le Français, vous trouverez presque toujours un naïf... Je voudrais qu'on n'oubliât pas d'apprendre aux jeunes gens qui reçoivent tant de frivoles et vides enseignements l'art de faire l'amour et d'aimer ».

Ceci est vrai surtout pour la femme, initiatrice et inspiratrice.

Là est sa véritable éducation ; proclamons les louanges de cette cité anglaise, la ville de Chelsea, qui la première a eu l'idée de fonder un collège de jeunes filles, dit collège matrimonial. C'est une idée grossière d'habituer la jeune fille à rougir des maternités naturelles ; elle ne doit point se scandaliser, ni s'étonner sans comprendre, de la formation des fruits ou des êtres dans l'œuf. Qu'elle n'ignore rien des forces ni des réserves que son corps renferme, des troubles qu'amène la puberté, des destinées que son organisme a façonnées.

Mieux est pour elle de connaître ces mystérieuses transformations, sa structure, de la bouche d'une mère que de s'initier aux sous-entendus malpropres d'une femme de chambre.

Que ses lectures, auxiliaires de l'éducation, soient dirigées sur les scientifiques révélations naturelles et non plus sur des berquinades poétiques qui peuplent leurs imaginations de chevaliers innocents et d'amoureux ridicules. Qu'elle arrive à l'heure du mariage très préparée, consciente de ce qui doit se passer et qu'elle n'ait point à subir les stupides recommandations de maman, hésitante bêtement entre la crainte et le bonheur des inconnus mystérieux. Qu'elle lève hardiment les yeux sur les nus de marbre du Luxembourg, des Tuileries et du Louvre et si certaines proéminences excitent sa surprise, qu'elle sache à quoi servent les choses que la nature a données à la femme et à l'homme ; l'art y gagnera en restituant les feuilles de vigne à sa vraie destination.

Et les mères de familles, flanquées de leurs oies blanches et curieuses, n'auront plus à se battre les flancs pour inventer des histoires abracadabrantes ou détourner la conversation. Quelles situations simplifiées lorsque, les regards tombant sur chiens et chiennes amoureux aux hasards des rues, sur étalons fièrement membrés pour le rut, ces vénérables illusionnistes n'auront plus à fournir à leurs filles, le mensonge du désarroi :

« Viens, Célestine... ça n'est pas beau. »

Ce qui appelle immédiatement la réplique du gavroche :

« Eh ! la petite mère... tu n'as pas toujours dit ça ! »

Et le grand malheur qu'une jeune fille en promenade dans les champs, ne confonde point un coq en chaleur avec un coq en colère !

Son innocence n'en souffrira pas — bien au contraire ; elle appréciera plus justement son propre rôle dans le monde, sa raison d'être à côté de l'homme, et ainsi s'éteindra cette race de vierges avariées, aussi vicieuses sous l'hypocrite carmin de leurs joues que les vieilles gardes du Moulin Rouge, fabricantes de cocus et d'intrigues, coureuses de garçonnières, blasées avant la lettre, poupées dégradantes pour les imbéciles qui se laissent pincer aux mièvreries du demi-pucelage. Ainsi s'éteindra en même temps la race des pintades blan-

ches, ridicules Agnès, ayant une foi niaise en des
immaculées et grotesques conceptions, crédules ma-
rinées dans de l'innocence concentrée, prêtes aux
pires révoltes.

Quelques avocates, quelques dentistes, quelques
savantes et beaucoup d'institutrices ne changeront
pas la face du globe ; tout se tassera dans une
économie sociale qui ne variera que selon les variations lentes et progressives du mouvement humain, dans une course au bonheur, toujours la
même, par les mêmes procédés éternellement humains : l'Amour et le bonheur dans l'Amour.

TABLE DES MATIÈRES

Imp. Techniques, F. Laur, 8, r. du Débarcadère, Paris.